SQL
자격검정
실전문제

국가공인 SQL전문가·국가공인 SQL개발자

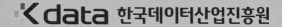

한국데이터산업진흥원

목차

SQL
Professional·developer

과목 I
데이터 모델링의 이해

SQL

Professional·developer

제1장

데이터 모델링의 이해

· 핵심정리 ·

데이터 모델링이란

- 정보시스템을 구축하기 위한 데이터 관점의 업무 분석 기법
- 현실 세계의 데이터(what)를 약속된 표기법으로 표현하는 과정
- 데이터베이스를 구축하기 위한 분석 및 설계의 과정

데이터 모델링 유의점

- 중복(Duplication)
- 비유연성(Inflexibility)
- 비일관성(Inconsistency)

---

1 데이터 모델링의 특징으로 가장 적절하지 <u>않은</u> 것은?

① 현실 세계를 일정한 형식에 맞추어 표현하는 추상화의 의미를 가질 수 있다.

② 시스템 구현만을 위해 진행하는 사전단계의 작업으로서 데이터베이스 구축을 위한 사전작업의 의미가 있다.

③ 복잡한 현실을 제한된 언어나 표기법으로 이해하기 쉽게 하는 단순화의 의미를 가지고 있다.

④ 모호함을 배제하고 누구나 이해가 가능하도록 정확하게 현상을 기술하는 정확화의 의미를 가진다.

---

2 데이터 모델링에 대한 설명으로 가장 적절하지 <u>않은</u> 것은?

① 업무 정보를 구성하는 기초가 되는 정보들을 일정한 표기법으로 표현한다.

② 분석된 모델로 데이터베이스를 생성하여 개발 및 데이터관리에 사용하기 위한 것이다.

③ 데이터베이스를 구축하는 목적으로 데이터 모델링을 수행하며 업무에 대한 설명은 별도의 표기법을 이용한다.

④ 데이터 모델링 자체로서 업무의 흐름을 설명하고 분석하는 부분에 의미를 가지고 있다.

---

3 데이터 모델링을 할 때 유의해야 할 사항으로 가장 적절하지 <u>않은</u> 것은?

① 여러 장소의 데이터베이스에 같은 정보를 저장하지 않도록 하여 중복성을 최소화한다.

② 데이터의 정의를 데이터의 사용 프로세스와 분리하여 유연성을 높인다.

③ 사용자가 처리하는 프로세스나 장표 등에 따라 매핑이 될 수 있도록 프로그램과 테이블 간의 연계성을 높인다.

④ 데이터 간의 상호 연관관계를 명확하게 정의하여 일관성 있게 데이터가 유지되도록 한다.

· 핵심정리 ·

4 아래에서 설명하는 데이터 모델링의 유의점은?

아 래

데이터 모델을 어떻게 설계했느냐에 따라 사소한 업무변화에도 데이터 모델이 수시로 변경되어 유지보수의 어려움을 가중시킬 수 있다. 데이터의 정의를 데이터의 사용 프로세스와 분리하여 데이터 모델링은 데이터 혹은 프로세스의 작은 변화가 애플리케이션과 데이터베이스에 중대한 변화를 일으킬 수 있는 가능성을 줄인다.

① 중복
② 비유연성
③ 비일관성
④ 일관성

5 데이터 독립성의 구성요소에 대한 설명으로 가장 적절하지 않은 것은?

① 통합된 모든 사용자의 관점은 개념스키마와 관련이 있다.
② 물리적인 저장구조를 표현하는 스키마는 내부스키마이다.
③ View 단계는 여러 사용자 관점으로 구성하는 개념스키마에 해당한다.
④ 논리적인 데이터 독립성을 고려하는 단계는 외부단계와 개념적 단계이다.

**데이터베이스 스키마
구조 3단계**
- 외부스키마
  (External Schema)
- 개념스키마
  (Conceptual Schema)
- 내부스키마
  (Internal Schema)

6 아래에서 설명하는 스키마 구조로 가장 적절한 것은?

아 래

- 모든 사용자 관점을 통합한 조직 전체 관점의 통합적 표현
- 모든 응용시스템들이나 사용자들이 필요로 하는 데이터를 통합한 조직 전체의 DB를 기술한 것으로 DB에 저장되는 데이터와 그들 간의 관계를 표현하는 스키마

① 외부스키마(External Schema)
② 개념스키마(Conceptual Schema)
③ 내부스키마(Internal Schema)
④ 논리스키마(Logical Schema)

7 아래 ERD에 대한 설명으로 가장 적절하지 <u>않은</u> 것은?

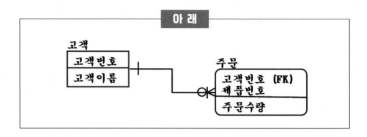

① 한 명의 고객은 여러 개의 제품을 주문할 수 있다.
② 하나의 주문은 반드시 한 명의 고객에 의해 주문된다.
③ 하나의 고객은 주문을 할 수도 있고 안 할 수도 있다.
④ 하나의 주문은 고객이 있을 수도 있고 없을 수도 있다.

8 ERD에 대한 설명으로 가장 적절하지 <u>않은</u> 것은?

① 1976년 피터 첸(Peter Chen)에 의해 Entity-Relationship Model(E-R Model)이라는 표기법이 만들어졌다.
② 일반적으로 ERD를 작성할 때 엔터티 도출 → 엔터티 배치 → 관계 설정 → 관계명 기술의 흐름으로 작업을 진행한다.
③ 관계의 명칭은 관계 표현에서 매우 중요한 부분에 해당한다.
④ 가장 중요한 엔터티를 오른쪽 상단에 배치하고 추가로 발생되는 엔터티들을 왼쪽 편과 하단에 배치하는 것이 원칙이다.

9 아래 시나리오에서 엔터티로 가장 적절한 것은?

아 래

S병원은 여러 명의 환자가 존재하고 각 환자의 이름, 주소 등을 관리해야 한다.
(단, 업무범위와 데이터의 특성은 위 시나리오에 기술되어 있는 사항만을 근거하여 판단해야 함)

① 병원
② 환자
③ 이름
④ 주소

· 핵심정리 ·

엔터티의 특징

- 반드시 해당 업무에서 필요하고 관리하고자 하는 정보이어야 한다. (예. 환자, 토익의 응시횟수, …)
- 유일한 식별자에 의해 식별이 가능해야 한다.
- 영속적으로 존재하는 인스턴스의 집합 이어야 한다. ('한 개'가 아니라 '두 개 이상')
- 엔터티는 업무 프로세스에 의해 이용되어야 한다.
- 엔터티는 반드시 속성이 있어야 한다.
- 엔터티는 다른 엔터티와 최소 한 개 이상의 관계가 있어야 한다.

발생 시점(發生時點)에 따른 엔터티 분류

- 기본, 키 엔터티 (Fundamental Entity, Key Entity)
- 중심 엔터티(Main Entity)
- 행위 엔터티(Active Entity)

---

10 엔터티의 특징으로 가장 적절하지 <u>않은</u> 것은?

① 속성이 없는 엔터티는 있을 수 없다. 엔터티는 반드시 속성을 가져야 한다.

② 엔터티는 다른 엔터티와 관계가 있어야 한다. 단, 통계성 엔터티나, 코드성 엔터티의 경우 관계를 생략할 수 있다.

③ 객체 지향의 디자인 패턴에는 싱글턴패턴이 있어 하나의 인스턴스를 가지는 클래스가 존재한다. 이와 유사하게 엔터티는 한 개의 인스턴스를 가지는 것만으로도 충분한 의미를 부여할 수 있다.

④ 데이터로서 존재하지만 업무에서 필요로 하지 않으면 해당 업무의 엔터티로 성립될 수 없다.

---

11 엔터티의 일반적인 특징으로 가장 적절하지 <u>않은</u> 것은?

① 다른 엔터티와의 관계를 가지지 않는다.

② 유일한 식별자에 의해 식별이 가능해야 한다.

③ 엔터티는 업무 프로세스에 의해 이용되어야 한다.

④ 엔터티는 반드시 속성을 포함해야 한다.

---

12 발생 시점에 따라 구분할 수 있는 엔터티의 유형으로 적절하지 <u>않은</u> 것은?

① 관계 엔터티(Relation Entity)

② 행위 엔터티(Active Entity)

③ 중심 엔터티(Main Entity)

④ 기본 엔터티(Fundamental Entity)

---

13 엔터티에 이름을 부여하는 방법으로 가장 적절하지 <u>않은</u> 것은?

① 가능하면 약어를 사용하여 엔터의 이름을 간결하고 명확하게 한다.

② 현업의 업무 용어를 사용하여 업무상의 의미를 분명하게 한다.

③ 모든 엔터티에서 유일한 이름이 부여되어야 한다.

④ 엔터티가 생성되는 의미대로 자연스럽게 부여하도록 한다.

· 핵심정리 ·

14 업무에서 필요로 하는 인스턴스에서 관리하고자 하는 의미상 더 이상 분리되지 않는 최소의 데이터 단위는?

① 도메인
② 속성
③ 엔터티
④ 관계

엔터티, 인스턴스,
속성, 속성값의 관계

• 한 개의 엔터티는 두 개
  이상의 인스턴스
  집합이어야 한다.
• 한 개의 엔터티는 두 개
  이상의 속성을 갖는다.
• 한 개의 속성은 한 개의
  속성값을 갖는다.

15 속성에 대한 설명으로 가장 적절하지 <u>않은</u> 것은?

① 엔터티에 대한 자세하고 구체적인 정보를 나타낸다.
② 하나의 엔터티는 두 개 이상의 속성을 갖는다.
③ 하나의 인스턴스에서 각각의 속성은 하나 이상의 속성값을 가질 수 있다.
④ 속성도 집합이다.

16 아래에서 수행한 정규화 작업으로 가장 적절한 것은? (단, 이후 필요한 정규화 작업은 계속 수행될 예정)

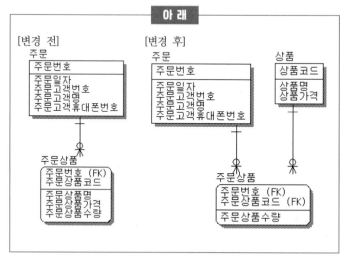

① 1차 정규화
② 2차 정규화
③ 3차 정규화
④ 4차 정규화

핵심정리

속성의 특성에 따른 분류
- 기본속성
- 설계속성
- 파생속성

도메인

각 속성은 가질 수 있는 값의 범위가 있는데 이를 그 속성의 **도메인(Domain)**이라 하며, 엔터티 내에서 속성에 대한 데이터 타입과 크기 그리고 제약사항을 지정하는 것이다.

속성의 명칭 부여
- 해당 업무에서 사용하는 이름을 부여한다.
- 서술식 속성명은 사용하지 않는다.
- 약어 사용은 가급적 제한한다.
- 전체 데이터 모델에서 유일성을 확보하는 것이 좋다.

---

17 데이터를 조회할 때 빠른 성능을 낼 수 있도록 하기 위해 원래 속성값을 계산하여 저장할 수 있도록 만든 속성은?

① 파생 속성(Derived Attribute)
② 기본 속성(Basic Attribute)
③ 설계 속성(Designed Attribute)
④ PK 속성(PK Attribute)

18 아래 설명이 나타내는 데이터 모델의 개념으로 가장 적절한 것은?

> **아래**
>
> 주문이라는 엔터티가 있을 때 단가라는 속성값의 범위는 100에서 10,000 사이의 실수 값이며 제품명이라는 속성은 길이가 20자리 이내의 문자열로 정의할 수 있다.

① 시스템 카탈로그(System Catalog)
② 용어 사전(Word Dictionary)
③ 속성 사전(Attribute Dictionary)
④ 도메인(Domain)

19 데이터 모델링을 할 때 속성의 명칭을 부여하는 방법으로 가장 적절하지 않은 것은?

① 속성의 이름에 약어를 사용할 경우 그 의미를 명확하게 이해할 수 없고 혼돈을 초래하여 커뮤니케이션의 혼란을 야기할 수 있으므로 지나친 약어 사용은 가급적 제한하도록 한다.
② 속성의 이름에는 서술식 용어는 사용하지 않도록 한다.
③ 직원 엔터티의 이름, 고객 엔터티의 이름과 같이 엔터티별로 동일한 속성명을 사용하여 데이터 모델의 일관성을 유지하는 것이 좋다.
④ 데이터 모델링 대상에서 사용하는 용어도 있고 외부에서 사용하는 용어도 있어 중복이 있을 때, 가급적 해당 업무에서 자주 사용하는 이름을 이용하도록 한다.

20 데이터 모델링의 관계에 대한 설명으로 가장 적절하지 <u>않은</u> 것은?

① 관계는 존재에 의한 관계와 행위에 의한 관계로 구분될 수 있으나 ERD에서는 관계를 연결할 때, 존재와 행위를 구분하지 않고 단일화된 표기법을 사용한다.

② UML(Unified Modeling Language)에는 클래스다이어그램의 관계 중 연관관계(Association)와 의존관계(Dependency)가 있고 이것은 실선과 점선으로 다르게 표현이 된다.

③ 연관관계는 항상 이용하는 관계로 존재적 관계에 해당하고, 의존관계는 상대방 클래스의 행위에 의해 관계가 형성되는 행위적 관계에 해당한다.

④ 연관관계는 오퍼레이션에서 파라미터 등으로 이용할 수 있고, 의존관계는 소스코드에서 멤버변수로 선언하여 사용할 수 있다.

21 데이터 모델링의 관계에 대한 설명으로 가장 적절하지 <u>않은</u> 것은?

① 관계는 존재적 관계와 행위에 의한 관계로 나누어볼 수 있다.

② 관계의 표기법은 관계명, 관계차수, 식별성의 3가지 개념을 사용한다.

③ 부서와 사원 엔터티 간의 '소속' 관계는 존재적 관계의 사례이다.

④ 주문과 배송 엔터티 간의 '배송근거' 관계는 행위에 의한 관계의 사례이다.

22 아래에서 설명하는 데이터 독립성은?

> **아 래**
>
> - 데이터베이스의 파일 구조의 변화가 논리스키마(Schema)에 영향을 주지 않음
> - 데이터베이스의 색인 구조의 변화가 응용 프로그램에 영향을 주지 않음

① 논리적 독립성

② 물리적 독립성

③ 개념적 독립성

④ 내부적 독립성

• 핵심정리 •

관계의 표기법
- 관계명(Membership) : 관계의 이름
- 관계차수(Cardinality) : 1:1, 1:M, M:N
- 관계선택사양 (Optionality) : 필수관계, 선택관계

---

23 1:1, 1:M과 같이 두 엔터티 간의 관계에서 참여자의 수를 나타내는 것은?

① 관계명(Relationship Membership)
② 관계차수(Relationship Degree/Cardinality)
③ 관계선택사양(Relationship Optionality)
④ 관계정의(Relationship Definition)

24 두 개의 엔터티 사이에 정의한 관계에 대해 확인해야 할 사항으로 가장 적절하지 <u>않은</u> 것은?

① 두 개의 엔터티 사이에 관심 있는 연관규칙이 존재하는가?
② 두 개의 엔터티 사이에 정보의 조합이 발생되는가?
③ 업무기술서, 장표에 관계연결을 가능하게 하는 명사(Noun)가 있는가?
④ 업무기술서, 장표에 관계연결에 대한 규칙이 서술되어 있는가?

25 두 개의 엔터티 사이에서 관계를 도출할 때 확인해야 할 사항을 모두 고른 것은?

> **아래**
>
> (가) 두 개의 엔터티 사이에 관심 있는 연관규칙이 존재하는가?
> (나) 두 개의 엔터티 사이에 정보의 조합이 발생되는가?
> (다) 업무기술서, 장표에 관계연결에 대한 규칙이 서술되어 있는가?
> (라) 업무기술서, 장표에 관계연결을 가능하게 하는 동사(Verb)가 있는가?

① (가), (나), (다)
② (가), (나), (라)
③ (가), (다), (라)
④ (가), (나), (다), (라)

26 주식별자를 지정할 때 고려해야 할 사항을 모두 고른 것은?

아 래

(가) 주식별자에 의해 엔터티 내의 모든 인스턴스들이 유일하게 구분되어야 한다.
(나) 주식별자를 구성하는 속성의 수는 유일성을 만족하는 최소의 수가 되어야 한다.
(다) 지정된 주식별자의 값은 자주 변하지 않는 것이어야 한다.
(라) 주식별자가 지정이 되면 반드시 값이 들어와야 한다.

① (가), (나), (다)
② (가), (나), (라)
③ (나), (다), (라)
④ (가), (나), (다), (라)

식별자의 종류

- 엔터티 내에서 대표성을 가지는가에 따라 주식별자 (Primary Identifier)와 보조식별자(Alternate Identifier)로 구분
- 엔터티 내에서 스스로 생성되었는지 여부에 따라 내부식별자와 외부식별자(Foreign Identifier)로 구분
- 단일 속성으로 식별이 되는가에 따라 단일식별자 (Single Identifier)와 복합식별자(Composit Identifier)로 구분
- 원래 업무적으로 의미가 있던 식별자 속성을 대체하여 일련번호와 같이 새롭게 만든 식별자를 구분하기 위해 본질식별자와 인조식별자로 구분

27 아래에서 사원 엔터티의 특성에 해당하지 <u>않는</u> 것은?

아 래

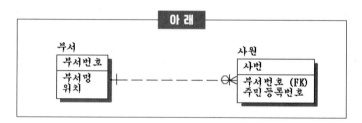

① 주식별자
② 단일식별자
③ 내부식별자
④ 인조식별자

· 핵심정리 ·

주식별자의 특징

● 유일성: 주식별자에 의해 엔터티 내에 모든 인스턴스들을 유일 하게 구분함
● 최소성: 주식별자를 구성하는 속성의 수는 유일성을 만족하는 최소의 수가 되어야 함
● 불변성: 주식별자가 한번 특정 엔터티에 지정되면 그 식별자의 값은 변하지 않아야 함
● 존재성: 주식별자가 지정되면 반드시 데이터 값이 존재해야 함(NULL 허용 안됨)

---

28 식별자로 가장 적절하지 <u>않은</u> 것은?

① 사원
| 사원번호: NUMBER(10) |
| 주민등록번호: NUMBER(13) |

② 사원
| 이름: VARCHAR2(20) |
| 사원번호: NUMBER(10) |

③ 사원
| 주민번호: NUMBER(13) |
| 사원번호: NUMBER(10) |

④ 사원
| 일련번호: VARCHAR2(10) |
| 주민등록번호: CHAR(18) |
| 사원번호: NUMBER(10) |

---

29 주식별자의 특징과 그에 대한 설명으로 가장 적절하지 <u>않은</u> 것은?

① 유일성: 주식별자에 의해 엔터티 내의 모든 인스턴스들은 유일하게 구분된다.
② 존재성: 주식별자는 데이터 값이 없을 수 있다. (NULL 존재 가능)
③ 불변성: 주식별자가 한번 특정 엔터티에 지정되면 그 식별자의 값은 변하지 않아야 한다.
④ 최소성: 주식별자를 구성하는 속성의 수는 유일성을 만족하는 최소의 수가 되어야 한다.

30 데이터 모델링에서 비식별자 관계로 연결하는 경우로 가장 적절하지 <u>않은</u> 것은?

① 엔터티와 엔터티가 1:M 관계의 부모와 자식관계에서 데이터가 부모 없이 자식쪽 엔터티의 인스턴스가 먼저 생성될 수 있을 경우 비식별자 관계로 연결해야 한다.

② 부모 엔터티의 인스턴스가 자식 엔터티의 인스턴스보다 먼저 소멸하는 경우 비식별자 관계로 연결해야 한다.

③ SQL 문의 조인 관계를 최소화 하는 경우 비식별자 관계로 연결해야 한다.

④ 자식 엔터티의 식별자가 부모 엔터티의 주식별자를 상속받아 생성하는 것보다 별도의 주식별자를 생성하는 것이 더 유리하다고 판단되는 경우 비식별자 관계로 연결해야 한다.

식별자와 비식별자 관계 비교

항목	식별자 관계	비식별자 관계
목적	강한 연결관계 표현	약한 연결관계 표현
자식 주식별자 영향	자식 주식별자의 구성에 포함됨	자식 일반 속성에 포함됨
표기법	실선 표현	점선 표현
연결 고려사항	- 반드시 부모 엔터티에 종속 - 자식 주식별자 구성에 부모 주식별자 포함 필요 - 상속받은 주식별자 속성을 타 엔터티에 이전 필요	- 약한 종속관계 - 자식 주식별자 구성을 독립적으로 구성 - 자식 주식별자구성에 부모 주식별자 부분 필요 - 상속받은 주식별자 속성을 타 엔터티에 차단 필요 - 부모쪽의 관계참여가 선택관계

· 핵심정리 ·

31 아래 식별자에 대한 설명이 올바르게 짝지어진 것은?

> **아 래**
>
> (가) 대표성을 가지며, 엔터티 내의 여러 인스턴스 중 하나를 유일하게
>   구분할 수 있는 식별자
> (나) 엔터티 내의 여러 인스턴스 중 하나를 유일하게 구분할 수 있으나,
>   대표성을 가지지 못하는 식별자
> (다) 엔터티 내의 집합을 명확하게 설명할 수 있는 업무적으로 의미가
>   부여된 식별자
> (라) 다른 엔터티로부터 상속되어 정의된 식별자

① (가) 보조식별자 (나) 실질식별자 (다) 인조식별자 (라) 복합식별자
② (가) 보조식별자 (나) 인조식별자 (다) 본질식별자 (라) 복합식별자
③ (가) 주식별자　 (나) 보조식별자 (다) 본질식별자 (라) 외부식별자
④ (가) 주식별자　 (나) 보조식별자 (다) 인조식별자 (라) 외부식별자

식별자의 분류 체계

분류	식별자	설명
대표성 여부	주식별자	엔터티 내에서 각 어커런스를 구분할 수 있는 구분자이며, 타 엔터티와 참조관계를 연결할 수 있는 식별자
	보조식별자	엔터티 내에서 각 어커런스를 구분할 수 있는 구분자이나 대표성을 가지지 못해 참조관계 연결을 못함
스스로 생성여부	내부식별자	엔터티 내부에서 스스로 만들어지는 식별자
	외부식별자	타 엔터티와의 관계를 통해 타 엔터티로부터 받아오는 식별자
속성의 수	단일식별자	하나의 속성으로 구성된 식별자
	복합식별자	둘 이상의 속성으로 구성된 식별자
대체 여부	본질식별자	업무에 의해 만들어지는 식별자
	인조식별자	업무적으로 만들어지지는 않지만 원조식별자가 복잡한 구성을 가지고 있기 때문에 인위적으로 만들어진 식별자

32 속성이 가질 수 있는 값의 범위를 지칭하는 용어는?

① 제약 사항
② 도메인
③ 데이터 타입
④ 데이터 크기

33 아래 빈칸 ㉠, ㉡, ㉢에 해당하는 것은?

> **아 래**
>
> 업무분석을 통해 바로 정의한 속성을 (㉠), 원래 업무상 존재하지는 않지만 설계를 하면서 도출해 내는 속성을 (㉡), 다른 속성으로부터 계산이나 변형이 되어 생성되는 속성을 (㉢)이라고 한다.

① ㉠ 기본 속성   ㉡ 설계 속성   ㉢ 파생 속성
② ㉠ 기본 속성   ㉡ 일반 속성   ㉢ 설계 속성
③ ㉠ 일반 속성   ㉡ 기본 속성   ㉢ 파생 속성
④ ㉠ 일반 속성   ㉡ 설계 속성   ㉢ 파생 속성

SQL

Professional·developer

제2장

데이터 모델과 SQL

34 속성 a, b, c, d, e로 구성된 릴레이션에서 아래와 같은 함수 종속성 (Functional Dependency)이 존재할 때, 이 릴레이션의 후보 키로 가장 적절하지 <u>않은</u> 것은?

아 래

$$ab \rightarrow cde, \ e \rightarrow b, \ d \rightarrow ab$$

① d
② ab
③ ac
④ ae

35 아래 주문상세 엔터티의 주식별자가 (주문번호, 상품번호)일 때, 이 엔터티가 만족하지 않는 정규형은?

아 래

[주문상세]

주문번호	상품번호	상품명
10001	901	DB 전문가 가이드
10001	876	딥러닝 전문가 가이드
10002	901	DB 전문가 가이드
10003	901	DB 전문가 가이드
10004	876	딥러닝 전문가 가이드

① 제1정규형
② 제2정규형
③ 제3정규형
④ 제4정규형

· 핵심정리 ·

36 아래 엔터티에 필요한 정규화와 분리된 스키마 구조로 가장 적절한 것은?

아 래

[보관금원장]

관서번호 납부자번호
관리점번호 관서명 상태 관서등록일자 직급명 통신번호

함수종속성(FD) :
{관서번호, 납부자번호} → {직급명, 통신번호}
{관서번호} → {관리점번호, 관서명, 상태, 관서등록일자}

① 2차 정규화 - 정규화테이블(<u>관서번호</u>, <u>납부자번호</u>, 관리점번호, 관서명, 상태, 관서등록일자)

② 3차 정규화 - 정규화테이블(<u>관서번호</u>, <u>납부자번호</u>, 관리점번호, 관서명, 상태, 관서등록일자)

③ 2차 정규화 - 정규화테이블(<u>관서번호</u>, 관리점번호, 관서명, 상태, 관서등록일자)

④ 3차 정규화 - 정규화테이블(<u>관서번호</u>, 관리점번호, 관서명, 상태, 관서등록일자)

37 정규화와 성능에 대한 설명으로 가장 적절하지 <u>않은</u> 것은?

① 정규화를 수행하면 중복 속성을 제거하여 용량을 최소화시킬 수 있다.

② 일반적으로 정규화 수행 시 데이터 처리 성능이 향상된다.

③ 반정규화가 조회 성능을 항상 향상시키는 것은 아니며, 때로는 정규화에 의해 성능이 향상될 수도 있다.

④ 정규화를 수행하면 조회 성능을 보장받을 수 있다.

38 아래와 같이 전제조건이 있을 때 테이블에서 나타날 수 있는 현상으로 가장 적절한 것은?

아 래

전제조건 : 유형기능분류코드에 해당하는 속성들은 분포도가 양호하며, SQL Where절에서 각각의 값이 상수 값으로 조건 입력될 수 있는 특징을 가진다.

① 조회 조건이 유형기능분류코드에 따라 반복되는 그룹이 칼럼단위로 되어 있으므로 제1정규형이라고 할 수 있다.

② 유형기능분류코드에 대해 where절에 조건으로 들어오는 값이 있으므로 PK와 이에 대한 인덱스만 있으면 SQL 문장은 빠르게 수행될 수 있다고 할 수 있다.

③ 유형기능분류코드가 일반속성 안에서 반복적으로 속성이 구분되어 있기 때문에 이전종속을 수행해야 하는 제2정규형이라 할 수 있다.

④ 조회 성능을 위해 유형기능분류코드 각각에 대하여 개별로 인덱스를 모두 생성할 경우 입력, 수정, 삭제 때 성능이 저하되므로 제1차 정규화를 수행한 후 인덱스를 적용하는 것이 좋다.

· 핵심정리 ·

39 아래 논리 데이터 모델을 3차 정규화까지 수행했을 때 도출되는 엔터티 수로 가장 적절한 것은? (단, 하나의 대출자에 대해 하나의 대출번호로 여러 개의 도서 대출/반납을 관리한다고 가정하고, 엔터티 통합은 고려하지 않음)

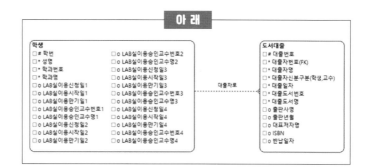

① 5
② 6
③ 7
④ 8

40 아래에서 빈칸 ㉠, ㉡에 들어갈 용어로 가장 적절한 것은?

아래

어떤 릴레이션 R이 ㉠ 이고, 기본키에 속하지 않은 속성 모두가 기본키에 이행적 함수종속이 아닐 때 ㉡ 에 속한다.

① ㉠ 제1정규형   ㉡ 제2정규형
② ㉠ 제1정규형   ㉡ 제3정규형
③ ㉠ 제2정규형   ㉡ 제3정규형
④ ㉠ 제3정규형   ㉡ 제2정규형

41 데이터 모델링의 정규화에 대한 설명으로 가장 적절하지 <u>않은</u> 것은?

① 정규화는 개념 데이터 모델의 일관성을 확보하고 중복을 제거하여 속성들이 가장 적절한 엔터티에 배치되도록 한다.

② 제1정규형은 모든 인스턴스가 반드시 하나의 값을 가져야 함을 의미한다.

③ 제3정규형을 만족하는 엔터티의 일반속성은 주식별자 전체에 종속적이다.

④ 반정규화는 성능을 위해 데이터 중복을 허용하는 것이지만 성능의 향상을 항상 보장하는 것은 아니다.

42 관계(Relationship)와 조인(Join)에 대한 설명으로 가장 적절하지 <u>않은</u> 것은?

① 조인(Join)이란 식별자를 상속하고, 상속된 속성을 매핑키로 활용하여 데이터를 결합하는 것을 의미한다.

② 부모의 식별자를 자식의 일반속성으로 상속하면 식별 관계, 부모의 식별자를 자식의 식별자에 포함하면 비식별 관계라고 할 수 있다.

③ 관계(Relationship)를 맺는다는 것은 식별자를 상속시키고 해당 식별자를 매핑키로 활용해 데이터를 결합해 보겠다는 것을 의미한다.

④ "SELECT B.고객명 FROM 주문 A, 고객 B WHERE A.고객번호 = B.고객번호" 쿼리에서 조인키(Join Key)는 "고객번호"이다.

과목 Ⅰ · 데이터 모델링의 이해

· 핵심정리 ·

1차 정규화

중복속성에 대한 분리가 1차 정규화의 대상이 되며, 로우단위의 중복도 1차 정규화의 대상이 되지만 칼럼 단위로 중복이 되는 경우도 1차 정규화의 대상이다.

43 아래에서 설명하는 정규형으로 가장 적절한 것은?

> **아래**
>
> 엔터티의 일반속성은 주식별자 전체에 종속적이어야 한다.

① 제1정규형
② 제2정규형
③ 제3정규형
④ 보이스-코드 정규형

44 아래와 같이 수강지도 엔터티를 만들었을 때 이에 해당하는 정규형과 정규화의 대상으로 가장 적절한 것은?

> **아래**
>
> **[수강지도]**
>
> | 학번 |
> | 과목코드 |
> | 성적 |
> | 지도교수명 |
> | 학과명 |
>
> **함수종속성(FD)**
>
> 1. 학번 ‖ 과목코드 → 성적
>
> 2. 학번 → 지도교수명
>
> 3. 학번 → 학과명

① 1차 정규형, 2차 정규화 대상
② 2차 정규형, 3차 정규화 대상
③ 3차 정규형, 보이스-코드 정규화대상
④ 보이스-코드정규형, 4차 정규화 대상

45 고객번호를 식별자로 하는 아래 엔터티에서 필요한 정규화 작업으로 가장 적절한 것은?

아래

고객번호	고객명	주민등록번호	취미코드	취미명
10	김○○	123456-7890123	10,11	노래,댄스
20	이○○	234567-8901234	12,13	검도, 게임
30	박○○	345678-9012345	11,15,16	댄스,등산,수영

① 1차 정규화
② 2차 정규화
③ 3차 정규화
④ 4차 정규화

46 NULL에 대한 설명으로 가장 적절하지 <u>않은</u> 것은?

① 모르는 값을 의미한다.
② 값의 부재를 의미한다.
③ 공백문자(Empty String) 혹은 숫자 0을 의미한다.
④ NULL과의 모든 비교(IS NULL 제외)는 알 수 없음(Unknown)을 반환한다.

47 아래와 같이 테이블을 변환하였을 때 이에 대한 설명으로 가장 적절하지 <u>않은</u> 것은? (단, (A)에서 주식별자는 [사번, 부서]이며, 함수 종속성 부서→사무실이 존재한다고 가정)

아래

(A)

사번	부서	사무실
001	총무	서울
002	영업	부산
003	총무	서울
004	연구	대전
005	영업	부산

(B)

사번	부서
001	총무
002	영업
003	총무
004	연구
005	영업

부서	사무실
총무	서울
영업	부산
연구	대전

① 제1정규화를 수행한 것에 해당한다.
② 제2정규화를 수행한 것에 해당한다.
③ (B)는 제3정규형을 만족한다.
④ 주어진 사번의 사무실을 검색하는 작업의 성능이 저하된다.

---

48 순차적으로 수행되는 작업 A와 B가 반드시 모두 수행되거나 모두 수행되지 않아야 한다고 할 때, 이에 대한 설명으로 가장 적절하지 <u>않은</u> 것은?

① A와 B는 하나의 트랜잭션으로 묶여 처리되어야 한다.
② A와 B를 수행한 후 각각 커밋(Commit)을 해주어야 한다.
③ A와 B에 주어진 조건은 트랜잭션의 원자성(Atomicity)에 해당한다.
④ A까지만 수행되고 시스템 장애가 발생했다면 A를 undo해야 한다.

---

49 NULL 값에 대한 설명으로 가장 적절한 것은?

① NULL 값에 어떤 숫자를 더해도 결과는 항상 NULL이다.
② NULL 값과 어떤 숫자의 크기를 비교해도 결과는 항상 NULL이다.
③ "NULL = NULL" 연산의 결과는 TRUE이다.
④ 집계 함수를 계산할 때 NULL 값은 0으로 처리된다.

---

50 본질식별자와 인조식별자에 대한 설명으로 가장 적절하지 <u>않은</u> 것은?

① 인조식별자는 대체로 본질식별자가 복잡한 구성을 가질 때 만들어진다.
② 인조식별자를 사용하면 중복 데이터를 막기 어려워진다.
③ 인조식별자를 사용하면 본질식별자를 사용할 때와 비교하여 추가적인 인덱스가 필요해진다.
④ 인조식별자는 개발 편의성을 높여주기 때문에 되도록 사용하는 것이 바람직하다.

과목 Ⅱ
SQL 기본 및 활용

SQL

Professional·developer

SQL 기본

1 데이터 제어어(DCL)에 해당하는 명령어는?

① INSERT
② RENAME
③ COMMIT
④ REVOKE

SQL 문장들의 종류

명령어의 종류	명령어	설명
데이터 조작어 (DML: Data Manipulation Language)	SELECT	데이터베이스에 들어 있는 데이터를 조회하거나 검색하기 위한 명령어를 말하는 것으로 RETRIEVE 라고도 한다.
	INSERT UPDATE DELETE	데이터베이스의 테이블에 들어 있는 데이터에 변형을 가하는 종류의 명령어들을 말한다. 예를 들어 데이터를 테이블의 새로운 행에 집어넣거나, 원하지 않는 데이터를 삭제하거나 수정하는 것들의 명령어들을 DML이라고 부른다.
데이터 정의어 (DDL: Data Definition Language)	CREATE ALTER DROP RENAME	테이블과 같은 데이터 구조를 정의하는 데 사용되는 명령어들로 그러한 구조를 생성하거나 변경하거나 삭제하거나 이름을 바꾸는 데이터 구조와 관련된 명령어들을 DDL이라고 부른다.
데이터 제어어 (DCL: Data Control Language)	GRANT REVOKE	데이터베이스에 접근하고 객체들을 사용하도록 권한을 주고 회수하는 명령어를 DCL이라고 부른다.
트랜잭션 제어어 (TCL: Transaction Control Language)	COMMIT ROLLBACK	논리적인 작업의 단위를 묶어서 DML에 의해 조작된 결과를 작업단위(트랜잭션) 별로 제어하는 명령어를 말한다.

2 아래에서 빈칸 ㉠에 들어갈 내용으로 가장 적절한 것은?

아 래

INSERT는 테이블에 데이터를 입력할 때 사용한다.
㉠ 는 입력한 정보 중에 잘못 입력되거나 변경이 발생하여 정보를 수정할 때 사용한다.
DELETE는 테이블의 정보가 필요 없게 되었을 경우 데이터 삭제를 수행한다.

① UPDATE
② SELECT
③ ALTER
④ REVOKE

· 핵심정리 ·

3 아래 내용에 해당하는 SQL 명령어의 종류는?

> **아 래**
>
> 논리적인 작업의 단위를 묶어 DML에 의해 조작된 결과를 작업단위 (Transaction)별로 제어하는 명령어인 Commit, Rollback, Savepoint 등이 여기에 해당하며, 일부에서는 DCL(Data Control Language)로 분류하기도 한다.

① DDL
② DML
③ TCL
④ TML

SELECT [ALL/DISTINCT]
보고 싶은 칼럼명, 보고
싶은 칼럼명, ...
FROM   해당 칼럼들이
있는 테이블명;
• ALL : Default
옵션이므로 별도로
표시하지 않아도 된다.
중복된 데이터가 있어도
모두 출력한다.
• DISTINCT : 중복된
데이터가 있는 경우
1건으로 처리해서
출력한다.

4 SELECT 문에 대한 설명으로 가장 적절하지 <u>않은</u> 것은?

① WHERE 절은 필수가 아니므로 생략 가능하다.
② DISTINCT 옵션을 통해 중복된 데이터가 있을 경우 1건으로 처리해 출력할 수 있다.
③ FROM 절이 없는 다음 문장 "SELECT COL1, COL2"은 에러 없이 수행된다.
④ SELECT List에 서브쿼리가 사용될 수 있다.

5 SQL의 종류와 해당되는 명령어를 바르게 연결한 것은?

① DML – SELECT
② TCL – GRANT
③ DCL – DROP
④ DML – ALTER

과목II · S Q L 기 본 및 활 용

· 핵심정리 ·

6 아래 내용의 범주에 해당하는 SQL 명령어로 가장 적절하지 <u>않은</u> 것은?

아 래

테이블의 구조를 생성, 변경, 삭제하는 등 데이터 구조를 정의하는 데 사용되는 명령어이다.

① CREATE
② GRANT
③ ALTER
④ DROP

7 데이터베이스에서 조회되는 데이터에 대한 조건을 설정하여 원하는 데이터만을 검색하기 위해 사용하는 절로 가장 적절한 것은?

① WHERE 절
② GROUP BY 절
③ ORDER BY 절
④ HAVING 절

WHERE 절은 FROM 절 다음에 위치하며, 조건식은 아래 내용으로 구성된다.
• 칼럼(Column)명 (보통 조건식의 좌측에 위치)
• 비교 연산자
• 문자, 숫자, 표현식 (보통 조건식의 우측에 위치)
• 비교 칼럼명 (JOIN 사용시)

8 SQL 문을 실행했을 때 오류가 발생하는 부분으로 가장 적절한 것은?

① SELECT DEPTNO, ROUND(AVG(SAL),2)
② FROM EMP
③ WHERE AVG(SAL) >= 1800
④ GROUP BY DEPTNO;

핵심정리

NULL의 연산

- NULL 값과의 연산(+,−,*,/ 등)은 NULL 값을 리턴
- NULL 값과의 비교연산 (=,>,>=,<,<=)은 거짓(FALSE)을 리턴
- 특정 값보다 크다, 적다라고 표현할 수 없음

부정 비교 연산자

- ! = : 같지 않다.
- ^= : 같지 않다.
- <> : 같지 않다. (ISO 표준, 모든 운영체제에서 사용 가능)
- NOT 칼럼명 = : ~와 같지 않다.
- NOT 칼럼명 > : ~보다 크지 않다

9 아래 SQL의 수행 결과로 가장 적절한 것은?

> **아 래**

[SQL]
SELECT SUM(COL2) + SUM(COL3) FROM TAB_A;
SELECT SUM(COL2) + SUM(COL3) FROM TAB_A WHERE COL1 > 0;
SELECT SUM(COL2) + SUM(COL3) FROM TAB_A WHERE COL1 IS NOT NULL;
SELECT SUM(COL2) + SUM(COL3) FROM TAB_A WHERE COL1 IS NULL;

[TAB_A]

COL1	COL2	COL3
30	〈NULL〉	20
〈NULL〉	50	10
0	10	〈NULL〉

① 60, NULL, 30, 60
② 60, 20, 30, 60
③ 90, NULL, 30, 60
④ 90, 20, 30, 60

10 다음 SQL 문장 중 COLUMN1의 값이 NULL이 아닌 경우를 찾아내는 문장으로 가장 적절한 것은? (ANSI 표준 기준)

① SELECT * FROM MYTABLE WHERE COLUMN1 IS NOT NULL;
② SELECT * FROM MYTABLE WHERE COLUMN1 <> NULL;
③ SELECT * FROM MYTABLE WHERE COLUMN1 != NULL;
④ SELECT * FROM MYTABLE WHERE COLUMN1 NOT NULL;

11 아래에 대한 설명으로 가장 적절한 것은?

아 래

```
CREATE TABLE 서비스
(
    서비스번호 VARCHAR2(10) PRIMARY KEY,
    서비스명 VARCHAR2(100) NULL,
    개시일자 DATE NOT NULL
);

[SQL]
 ㉠ SELECT * FROM 서비스 WHERE 서비스번호 = 1;
 ㉡ INSERT INTO 서비스 VALUES ('999', '', '2015-11-11');
 ㉢ SELECT * FROM 서비스 WHERE 서비스명 = '';
 ㉣ SELECT * FROM 서비스 WHERE 서비스명 IS NULL;
```

① 서비스번호 칼럼의 레코드 중 '001'과 같은 숫자 형식으로 된 레코드가 하나라도 입력되어 있다면 ㉠은 오류 없이 실행된다.

② 오라클에서 ㉡과 같이 데이터를 입력하였을 때, 서비스명 칼럼에 공백 문자 데이터가 입력된다.

③ 오라클에서 ㉡과 같이 데이터를 입력하고 ㉢과 같이 조회하였을 때, 데이터는 조회된다.

④ SQL Server에서 ㉡과 같이 데이터를 입력하고 ㉣과 같이 조회하였을 때, 데이터는 조회되지 않는다.

· 핵심정리 ·

12 함수의 실행 결과로 가장 적절하지 <u>않은</u> 것은?(단, A의 아스키코드는 65이다.)

① LOWER('SQL Expert') : 'sql expert'
② UPPER('SQL Expert') : 'SQL EXPERT'
③ ASCII('A') : 65
④ LTRIM('xxYYZZxYZxx','x') : 'YYZZxYZ'

연산자의 종류

구분	연산자	연산자의 의미
비교 연산자	=	같다.
	〉	보다 크다.
	〉=	보다 크거나 같다.
	〈	보다 작다.
	〈=	보다 작거나 같다.
SQL 연산자	BETWEEN a AND b	a와 b의 값 사이에 있으면 된다.(a와 b 값이 포함됨)
	IN (list)	리스트에 있는 값 중에서 어느 하나라도 일치하면 된다.
	LIKE '비교문자열'	비교문자열과 형태가 일치하면 된다.(%, _ 사용)
	IS NULL	NULL 값인 경우
논리 연산자	AND	앞에 있는 조건과 뒤에 오는 조건이 참(TRUE)이 되면 결과도 참(TRUE)이 된다. 즉, 앞의 조건과 뒤의 조건을 동시에 만족해야 한다.
	OR	앞의 조건이 참(TRUE)이거나 뒤의 조건이 참(TRUE)이 되어야 결과도 참(TRUE)이 된다. 즉, 앞뒤의 조건 중 하나만 참(TRUE)이면 된다.
	NOT	뒤에 오는 조건에 반대되는 결과를 되돌려 준다.
부정 비교 연산자	!=	같지 않다.
	^=	같지 않다.
	〈〉	같지 않다.(ISO 표준, 모든 운영체제에서 사용 가능)
	NOT 칼럼명 =	~와 같지 않다.
	NOT 칼럼명 〉	~보다 크지 않다.
부정 SQL 연산자	NOT BETWEEN a AND b	a와 b의 값 사이에 있지 않다. (a, b 값을 포함하지 않는다)
	NOT IN (list)	list 값과 일치하지 않는다.
	IS NOT NULL	NULL 값을 갖지 않는다.

13 아래를 참고할 때 실행 결과가 다른 SQL은?

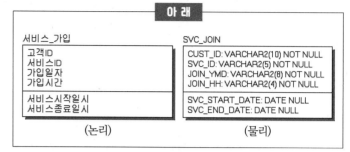

① SELECT SVC_ID, COUNT(*) AS CNT
  FROM   SVC_JOIN
  WHERE SVC_END_DATE >= TO_DATE('20150101000000',
       'YYYYMMDDHH24MISS')
  AND   SVC_END_DATE <= TO_DATE('20150131235959',
       'YYYYMMDDHH24MISS')
  AND   CONCAT(JOIN_YMD, JOIN_HH) = '2014120100'
  GROUP BY SVC_ID;

② SELECT SVC_ID, COUNT(*) AS CNT
  FROM   SVC_JOIN
  WHERE SVC_END_DATE >= TO_DATE('20150101', 'YYYYMMDD')
  AND   SVC_END_DATE < TO_DATE('20150201', 'YYYYMMDD')
  AND   (JOIN_YMD, JOIN_HH) IN (('20141201', '00'))
  GROUP BY SVC_ID;

③ SELECT SVC_ID, COUNT(*) AS CNT
  FROM   SVC_JOIN
  WHERE '201501' = TO_CHAR(SVC_END_DATE, 'YYYYMM')
  AND   JOIN_YMD = '20141201'
  AND   JOIN_HH = '00'
  GROUP BY SVC_ID;

④ SELECT SVC_ID, COUNT(*) AS CNT
  FROM   SVC_JOIN
  WHERE TO_DATE('201501', 'YYYYMM') = SVC_END_DATE
  AND   JOIN_YMD||JOIN_HH = '2014120100'
  GROUP BY SVC_ID

·핵심정리·

GROUP BY 절과 HAVING 절의 특성

- GROUP BY 절을 통해 소그룹별 기준을 정한 후, SELECT 절에 집계 함수를 사용한다.
- 집계 함수의 통계 정보는 NULL 값을 가진 행을 제외하고 수행한다.
- GROUP BY 절에서는 SELECT 절과는 달리 ALIAS 명을 사용할 수 없다.
- 집계 함수는 WHERE 절에는 올 수 없다. (집계 함수를 사용할 수 있는 GROUP BY 절보다 WHERE 절이 먼저 수행된다)
- WHERE 절은 전체 데이터를 GROUP으로 나누기 전에 행들을 미리 제거한다.
- HAVING 절은 GROUP BY 절의 기준 항목이나 소그룹의 집계 함수를 이용한 조건을 표시할 수 있다.
- GROUP BY 절에 의한 소그룹별로 만들어진 집계 데이터 중, HAVING 절에서 제한 조건을 두어 조건을 만족하는 내용만 출력한다.
- HAVING 절은 일반적으로 GROUP BY 절 뒤에 위치한다

14 GROUP BY 절과 HAVING 절에 대한 설명으로 가장 적절한 것은?

① 집계 함수의 통계 정보는 NULL 값을 가진 행을 포함하여 수행한다.
② GROUP BY 절에서는 SELECT 절과 같이 ALIAS 명을 사용할 수 있다.
③ 집계 함수는 WHERE 절에도 올 수 있다.
④ HAVING 절은 일반적으로 GROUP BY 절 뒤에 위치한다.

15 아래를 참고할 때 SQL의 실행 결과로 가장 적절한 것은? (단, 이해를 돕기 위해 ↓는 줄바꿈을 의미하며 실제 저장값이 아님, 또한 CHR(10)의 ASCII 값은 줄바꿈을 의미)

아 래

[TAB1]

ROWNUM	C1
1	A ↓ A
2	B ↓ B ↓ B

```
SELECT SUM(CC)
FROM
(
SELECT(LENGTH(C1) - LENGTH(REPLACE(C1, CHR(10))) + 1) CC
FROM TAB1
);
```

① 2
② 3
③ 5
④ 6

• 핵심정리 •

DUAL 테이블의 특성

- 사용자 SYS가 소유하며 모든 사용자가 액세스 가능한 테이블이다.
- SELECT ~ FROM ~ 의 형식을 갖추기 위한 일종의 DUMMY 테이블이다.
- DUMMY라는 문자열 유형의 칼럼에 'X'라는 값이 들어 있는 행을 1건 포함하고 있다.

16 아래 SQL의 실행 결과로 가장 적절한 것은?(단, DBMS는 오라클로 가정)

아 래

```
SELECT TO_CHAR(TO_DATE('2023.01.10 10', 'YYYY.MM.DD HH24')
+ 1/24/(60/10), 'YYYY.MM.DD HH24:MI:SS') FROM DUAL;
```

① 2023.01.10 11:01:00
② 2023.01.10 10:05:00
③ 2023.01.10 10:10:00
④ 2023.01.10 10:30:00

단일행 함수의 종류

종류	내용	함수의 예
문자형 함수	문자를 입력하면 문자나 숫자 값을 반환한다.	LOWER, UPPER, SUBSTR/SUBSTRING, LENGTH/ LEN, LTRIM, RTRIM, TRIM, ASCII,
숫자형 함수	숫자를 입력하면 숫자 값을 반환한다.	ABS, MOD, ROUND, TRUNC, SIGN, CHR/CHAR, CEIL/CEILING, FLOOR, EXP, LOG, LN, POWER, SIN, COS, TAN
날짜형 함수	DATE 타입의 값을 연산한다.	SYSDATE/GETDATE, EXTRACT/DATEPART, TO_NUMBER(TO_CHAR(d,'YYYY'|'MM'|'DD')) / YEAR|MONTH|DAY
변환형 함수	문자, 숫자, 날짜형 값의 데이터 타입을 변환한다.	TO_NUMBER, TO_CHAR, TO_DATE / CAST, CONVERT
NULL 관련 함수	NULL을 처리하기 위한 함수	NVL/ISNULL, NULLIF, COALESCE

17 아래의 (가)와 (나)가 동일한 결과를 출력한다고 할 때, 빈칸 ㉠에 들어갈 내용으로 가장 적절한 것은? (단, 스칼라 서브쿼리는 제외함)

아 래

```
(가)
SELECT LOC,
   CASE WHEN LOC = 'NEW YORK' THEN 'EAST'
    ELSE 'ETC'
   END as AREA
FROM DEPT;

(나)
SELECT LOC,
        [    ㉠    ] as AREA
FROM DEPT;
```

① CASE WHEN LOC IS 'NEW YORK' THEN 'EAST' ELSE 'ETC' END
② CASE LOC WHEN 'NEW YORK' THEN 'EAST' ELSE 'ETC' END
③ CASE LOC WHEN 'NEW YORK' THEN 'EAST' DEFAULT 'ETC' END
④ DECODE (LOC, 'EAST', 'NEW YORK', 'ETC')

· 핵심정리 ·

18 각 팀별로 FW, MF, DF, GK 포지션의 인원수와 팀별 전체 인원수를 구하는
SQL을 작성할 때 결과가 다른 하나는? (단, ①은 SQL Server 환경이고
보기 ②, ③, ④는 오라클 환경이다.)

① SELECT TEAM_ID,
  ISNULL(SUM(CASE WHEN POSITION = 'FW' THEN 1 END), 0) FW,
  ISNULL(SUM(CASE WHEN POSITION = 'MF' THEN 1 END), 0) MF,
  ISNULL(SUM(CASE WHEN POSITION = 'DF' THEN 1 END), 0) DF,
  ISNULL(SUM(CASE WHEN POSITION = 'GK' THEN 1 END), 0) GK,
  COUNT(*) SUM
  FROM PLAYER
  GROUP BY TEAM_ID;

② SELECT TEAM_ID,
  NVL(SUM(CASE POSITION WHEN 'FW' THEN 1 END),0) FW,
  NVL(SUM(CASE POSITION WHEN 'MF' THEN 1 END),0) MF,
  NVL(SUM(CASE POSITION WHEN 'DF' THEN 1 END),0) DF,
  NVL(SUM(CASE POSITION WHEN 'GK' THEN 1 END),0) GK,
  COUNT(*) SUM
  FROM PLAYER
  GROUP BY TEAM_ID;

③ SELECT TEAM_ID,
  NVL(SUM(CASE WHEN POSITION = 'FW' THEN 1 END), 0) FW,
  NVL(SUM(CASE WHEN POSITION = 'MF' THEN 1 END), 0) MF,
  NVL(SUM(CASE WHEN POSITION = 'DF' THEN 1 END), 0) DF,
  NVL(SUM(CASE WHEN POSITION = 'GK' THEN 1 END), 0) GK,
  COUNT(*) SUM
  FROM PLAYER
  GROUP BY TEAM_ID;

④ SELECT TEAM_ID,
  NVL(SUM(CASE POSITION WHEN 'FW' THEN 1 ELSE 1 END),0) FW,
  NVL(SUM(CASE POSITION WHEN 'MF' THEN 1 ELSE 1 END),0) MF,
  NVL(SUM(CASE POSITION WHEN 'DF' THEN 1 ELSE 1 END),0) DF,
  NVL(SUM(CASE POSITION WHEN 'GK' THEN 1 ELSE 1 END),0) GK,
  COUNT(*) SUM
  FROM PLAYER
  GROUP BY TEAM_ID;

· 핵심정리 ·

NULL 관련 함수
- NVL(표현식1, 표현식2)
  오라클 함수
  ISNULL(표현식1, 표현식2)
- SQL Server 함수
  NULLIF(표현식1, 표현식2)
  COALESCE(표현식1, 표현식2, ……)

---

19 아래 SQL에 대한 설명으로 가장 적절한 것은? (단, 고객이름은 중복되지 않는다고 가정)

아 래

고객 (고객번호, 고객이름, 주소, 전화번호)
상품 (상품번호, 상품이름, 무게, 가격)
주문 (고객번호, 상품번호, 수량, 날짜)

[SQL]
SELECT 고객이름, SUM(수량)
FROM 고객, 상품, 주문
WHERE 고객.고객번호 = 주문.고객번호
AND 상품.상품번호 = 주문.상품번호
GROUP BY 고객.고객이름
HAVING MAX(수량) > 10;

---

① 고객번호가 10보다 큰 고객이름과 주문한 수량의 합을 구한다.
② 수량이 10보다 큰 주문을 한 고객이름과 주문한 수량의 합을 구한다.
③ 열한 번 이상 상품을 주문한 고객이름과 주문한 수량의 합을 구한다.
④ 주문한 수량의 합이 10보다 큰 고객이름과 주문한 수량의 합을 구한다.

20 EMP 테이블에서 MGR의 값이 7698과 같으면 NULL을 표시하고, 같지 않으면 MGR을 표시하려고 할 때 빈칸 ㉠에 들어갈 함수는?

아 래

SELECT ENAME, EMPNO, MGR, ㉠ (MGR,7698) as NM
FROM EMP;

---

① NULLIF
② NVL
③ IFNULL
④ COALESCE

단일행 NULL 관련 함수의 종류

일반형 함수	함수 설명
NVL(표현식1, 표현식2) / ISNULL(표현식1, 표현식2)	표현식1의 결괏값이 NULL이면 표현식2의 값을 출력한다. 단, 표현식1과 표현식2의 결과 데이터 타입이 같아야 한다. NULL 관련 가장 많이 사용되는 함수이므로 상당히 중요하다.
NULLIF(표현식1, 표현식2)	표현식1이 표현식2와 같으면 NULL을, 같지 않으면 표현식1을 리턴한다.
COALESCE(표현식1, 표현식2, ……)	임의의 개수 표현식에서 NULL이 아닌 최초의 표현식을 나타낸다. 모든 표현식이 NULL이라면 NULL을 리턴한다.

※ 주: 오라클함수/SQL Server함수 표시, '/' 없는 것은 공통 함수

· 핵심정리 ·

21 실행 결과가 다른 하나는?

① SELECT DNAME, LOC, DEPTNO
　　FROM DEPT
　　ORDER BY DNAME, LOC, 3 DESC;
② SELECT DNAME, LOC AREA, DEPTNO
　　FROM DEPT
　　ORDER BY DNAME, AREA, DEPTNO DESC;
③ SELECT DNAME, LOC AREA, DEPTNO
　　FROM DEPT
　　ORDER BY 1, AREA, 3 DESC;
④ SELECT DNAME DEPT, LOC AREA, DEPTNO
　　FROM DEPT
　　ORDER BY DEPT DESC, LOC, 3 DESC;

22 아래는 이름이 4문자 이상이고 2번째 문자가 S인 학번을 출력하는 SQL이다.
빈칸 ㉠에 들어갈 수 있는 내용으로 가장 적절하지 <u>않은</u> 것은?

> ### 아 래
>
> SELECT　학번
> FROM　　학생
> WHERE　학생.이름 LIKE　　㉠

① '%S_ _ _'
② '_S%_ _'
③ '_S_%_'
④ '_S_ _%'

과목 Ⅱ · S Q L 기본 및 활용

ORDER BY 문장
SELECT 칼럼명
      [ALIAS명]
FROM 테이블명
[WHERE 조건식]
[GROUP BY
  칼럼(Column)이나
  표현식]
[HAVING 그룹조건식]
[ORDER BY
  칼럼(Column)이나
  표현식 [ASC 또는
  DESC]] ;

- ASC(Ascending) :
조회한 데이터를
오름차순으로
정렬한다.
(기본 값이므로
생략 가능)
- DESC(Descending) :
조회한 데이터를
내림차순으로
정렬한다.

23 전공이름별로 묶어 전공이름과 학점 평균을 전공이름의 내림차순으로 정렬하여 출력하고자 할 때, 빈칸 ㉠, ㉡에 들어갈 명령어로 가장 적절한 것은?

아래

```
SELECT    전공이름, AVG(학점)
FROM      전공, 학생
WHERE     전공.전공번호 = 학생.전공번호
   ㉠      전공이름
ORDER BY 전공이름   ㉡   ;
```

① ㉠ GROUP BY ㉡ DESC
② ㉠ HAVING ㉡ DESC
③ ㉠ GROUP BY ㉡ ASC
④ ㉠ HAVING ㉡ ASC

집계 함수의 종류

집계 함수	사용 목적
COUNT(*)	NULL 값을 포함한 행의 수를 출력한다.
COUNT(표현식)	표현식의 값이 NULL 값인 것을 제외한 행의 수를 출력한다.
SUM([DISTINCT | ALL] 표현식)	표현식의 NULL 값을 제외한 합계를 출력한다.
AVG([DISTINCT | ALL] 표현식)	표현식의 NULL 값을 제외한 평균을 출력한다.
MAX([DISTINCT | ALL] 표현식)	표현식의 최댓값을 출력한다. (문자, 날짜 데이터 타입도 사용가능)
MIN([DISTINCT | ALL] 표현식)	표현식의 최솟값을 출력한다. (문자, 날짜 데이터 타입도 사용가능)
STDDEV([DISTINCT | ALL] 표현식)	표현식의 표준 편차를 출력한다.
VARIAN([DISTINCT | ALL] 표현식)	표현식의 분산을 출력한다.
기타 통계 함수	벤더별로 다양한 통계식을 제공한다.

24 SQL의 실행 결과로 가장 적절하지 <u>않은</u> 것은?

① ROUND(4.875, 2) = 4.88
② LENGTH('KOREAN') = 6
③ DATE_FORMAT('2022-11-02', '%Y-%m-%d') = 2022-11-02
④ SUBSTR('Gangneung Wonju', 8, 4) = 'g Wo'

단일행 문자형 함수의 종류

문자형 함수	함수 설명
LOWER(문자열)	문자열의 알파벳 문자를 소문자로 바꾸어 준다.
UPPER(문자열)	문자열의 알파벳 문자를 대문자로 바꾸어 준다.
ASCII(문자)	문자나 숫자를 ASCII 코드 번호로 바꾸어 준다.
CHR/CHAR(ASCII번호)	ASCII 코드 번호를 문자나 숫자로 바꾸어 준다.
CONCAT (문자1, 문자2)	오라클, My SQL에서 유효한 함수이며 문자열1과 문자열2를 연결한다. 합성 연산자'‖'(오라클)나 '+'(SQL Server)와 동일하다.
SUBSTR/SUBSTRING (문자열, m[, n])	문자열 중 m위치에서 n개의 문자 길이에 해당하는 문자를 돌려준다. n이 생략되면 마지막 문자까지이다.
LENGTH/LEN(문자열)	문자열의 개수를 숫자값으로 돌려준다.
LTRIM (문자열 [, 지정문재)	문자열의 첫 문자부터 확인해서 지정 문자가 나타나면 해당 문자를 제거한다.(지정 문자가 생략되면 공백 값이 디폴트) SQL Server에서는 LTRIM 함수에 지정 문자를 사용할 수 없다. 즉, 공백만 제거할 수 있다.
RTRIM (문자열 [, 지정문자])	문자열의 마지막 문자부터 확인해서 지정 문자가 나타나는 동안 해당 문자를 제거한다.(지정 문자가 생략되면 공백 값이 디폴트) SQL Server에서는 RTRIM 함수에 지정 문자를 사용할 수 없다. 즉, 공백만 제거할 수 있다.
TRIM ([leading|trailing|both] 지정문자 FROM 문자열)	문자열에서 머리말, 꼬리말, 또는 양쪽에 있는 지정 문자를 제거한다. (leading | trailing | both 가 생략되면 both가 디폴트) SQL Server에서는 TRIM 함수에 지정 문자를 사용할 수 없다. 즉, 공백만 제거할 수 있다.

※ 주: 오라클함수/SQL Server함수 표시, '/' 없는 것은 공통 함수

25 아래를 참고할 때 광고매체 ID별 최초로 게시한 광고명과 광고시작일자를
출력하기 위하여 빈칸 ㉠에 들어갈 SQL로 가장 적절한 것은?

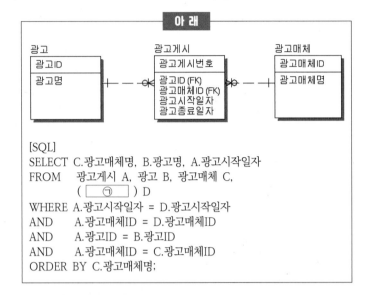

[SQL]
SELECT C.광고매체명, B.광고명, A.광고시작일자
FROM   광고게시 A, 광고 B, 광고매체 C,
        (㉠) D
WHERE A.광고시작일자 = D.광고시작일자
AND   A.광고매체ID = D.광고매체ID
AND   A.광고ID = B.광고ID
AND   A.광고매체ID = C.광고매체ID
ORDER BY C.광고매체명;

① SELECT D.광고매체ID, MIN(D.광고시작일자) AS 광고시작일자
   FROM 광고게시 D
   WHERE D.광고매체ID = C.광고매체ID
   GROUP BY D.광고매체ID
② SELECT 광고매체ID, MIN(광고시작일자) AS 광고시작일자
   FROM   광고게시
   GROUP BY 광고매체ID
③ SELECT MIN(광고매체ID) AS 광고매체ID, MIN(광고시작일자)
           AS 광고시작일자
   FROM   광고게시
   GROUP BY 광고ID
④ SELECT MIN(광고매체ID) AS 광고매체ID, MIN(광고시작일자)
           AS 광고시작일자
   FROM   광고게시

· 핵심정리 ·

26 아래 SQL을 순서대로 실행했을 때 최종적으로 반영되는 SQL을 모두 고른 것은?

아 래

(가) INSERT INTO emp (empno, ename, deptno) VALUES (999, 'Smith', 10);
  SAVEPOINT a;
(나) DELETE emp WHERE empno = 202;
  SAVEPOINT b;
(다) UPDATE emp SET ename = 'Clark';
  ROLLBACK TO SAVEPOINT a;
(라) INSERT INTO emp (empno, ename, deptno) VALUES (300, 'Thomas', 30);
  SAVEPOINT c;
(마) DELETE emp WHERE deptno = 20;
  COMMIT;

① (가), (나), (다), (라), (마)
② (가), (나), (다), (라)
③ (나), (다), (라), (마)
④ (가), (라), (마)

· 핵심정리 ·

NULL 포함 연산의 결과

NULL + 2, 2 + NULL,

NULL − 2, 2 − NULL,

NULL * 2, 2 * NULL,

NULL / 2, 2 / NULL,

의 **결과는 모두 NULL**

이다.

27 아래 SQL의 실행 결과로 가장 적절한 것은?

아래

[TABLE_A]

TABKEY	COLA	COLB	COLC
1	〈NULL〉	가	〈NULL〉
2	1	가	5
3	〈NULL〉	나	2
4	3	나	0
5	〈NULL〉	〈NULL〉	3
6	5	다	0
7	〈NULL〉	다	〈NULL〉

[SQL]
```
SELECT COLB
     , MAX(COLA) AS COLA1
     , MIN(COLA) AS COLA2
     , SUM(COLA + COLC) AS SUMAC
FROM    TABLE_A
GROUP BY COLB;
```

①

COLB	COLA1	COLA2	SUMAC
〈NULL〉	〈NULL〉	〈NULL〉	〈NULL〉
가	1	1	6
나	3	3	3
다	5	5	5

②

COLB	COLA1	COLA2	SUMAC
가	1	〈NULL〉	6
나	3	〈NULL〉	3
다	5	〈NULL〉	5

③

COLB	COLA1	COLA2	SUMAC
〈NULL〉	〈NULL〉	〈NULL〉	3
가	1	1	6
나	3	3	5
다	5	5	5

④

COLB	COLA1	COLA2	SUMAC
가	1	〈NULL〉	6
나	3	〈NULL〉	5
다	5	〈NULL〉	5

28 아래 SQL의 실행 결과로 가장 적절한 것은?

아 래

[TBL]

ID
100
100
200
200
200
999
999

```
SELECT ID FROM TBL
GROUP BY ID
HAVING COUNT(*) = 2
ORDER BY (CASE WHEN ID = 999 THEN 0 ELSE
ID END)
```

①
ID
100
999

②
ID
999
100

③
ID
100
200
999

④
ID
999
200
100

29 오류가 발생하는 SQL은?

① SELECT 지역, SUM(매출금액) AS 매출금액
   FROM 지역별매출
   GROUP BY 지역
   ORDER BY 매출금액 DESC;

② SELECT 지역, 매출금액
   FROM 지역별매출
   ORDER BY 년 ASC;

③ SELECT 지역, SUM(매출금액) AS 매출금액
   FROM 지역별매출
   GROUP BY 지역
   ORDER BY 년 DESC;

④ SELECT 지역, SUM(매출금액) AS 매출금액
   FROM 지역별매출
   GROUP BY 지역
   HAVING SUM(매출금액) > 1000
   ORDER BY COUNT(*) ASC;

SELECT 문장 실행 순서
① 발췌 대상 테이블을
   참조한다. (FROM)
② 발췌 대상 데이터가
   아닌 것은 제거한다.
   (WHERE)
③ 행들을 소그룹화한다.
   (GROUP BY)
④ 그루핑된 값의 조건에
   맞는 것만을 출력한다.
   (HAVING)
⑤ 데이터 값을
   출력/계산한다.
   (SELECT)
⑥ 데이터를 정렬한다.
   (ORDER BY)

EQUI JOIN 문장
SELECT 테이블1.칼럼명,
   테이블2.칼럼명, …
FROM 테이블1, 테이블2
WHERE 테이블1.칼럼명1
   = 테이블2.칼럼명2;
→ WHERE 절에 JOIN
   조건을 넣는다.

ANSI/ISO SQL 표준
EQUI JOIN 문장
SELECT 테이블1.칼럼명,
   테이블2.칼럼명, …
FROM 테이블1 INNER
   JOIN 테이블2
ON 테이블1.칼럼명1 =
   테이블2.칼럼명2;
→ ON 절에 JOIN 조건을
   넣는다.

---

30 아래 SQL의 실행 결과로 가장 적절한 것은?

아 래

SELECT TO_CHAR(TO_DATE('2019.02.25', 'YYYY.MM.DD') +
1/12/(60/30), 'YYYY.MM.DD HH24:MI:SS')
FROM DUAL;

① 2019.02.25 02:00:00
② 2019.02.25 01:30:00
③ 2019.02.25 01:00:00
④ 2019.02.25 00:30:00

31 실행 결과가 NULL인 SQL은? (단, DBMS는 오라클로 가정)

① SELECT COALESCE(NULL, 'A') FROM DUAL;
② SELECT NULLIF('A', 'A') FROM DUAL;
③ SELECT NVL('A', NULL) FROM DUAL;
④ SELECT NVL(NULL, 0) + 10 FROM DUAL;

32 SELECT 문장의 실행 순서를 올바르게 나열한 것은?

① SELECT - FROM - WHERE - GROUP BY - HAVING - ORDER BY
② FROM - SELECT - WHERE - GROUP BY - HAVING - ORDER BY
③ FROM - WHERE - GROUP BY - HAVING - ORDER BY - SELECT
④ FROM - WHERE - GROUP BY - HAVING - SELECT - ORDER BY

33 5개의 테이블로부터 필요한 칼럼을 조회하려고 할 때, 최소 몇 개의 JOIN 조건이 필요한가?

① 2개   ② 3개
③ 4개   ④ 5개

· 핵심정리 ·

34 출연료가 8888 이상인 영화명, 배우명, 출연료를 구하는 SQL로 가장 적절한 것은? (단, 밑줄 친 속성들은 테이블의 기본키이다.)

아 래

배우(<u>배우번호</u>, 배우명, 성별)
영화(<u>영화번호</u>, 영화명, 제작년도)
출연(<u>배우번호</u>, <u>영화번호</u>, 출연료)

① SELECT 출연.영화명, 영화.배우명, 출연.출연료
　　 FROM 　배우, 영화, 출연
　　 WHERE 출연료 〉= 8888
　　 AND　 출연.영화번호 = 영화.영화번호
　　 AND　 출연.배우번호 = 배우.배우번호;
② SELECT 영화.영화명, 배우.배우명, 출연료
　　 FROM 　영화, 배우, 출연
　　 WHERE 출연.출연료 〉 8888
　　 AND　 출연.영화번호 = 영화.영화번호
　　 AND　 영화.영화번호 = 배우.배우번호;
③ SELECT 영화명, 배우명, 출연료
　　 FROM 　배우, 영화, 출연
　　 WHERE 출연료 〉= 8888
　　 AND　 영화번호 = 영화.영화번호
　　 AND　 배우번호 = 배우.배우번호;
④ SELECT 영화.영화명, 배우.배우명, 출연료
　　 FROM 　배우, 영화, 출연
　　 WHERE 출연료 〉= 8888
　　 AND　 출연.영화번호 = 영화.영화번호
　　 AND　 출연.배우번호 = 배우.배우번호;

과목 II · S Q L 기본 및 활용

35 아래에서 JOIN에 대한 설명으로 가장 적절한 것은?

> **아 래**
>
> (가) 일반적으로 조인은 PK와 FK값의 연관성에 의해 성립된다.
> (나) DBMS 옵티마이저는 FROM 절에 나열된 테이블들을 임의로 3개 정도씩 묶어서 조인을 처리한다.
> (다) EQUI JOIN은 조인에 관여하는 테이블 간의 칼럼 값들이 정확하게 일치하는 경우에 사용되는 방법이다.
> (라) EQUI JOIN은 ' = ' 연산자에 의해서만 수행되며, 그 이외의 비교 연산자를 사용하는 경우에는 모두 NON EQUI JOIN이다.
> (마) 대부분 NON EQUI JOIN을 수행할 수 있지만, 때로는 설계상의 이유로 수행이 불가능한 경우도 있다.

① (가), (다), (라)
② (가), (나), (다)
③ (가), (나), (다), (라)
④ (가), (다), (라), (마)

36 아래 SQL의 실행 결과로 가장 적절한 것은?

> **아 래**
>
> [EMP_TBL]
>
> | EMPNO | ENAME |
> |-------|-------|
> | 1000 | SMITH |
> | 1050 | ALLEN |
> | 1100 | SCOTT |
>
> [RULE_TBL]
>
> | RULE_NO | RULE |
> |---------|------|
> | 1 | S% |
> | 2 | %T% |
>
> [SQL]
> ```
> SELECT COUNT(*) CNT
> FROM EMP_TBL A, RULE_TBL B
> WHERE A.ENAME LIKE B.RULE;
> ```

① 0　　　　　　　　② 2
③ 4　　　　　　　　④ 6

· 핵심정리 ·

**순수 관계 연산자와
SQL 문장 비교**
- SELECT 연산은
  WHERE 절로 구현
- PROJECT 연산은
  SELECT 절로 구현
- (NATURAL) JOIN
  연산은 다양한 JOIN
  기능으로 구현
- DIVIDE 연산은 현재
  사용되지 않음

---

37 순수 관계 연산자로 가장 적절하지 않은 것은?

① SELECT
② UPDATE
③ JOIN
④ DIVIDE

38 아래를 참고할 때 가장 적절한 SQL은?

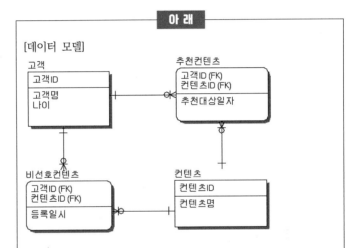

[설명]
우리는 매일 배치작업을 통하여 고객에게 추천할 컨텐츠를 생성하고 고객에게 추천서비스를 제공한다.
추천 컨텐츠 엔터티에서 언제 추천을 해야 하는지를 정의하는 추천 대상일자가 있어 해당일자에만 컨텐츠를 추천해야 한다. 또한 고객이 컨텐츠를 추천 받았을 때 선호하는 컨텐츠가 아닌 경우에는 고객이 비선호 컨텐츠로 분류하여 더 이상 추천 받기를 원하지 않는다. 그러므로 우리는 비선호 컨텐츠 엔터티에 등록된 데이터에 대해서는 추천을 수행하지 않아야 한다.

※ 배치작업이란? 어떤 처리를 연속적으로 하는 것이 아니고 일정량씩 나누어 처리하는 경우 그 일정량을 배치(batch)라고 한다.
  배치의 원뜻은 한 묶음이라는 의미다. [기계공학용어사전]
  예) 상품을 주문하는 로직은 그 당시에 발생하는 트랜잭션에 대한 처리이므로 배치작업이라 표현하지는 않는다. 하지만 상품별 주문량을 집계하는 로직의 경우 특정조건(기간 등)으로 일괄처리를 해야하므로 배치작업이라 표현할 수 있다.

① SELECT C.컨텐츠ID, C.컨텐츠명
   FROM   고객 A INNER JOIN 추천컨텐츠 B
   ON   (A.고객ID = B.고객ID) INNER JOIN 컨텐츠 C
   ON   (B.컨텐츠ID = C.컨텐츠ID)
   WHERE A.고객ID = #custId#
   AND   B.추천대상일자 = TO_CHAR(SYSDATE, 'YYYY.MM.DD')
   AND   NOT EXISTS (SELECT X.컨텐츠ID
                 FROM   비선호컨텐츠 X
                 WHERE X.고객ID = B.고객ID);

② SELECT C.컨텐츠ID, C.컨텐츠명
   FROM   고객 A INNER JOIN 추천컨텐츠 B
   ON   (A.고객ID = #custId# AND A.고객ID = B.고객ID) INNER
          JOIN 컨텐츠 C
   ON   (B.컨텐츠ID = C.컨텐츠ID) RIGHT OUTER JOIN 비선호컨텐츠 D
   ON   (B.고객ID = D.고객ID AND B.컨텐츠ID = D.컨텐츠ID)
   WHERE B.추천대상일자 = TO_CHAR(SYSDATE, 'YYYY.MM.DD')
   AND   B.컨텐츠ID IS NOT NULL;

③ SELECT C.컨텐츠ID, C.컨텐츠명
   FROM   고객 A INNER JOIN 추천컨텐츠 B
   ON   (A.고객ID = B.고객ID) INNER JOIN 컨텐츠 C
   ON   (B.컨텐츠ID = C.컨텐츠ID) LEFT OUTER JOIN 비선호컨텐츠 D
   ON   (B.고객ID = D.고객ID AND B.컨텐츠ID = D.컨텐츠ID)
   WHERE A.고객ID = #custId#
   AND   B.추천대상일자 = TO_CHAR(SYSDATE, 'YYYY.MM.DD')
   AND   D.컨텐츠ID IS NOT NULL;

④ SELECT C.컨텐츠ID, C.컨텐츠명
   FROM   고객 A INNER JOIN 추천컨텐츠 B
   ON   (A.고객ID = #custId# AND A.고객ID = B.고객ID) INNER
          JOIN 컨텐츠 C
   ON   (B.컨텐츠ID = C.컨텐츠ID)
   WHERE B.추천대상일자 = TO_CHAR(SYSDATE, 'YYYY.MM.DD')
   AND   NOT EXISTS (SELECT X.컨텐츠ID
                 FROM   비선호컨텐츠 X
                 WHERE X.고객ID = B.고객ID
                 AND   X.컨텐츠ID = B.컨텐츠ID);

· 핵심정리 ·

**ANSI/ISO SQL에서
표시하는 FROM 절의
JOIN 형태**
- INNER JOIN
- NATURAL JOIN
- USING 조건절
- ON 조건절
- CROSS JOIN
- OUTER JOIN(LEFT,
  RIGHT, FULL)

39 아래에 대한 설명으로 가장 적절한 것은?

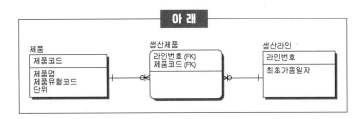

① 제품, 생산제품, 생산라인 엔터티를 INNER JOIN하기 위해서 생산제품 엔터티는 WHERE 절에 최소 3번 나타나야 한다.

② 제품과 생산라인 엔터티를 JOIN 시 적절한 JOIN 조건이 없으므로 카티시안 곱(Cartesian Product)이 발생한다.

③ 제품과 생산라인 엔터티에는 생산제품과 대응되지 않는 레코드는 없다.

④ 특정 생산라인번호에서 생산되는 제품의 제품명을 알기 위해서는 제품, 생산제품, 생산라인까지 3개 엔터티의 INNER JOIN이 필요하다.

40 아래 SQL의 빈칸 ㉠, ㉡에 들어갈 내용으로 가장 적절한 것은?

아 래

```
[테이블]
고객(고객번호, 이름, 등급), 구매정보(구매번호,구매금액,고객번호)
* 구매정보 테이블의 고객번호는 고객 테이블의 고객번호를 참조하는
  외래키(Foreign Key)이다.

[조건]
구매 이력이 있는 고객 중 구매 횟수가 3회 이상인 고객의 이름과
등급을 출력

[SQL]
SELECT A.이름, A.등급
FROM 고객 A
    ㉠
GROUP BY A.이름, A.등급
    ㉡    ;
```

① ㉠ INNER JOIN 구매정보 B ON A.고객번호=B.고객번호
   ㉡ HAVING SUM(B.구매번호) >=3

② ㉠ INNER JOIN 구매정보 B ON A.고객번호=B.고객번호
   ㉡ HAVING COUNT(B.구매번호) >=3

③ ㉠ LEFT OUTER JOIN 구매정보 B ON A.고객번호=B.고객번호
   ㉡ HAVING SUM(B.구매번호) >=3

④ ㉠ INNER JOIN 구매정보 B ON A.고객번호=B.고객번호
   ㉡ WHERE B.구매번호 >=3

41 아래를 참고할 때 시간대별사용량 테이블을 기반으로 고객별 사용금액을 출력하는 SQL로 가장 적절한 것은?

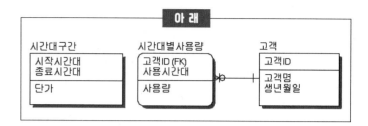

① SELECT A.고객ID, A.고객명, SUM(B.사용량 * C.단가) AS 사용금액
   FROM   고객 A INNER JOIN 시간대별사용량 B
   ON   (A.고객ID = B.고객ID) INNER JOIN 시간대구간 C
   ON   (B.사용시간대 <= C.시작시간대 AND B.사용시간대 >= C.종료시간대)
   GROUP BY A.고객ID, A.고객명
   ORDER BY A.고객ID, A.고객명;

② SELECT A.고객ID, A.고객명, SUM(B.사용량 * C.단가) AS 사용금액
   FROM   고객 A INNER JOIN 시간대별사용량 B INNER JOIN 시간대구간 C
   ON   (A.고객ID = B.고객ID AND B.사용시간대
            BETWEEN C.시작시간대 AND C.종료시간대)
   GROUP BY A.고객ID, A.고객명
   ORDER BY A.고객ID, A.고객명;

③ SELECT A.고객ID, A.고객명, SUM(B.사용량 * C.단가) AS 사용금액
   FROM   고객 A INNER JOIN 시간대별사용량 B
   ON   (A.고객ID = B.고객ID) INNER JOIN 시간대구간 C
   ON   B.사용시간대 BETWEEN C.시작시간대 AND C.종료시간대
   GROUP BY A.고객ID, A.고객명
   ORDER BY A.고객ID, A.고객명;

④ SELECT A.고객ID, A.고객명, SUM(B.사용량 * C.단가) AS 사용금액
   FROM   고객 A INNER JOIN 시간대별사용량 B
   ON   (A.고객ID = B.고객ID) BETWEEN JOIN 시간대구간 C
   GROUP BY A.고객ID, A.고객명
   ORDER BY A.고객ID, A.고객명;

과목Ⅱ · SQL 기본 및 활용

42 실행 결과가 다른 하나는?

① SELECT T.REGION_NAME, T.TEAM_NAME, T.STADIUM_ID,
S.STADIUM_NAME
FROM   TEAM T INNER JOIN STADIUM S
USING (T.STADIUM_ID = S.STADIUM_ID);
② SELECT TEAM.REGION_NAME, TEAM.TEAM_NAME,
TEAM.STADIUM_ID, STADIUM.STADIUM_NAME
FROM   TEAM INNER JOIN STADIUM
ON (TEAM.STADIUM_ID = STADIUM.STADIUM_ID);
③ SELECT T.REGION_NAME, T.TEAM_NAME, T.STADIUM_ID,
S.STADIUM_NAME
FROM   TEAM T, STADIUM S
WHERE   T.STADIUM_ID = S.STADIUM_ID;
④ SELECT TEAM.REGION_NAME, TEAM.TEAM_NAME,
TEAM.STADIUM_ID, STADIUM.STADIUM_NAME
FROM   TEAM, STADIUM
WHERE   TEAM.STADIUM_ID = STADIUM.STADIUM_ID;

핵심정리

CROSS JOIN
테이블 간 JOIN 조건이
없는 경우 생길 수 있는
모든 데이터의 조합을
말한다. 결과는 양쪽
집합의 M*N 건의 데이터
조합이 발생한다.

43 아래 두 SQL이 같은 결과를 출력할 때, 빈칸 ㉠에 들어갈 내용으로 가장
적절한 것은?

아 래

```
[SQL(1)]
SELECT ENAME, DNAME
FROM    EMP, DEPT
ORDER   BY ENAME;

[SQL(2)]
SELECT ENAME, DNAME
FROM    EMP [ ㉠ ] DEPT
ORDER   BY ENAME;
```

① FULL OUTER JOIN
② SELF JOIN
③ NATURAL JOIN
④ CROSS JOIN

44 아래를 참고할 때 SQL 실행 결과로 가장 적절한 것은?

아 래

[OS]

OSID(PK)	OS명
100	Android
200	iOS
300	Bada

[단말기]

단말기ID(PK)	단말기명	OSID(FK)
1000	A1000	100
2000	B2000	100
3000	C3000	200
4000	D3000	300

[고객]

고객번호(PK)	고객명	단말기ID(FK)
11000	홍길동	1000
12000	강감찬	〈NULL〉
13000	이순신	〈NULL〉
14000	안중근	3000
15000	고길동	4000
16000	이대로	4000

[SQL]
```
SELECT A.고객번호, A.고객명, B.단말기ID, B.단말기명, C.OSID, C.OS명
FROM    고객 A LEFT OUTER JOIN 단말기 B
ON     (A.고객번호 IN (11000, 12000) AND A.단말기ID = B.단말기ID) LEFT OUTER JOIN OS C
ON     (B.OSID = C.OSID)
ORDER BY A.고객번호;
```

①

고객번호	고객명	단말기ID	단말기명	OSID	OS명
11000	홍길동	1000	A1000	100	Android
12000	강감찬	〈NULL〉	〈NULL〉	〈NULL〉	〈NULL〉
13000	이순신	〈NULL〉	〈NULL〉	〈NULL〉	〈NULL〉
14000	안중근	〈NULL〉	〈NULL〉	〈NULL〉	〈NULL〉
15000	고길동	〈NULL〉	〈NULL〉	〈NULL〉	〈NULL〉
16000	이대로	〈NULL〉	〈NULL〉	〈NULL〉	〈NULL〉

②

고객번호	고객명	단말기ID	단말기명	OSID	OS명
11000	홍길동	1000	A1000	100	Android
12000	강감찬	〈NULL〉	〈NULL〉	〈NULL〉	〈NULL〉

③

고객번호	고객명	단말기ID	단말기명	OSID	OS명
11000	홍길동	1000	A1000	100	Android

④

고객번호	고객명	단말기ID	단말기명	OSID	OS명
11000	홍길동	1000	A1000	100	Android
12000	강감찬	〈NULL〉	〈NULL〉	〈NULL〉	〈NULL〉
13000	이순신	〈NULL〉	〈NULL〉	〈NULL〉	〈NULL〉
14000	안중근	3000	C3000	200	iOS
15000	고길동	4000	D4000	300	Bada
16000	이대로	4000	D4000	300	Bada

FULL OUTER JOIN

조인 수행 시 좌측, 우측 테이블의 모든 데이터를 읽어 JOIN하여 결과를 생성한다. 즉, TABLE A와 B가 있을 때 (TABLE 'A', 'B' 모두 기준이 됨), RIGHT OUTER JOIN과 LEFT OUTER JOIN의 결과를 합집합으로 처리한 결과와 동일하다.

45 아래 SQL에서 실행 결과가 같은 것은?

아래

(가) SELECT A.ID, B.ID
FROM TBL1 A FULL OUTER JOIN TBL2 B
ON A.ID = B.ID

(나) SELECT A.ID, B.ID
FROM TBL1 A LEFT OUTER JOIN TBL2 B
ON A.ID = B.ID
UNION
SELECT A.ID, B.ID
FROM TBL1 A RIGHT OUTER JOIN TBL2 B
ON A.ID = B.ID

(다) SELECT A.ID, B.ID
FROM TBL1 A, TBL2 B
WHERE A.ID = B.ID
UNION ALL
SELECT A.ID, NULL
FROM TBL1 A
WHERE NOT EXISTS (SELECT 1 FROM TBL2 B WHERE A.ID = B.ID)
UNION ALL
SELECT NULL, B.ID
FROM TBL2 B
WHERE NOT EXISTS (SELECT 1 FROM TBL1 A WHERE B.ID = A.ID)

① (가), (나)
② (가), (다)
③ (나), (다)
④ (가), (나), (다)

46 아래에서 EMP 테이블과 DEPT 테이블을 LEFT, FULL, RIGHT 외부조인
(OUTER JOIN)하면 생성되는 결과 건수로 가장 적절한 것은?

아 래

[EMP]

A	B	C
1	b	w
3	d	w
5	y	y

[DEPT]

C	D	E
w	1	10
z	4	11
v	2	22

① 3건, 5건, 4건
② 4건, 5건, 3건
③ 3건, 4건, 4건
④ 3건, 4건, 5건

47 DEPT와 EMP를 조인하되 사원이 없는 부서 정보도 같이 출력하고자 할
때, 아래 SQL의 빈칸 ㉠에 들어갈 내용으로 가장 적절한 것은?

아 래

```
SELECT E.ENAME, D.DEPTNO, D.DNAME
FROM    DEPT D    ㉠    EMP E
ON      D.DEPTNO = E.DEPTNO;
```

① LEFT OUTER JOIN
② RIGHT OUTER JOIN
③ FULL OUTER JOIN
④ INNER JOIN

48 아래 SQL의 실행 결과로 가장 적절한 것은?

아 래

[TAB1]

C1	C2
A	1
B	2
C	3
D	4
E	5

[TAB2]

C1	C2
B	2
C	3
D	4

[SQL]
SELECT *
FROM TAB1 A LEFT OUTER JOIN TAB2 B
    ON (A.C1 = B.C1 AND B.C2 BETWEEN 1 AND 3)

①

C1	C2	C1	C2
A	1	〈NULL〉	〈NULL〉
B	2	B	2
C	3	C	3
D	4	D	4
E	5	〈NULL〉	〈NULL〉

②

C1	C2	C1	C2
A	1	〈NULL〉	〈NULL〉
B	2	B	2
C	3	C	3
D	4	〈NULL〉	〈NULL〉
E	5	〈NULL〉	〈NULL〉

③

C1	C2	C1	C2
A	1	〈NULL〉	〈NULL〉
B	2	B	2
C	3	C	3

④

C1	C2	C1	C2
A	1	〈NULL〉	〈NULL〉
B	2	B	2
C	3	C	3
D	4	D	4

49 아래의 오라클 SQL을 동일한 결과를 출력하는 ANSI 표준 구문으로 변경하고자 할 때 가장 적절한 SQL은?

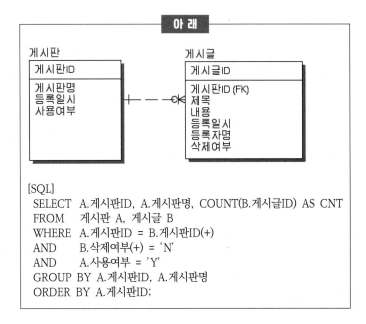

```
[SQL]
SELECT  A.게시판ID, A.게시판명, COUNT(B.게시글ID) AS CNT
FROM    게시판 A, 게시글 B
WHERE   A.게시판ID = B.게시판ID(+)
AND     B.삭제여부(+) = 'N'
AND     A.사용여부 = 'Y'
GROUP BY A.게시판ID, A.게시판명
ORDER BY A.게시판ID;
```

① SELECT A.게시판ID, A.게시판명, COUNT(B.게시글ID) AS CNT
   FROM   게시판 A LEFT OUTER JOIN 게시글 B
   ON   (A.게시판ID = B.게시판ID AND B.삭제여부 = 'N')
   WHERE   A.사용여부 = 'Y'
   GROUP BY A.게시판ID, A.게시판명
   ORDER BY A.게시판ID;

② SELECT A.게시판ID, A.게시판명, COUNT(B.게시글ID) AS CNT
   FROM   게시판 A LEFT OUTER JOIN 게시글 B
   ON   (A.게시판ID = B.게시판ID AND A.사용여부 = 'Y')
   WHERE   B.삭제여부 = 'N'
   GROUP BY A.게시판ID, A.게시판명
   ORDER BY A.게시판ID;

③ SELECT A.게시판ID, A.게시판명, COUNT(B.게시글ID) AS CNT
   FROM   게시판 A LEFT OUTER JOIN 게시글 B
   ON   (A.게시판ID = B.게시판ID)
   WHERE   A.사용여부 = 'Y'
   AND   B.삭제여부 = 'N'
   GROUP BY A.게시판ID, A.게시판명
   ORDER BY A.게시판ID;

④ SELECT A.게시판ID, A.게시판명, COUNT(B.게시글ID) AS CNT
   FROM   게시판 A RIGHT OUTER JOIN 게시글 B
   ON   (A.게시판ID = B.게시판ID AND A.사용여부 = 'Y' AND
         B.삭제여부 = 'N')
   GROUP BY A.게시판ID, A.게시판명
   ORDER BY A.게시판ID;

---

50 아래에 대한 설명으로 가장 적절한 것은? (단, 칼럼의 타입은 NUMBER 이다.)

아 래

COL1	COL2	COL3
10	20	〈NULL〉
15	〈NULL〉	〈NULL〉
50	70	20

① SELECT SUM(COL2) FROM TAB1 의 결과는 NULL이다.
② SELECT SUM(COL1 + COL2 + COL3) FROM TAB1 의 결과는 185이다.
③ SELECT SUM(COL2 + COL3) FROM TAB1 의 결과는 90이다.
④ SELECT SUM(COL2) + SUM(COL3) FROM TAB1 의 결과는 90이다.

SQL

Professional·developer

SQL 활용

51 아래에서 설명하는 서브쿼리의 종류로 가장 적절한 것은?

아 래

서브쿼리의 실행 결과로 여러 칼럼을 반환한다. 메인쿼리의 조건절에 여러 칼럼을 동시에 비교할 수 있다. 서브쿼리와 메인쿼리에서 비교하고자 하는 칼럼 개수와 칼럼의 위치가 동일해야 한다.

① 단일 행(Single Row) 서브쿼리
② 다중 칼럼(Multi Column) 서브쿼리
③ 다중 행(Multi Row) 서브쿼리
④ 단일 칼럼(Single Column) 서브쿼리

52 SQL 실행 결과가 다른 하나는?

① SELECT COL1, SUM(COL2)
   FROM T1
   GROUP BY COL1
   UNION ALL
   SELECT NULL, SUM(COL2)
   FROM T1
   ORDER BY 1 ASC;
② SELECT COL1, SUM(COL2)
   FROM T1
   GROUP BY GROUPING SETS (COL1)
   ORDER BY 1 ASC;
③ SELECT COL1, SUM(COL2)
   FROM T1
   GROUP BY ROLLUP (COL1)
   ORDER BY 1 ASC;
④ SELECT COL1, SUM(COL2)
   FROM T1
   GROUP BY CUBE (COL1)
   ORDER BY 1 ASC;

53 SET OPERATOR 중에서 수학의 교집합과 같은 기능을 하는 연산자로 가장 적절한 것은?

① UNION
② INTERSECT
③ MINUS
④ EXCEPT

집합 연산자의 종류

집합 연산자	연산자의 의미
UNION	여러 개의 SQL문의 결과에 대한 합집합으로 결과에서 모든 중복된 행은 하나의 행으로 만든다.
UNION ALL	여러 개의 SQL문의 결과에 대한 합집합으로 중복된 행도 그대로 결과로 표시된다. 즉, 단순히 결과만 합쳐놓은 것이다. 일반적으로 여러 질의 결과가 상호 배타적(Exclusive)일 때 많이 사용한다. 개별 SQL문의 결과가 서로 중복되지 않는 경우, UNION과 결과가 동일하다. (결과의 정렬 순서에는 차이가 있을 수 있음)
INTERSECT	여러 개의 SQL문의 결과에 대한 교집합이다. 중복된 행은 하나의 행으로 만든다.
EXCEPT	앞의 SQL문의 결과에서 뒤의 SQL문의 결과에 대한 차집합이다. 중복된 행은 하나의 행으로 만든다. (일부 데이터베이스는 MINUS를 사용함)

54 집합 연산자에 대한 설명으로 가장 적절하지 <u>않은</u> 것은?

① UNION 연산자는 합집합 결과에서 중복된 행을 하나의 행으로 만든다.
② UNION ALL 연산자는 집합 간의 결과가 중복되지 않는 경우, UNION과 결과가 동일하다.
③ UNION 연산자를 사용한 SQL은 각각의 집합에 GROUP BY절을 사용할 수 있다.
④ UNION 연산자를 사용한 SQL은 각각의 집합에 ORDER BY절을 사용할 수 있다.

· 핵심정리 ·

55 아래의 SQL과 실행 결과가 동일한 SQL은?

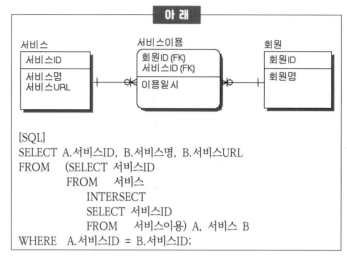

```
아래
```

서비스
| 서비스ID |
| 서비스명
서비스URL |

서비스이용
| 회원ID (FK)
서비스ID (FK) |
| 이용일시 |

회원
| 회원ID |
| 회원명 |

```
[SQL]
SELECT A.서비스ID, B.서비스명, B.서비스URL
FROM    (SELECT 서비스ID
          FROM    서비스
                 INTERSECT
          SELECT 서비스ID
          FROM    서비스이용) A, 서비스 B
WHERE   A.서비스ID = B.서비스ID;
```

① SELECT B.서비스ID, A.서비스명, A.서비스URL
  FROM   서비스 A, 서비스이용 B
  WHERE A.서비스ID = B.서비스ID;

② SELECT X.서비스ID, X.서비스명, X.서비스URL
  FROM   서비스 X
  WHERE   NOT EXISTS (SELECT 1
                      FROM   (SELECT 서비스ID
                               FROM   서비스
                               MINUS
                               SELECT 서비스ID
                               FROM   서비스이용) Y
                      WHERE X.서비스ID = Y.서비스ID);

③ SELECT B.서비스ID, A.서비스명, A.서비스URL
  FROM   서비스 A LEFT OUTER JOIN 서비스이용 B
  ON   (A.서비스ID = B.서비스ID)
  WHERE B.서비스ID IS NULL
  GROUP BY B.서비스ID, A.서비스명, A.서비스URL;

④ SELECT A.서비스ID, A.서비스명, A.서비스URL
  FROM   서비스 A
  WHERE 서비스ID IN (SELECT 서비스ID
                     FROM   서비스이용
                     MINUS
                     SELECT 서비스ID
                     FROM   서비스);

56 아래를 참고할 때 SQL 실행 결과로 가장 적절한 것은?

아래

[TBL1]

COL1	COL2
AA	A1
AB	A2

[TBL2]

COL1	COL2
AA	A1
AB	A2
AC	A3
AD	A4

```
[SQL]
SELECT COL1, COL2, COUNT(*) AS CNT
FROM  (SELECT COL1, COL2
          FROM    TBL1
          UNION ALL
          SELECT COL1, COL2
          FROM    TBL2
          UNION
          SELECT COL1, COL2
          FROM    TBL1)
GROUP BY COL1, COL2;
```

①

COL1	COL2	CNT
AA	A1	1
AB	A2	1
AC	A3	1
AD	A4	1

②

COL1	COL2	CNT
AA	A1	2
AB	A2	2
AC	A3	1
AD	A4	1

③

COL1	COL2	CNT
AA	A1	3
AB	A2	3
AC	A3	1
AD	A4	1

④

COL1	COL2	CNT
AA	A1	3
AB	A2	3
AC	A3	2
AD	A4	2

57 아래 SQL의 빈칸 ㉠에 들어갔을 때 그 결과가 다른 하나는?

아 래

[emp]

EMPNO	ENAME	JOB	SAL
7521	WARD	SALESMAN	1250
7566	JONES	MANAGER	2975
7654	MARTIN	SALESMAN	1250
7782	CLARK	MANAGER	2450
7788	SCOTT	ANALYST	3000
7844	TURNER	SALESMAN	1500
7902	FORD	ANALYST	3000
7934	MILLER	CLERK	1300

[salgrade]

GRADE	LOSAL	HISAL
1	700	1200
2	1201	1400
3	1401	2000
4	2001	3000
5	3001	9999

[SQL]
SELECT b.grade, a.job, SUM(a.sal) AS SUM_SAL, COUNT(*) AS CNT
FROM emp a, salgrade b
WHERE a.sal BETWEEN b.losal AND b.hisal
GROUP BY [㉠] ;

[실행 결과]

GRADE	JOB	SUM_SAL	CNT
2	CLERK	1300	1
2	SALESMAN	2500	2
2	〈NULL〉	3800	3
3	SALESMAN	1500	1
3	〈NULL〉	1500	1
4	ANALYST	6000	2
4	MANAGER	5425	2
4	〈NULL〉	11425	4

① GROUPING SETS (grade, (job, grade))

② ROLLUP (grade, job)

③ grade, ROLLUP (job)

④ grade, CUBE (job)

· 핵심정리 ·

58 아래 실행 결과를 출력하는 SQL로 가장 적절하지 <u>않은</u> 것은? (단, DBMS는 오라클로 가정)

아 래

[직원]

사원번호	이름	부서코드	입사일	급여
A001	홍길동	GEN	2019-01-01	1200000
A002	일지매	MKT	2019-01-12	1830000
A003	심청	MKT	2018-09-05	2340000
A004	고길동	HRD	2011-07-07	3500000
A005	이국	ACC	2007-10-13	2300000
A006	동치성	STG	2004-12-14	3560000
A007	손오공	MKT	2015-11-10	4500000
A008	사오정	HRD	2018-07-18	3200000
A009	저팔계	SYS	2011-03-03	2180000
A010	장길산	SYS	2019-01-23	1780000

[실행 결과]

부서코드	사원번호	급여	급여비중
HRD	A004	3500000	0.52
HRD	A008	3200000	0.48
MKT	A007	4500000	0.52
MKT	A003	2340000	0.27
MKT	A002	1830000	0.21

① SELECT A.부서코드, A.사원번호, A.급여
    , ROUND(RATIO_TO_REPORT(급여) OVER (PARTITION
    BY 부서코드),2) AS 급여비중
  FROM　(SELECT 사원번호, 이름, 부서코드, 급여
        , SUM(급여) OVER (PARTITION BY 부서코드) AS
        부서급여합
        FROM 직원
        WHERE 부서코드 IN ('MKT','HRD')) A
  ORDER BY A.부서코드, A.급여 DESC, A.사원번호;

② SELECT A.부서코드, A.사원번호, A.급여
    , ROUND(급여/부서급여합,2) AS 급여비중
  FROM　(SELECT 사원번호, 이름, 부서코드, 급여
        , SUM(급여) OVER (PARTITION BY 부서코드) AS
        부서급여합
        FROM 직원
        WHERE 부서코드 IN ('MKT','HRD')) A
  ORDER BY A.부서코드, A.급여 DESC, A.사원번호;

과목 Ⅱ · S Q L 기본 및 활용

③ SELECT A.부서코드, A.사원번호, A.급여
      , ROUND(급여/B.부서급여합,2) AS 급여비중
  FROM 직원 A
      , (SELECT 부서코드, SUM(급여) AS 부서급여합
          FROM 직원
          WHERE 부서코드 IN ('MKT','HRD')
          GROUP BY 부서코드) B
  WHERE A.부서코드 = B.부서코드
  AND   A.부서코드 IN ('MKT','HRD')
  ORDER BY A.부서코드, A.급여 DESC, A.사원번호;

④ SELECT A.부서코드, A.사원번호, A.급여
      , ROUND(급여/부서급여합,2) AS 급여비중
  FROM (SELECT 사원번호, 이름, 부서코드, 급여
          , SUM(급여) OVER (PARTITION BY 부서코드 ORDER
            BY 사원번호) AS 부서급여합
          FROM 직원
          WHERE 부서코드 IN ('MKT','HRD')) A
  ORDER BY A.부서코드, A.급여 DESC, A.사원번호 ;

과목Ⅱ · S Q L 기 본 및 활 용

59 아래에 대한 설명으로 가장 적절한 것은? (단, 시스템적으로 회원기본정보와 회원상세정보는 1:1, 양쪽 필수 관계임을 보장한다.)

[데이터 모델]

① 회원ID 칼럼을 대상으로 (회원기본정보 EXCEPT 회원상세정보) 연산을 수행하면 회원상세정보가 등록되지 않은 회원ID가 추출된다.
② 회원ID 칼럼을 대상으로 (회원기본정보 UNION ALL 회원상세정보) 연산을 수행한 결과의 건수는 회원기본정보의 전체건수와 동일하다.
③ 회원ID 칼럼을 대상으로 (회원기본정보 INTERSECT 회원상세정보) 연산을 수행한 결과의 건수와 두 테이블을 회원ID로 JOIN 연산을 수행한 결과의 건수는 동일하다.
④ 회원ID 칼럼을 대상으로 (회원기본정보 INTERSECT 회원상세정보) 연산을 수행한 결과와 (회원기본정보 UNION 회원상세정보) 연산을 수행한 결과는 다르다.

핵심정리

PRIOR : CONNECT BY절에 사용되며, 현재 읽은 칼럼을 지정한다. PRIOR 자식 = 부모 형태를 사용하면 계층구조에서 부모 데이터에서 자식 데이터(부모 → 자식) 방향으로 전개하는 순방향 전개를 한다. 그리고 PRIOR 부모 = 자식 형태를 사용하면 반대로 자식 데이터에서 부모 데이터(자식 → 부모) 방향으로 전개하는 역방향 전개를 한다.

---

60 아래 SQL을 수행할 경우 정렬 순서상 3번째 표시될 값은?

아 래

[TAB1]

C1	C2	C3
1	⟨NULL⟩	A
2	1	B
3	1	C
4	2	D

[SQL]
```
SELECT C3
FROM TAB1
START WITH C2 IS NULL
CONNECT BY PRIOR C1 = C2
ORDER SIBLINGS BY C3 DESC
```

① A
② B
③ C
④ D

· **핵심정리** ·

* START WITH 절은
계층 구조 전개의
시작 위치를
지정하는 구문이다.
즉, 루트 데이터를
지정한다.(액세스)

* ORDER SIBLINGS BY
: 형제 노드(동일 LEVEL)
사이에서 정렬을
수행한다.

61 오라클 계층형 질의에 대한 설명으로 가장 적절하지 **않은** 것은?

① START WITH 절은 계층 구조의 시작점을 지정하는 구문이다.
② ORDER SIBLINGS BY 절은 형제 노드 사이에서 정렬을 지정하는 구문이다.
③ 순방향전개란 부모 노드로부터 자식 노드 방향으로 전개하는 것을 말한다.
④ 루트 노드의 LEVEL 값은 0이다.

62 아래 SQL의 실행 결과로 가장 적절한 것은?

아 래

[사원]

사원번호	사원명	입사일자	매니저사원번호
001	홍길동	2012-01-01	〈NULL〉
002	강감찬	2012-01-01	001
003	이순신	2013-01-01	001
004	이민정	2013-01-01	001
005	이병헌	2013-01-01	〈NULL〉
006	안성기	2014-01-01	005
007	이수근	2014-01-01	005
008	김병만	2014-01-01	005

[SQL]
SELECT 사원번호, 사원명, 입사일자, 매니저사원번호
FROM   사원
START WITH 매니저사원번호 IS NULL
CONNECT BY PRIOR 사원번호 = 매니저사원번호
AND 입사일자 BETWEEN '2013-01-01' AND '2013-12-31'
ORDER SIBLINGS BY 사원번호;

①
사원번호	사원명	입사일자	매니저사원번호
001	홍길동	2012-01-01	〈NULL〉
003	이순신	2013-01-01	001
004	이민정	2013-01-01	001
005	이병헌	2013-01-01	〈NULL〉

②
사원번호	사원명	입사일자	매니저사원번호
003	이순신	2013-01-01	001
004	이민정	2013-01-01	001
005	이병헌	2013-01-01	〈NULL〉

③
사원번호	사원명	입사일자	매니저사원번호
001	홍길동	2012-01-01	〈NULL〉

④
사원번호	사원명	입사일자	매니저사원번호
001	홍길동	2012-01-01	〈NULL〉
005	이병헌	2013-01-01	〈NULL〉
006	안성기	2014-01-01	005
007	이수근	2014-01-01	005
008	김병만	2014-01-01	005

63 계층형 질의문에 대한 설명으로 가장 적절하지 <u>않은</u> 것은?

① SQL Server에서의 계층형 질의문은 CTE(Common Table Expression)를 재귀 호출함으로써 계층 구조를 전개한다.
② SQL Server에서의 계층형 질의문은 앵커 멤버를 실행하여 기본 결과 집합을 만들고 이후 재귀 멤버를 지속적으로 실행한다.
③ 오라클의 계층형 질의문에서 WHERE 절은 모든 전개를 진행한 이후 필터 조건으로서 조건을 만족하는 데이터만을 추출하는 데 활용된다.
④ 오라클의 계층형 질의문에서 PRIOR 키워드는 CONNECT BY 절에만 사용할 수 있으며 'PRIOR 자식 = 부모' 형태로 사용하면 순방향 전개로 수행된다.

64 아래 실행 결과를 출력하는 SQL로 가장 적절한 것은?

아 래

[부서]

부서코드	부서명	상위부서코드
100	아시아지부	〈NULL〉
110	한국지사	100
111	서울지점	110
112	부산지점	110
120	일본지사	100
121	도쿄지점	120
122	오사카지점	120
130	중국지사	100
131	베이징지점	130
132	상하이지점	130
200	남유럽지부	〈NULL〉
210	스페인지사	200
211	마드리드지점	210
212	그라나다지점	210
220	포르투갈지사	200
221	리스본지점	220
222	포르투지점	220

[매출]

부서코드	매출액
111	1000
112	2000
121	1500
122	1000
131	1500
132	2000
211	2000
212	1500
221	1000
222	2000

[실행 결과]

부서코드	부서명	상위부서코드	매출액	LVL
100	아시아지부	〈NULL〉	〈NULL〉	2
120	일본지사	100	〈NULL〉	1
121	도쿄지점	120	1500	2
122	오사카지점	120	1000	2

① SELECT   A.부서코드, A.부서명, A.상위부서코드, B.매출액, LVL
   FROM   (SELECT 부서코드, 부서명, 상위부서코드, LEVEL AS LVL
           FROM   부서
           START WITH 부서코드 = '120'
           CONNECT BY PRIOR 상위부서코드 = 부서코드
           UNION
           SELECT 부서코드, 부서명, 상위부서코드, LEVEL AS LVL
           FROM   부서
           START WITH 부서코드 = '120'
           CONNECT BY 상위부서코드 = PRIOR 부서코드) A LEFT
               OUTER JOIN 매출 B
   ON   (A.부서코드 = B.부서코드)
   ORDER BY A.부서코드;

② SELECT   A.부서코드, A.부서명, A.상위부서코드, B.매출액, LVL
   FROM   (SELECT 부서코드, 부서명, 상위부서코드, LEVEL AS LVL
           FROM   부서
           START WITH 부서코드 = '100'
           CONNECT BY 상위부서코드 = PRIOR 부서코드) A LEFT
               OUTER JOIN 매출 B
   ON   (A.부서코드 = B.부서코드)
   ORDER BY A.부서코드;

③ SELECT   A.부서코드, A.부서명, A.상위부서코드, B.매출액, LVL
   FROM   (SELECT 부서코드, 부서명, 상위부서코드, LEVEL AS LVL
           FROM   부서
           START WITH 부서코드 = '121'
           CONNECT BY PRIOR 상위부서코드 = 부서코드) A LEFT
               OUTER JOIN 매출 B
   ON   (A.부서코드 = B.부서코드)
   ORDER BY A.부서코드;

④ SELECT   A.부서코드, A.부서명, A.상위부서코드, B.매출액, LVL
   FROM   (SELECT 부서코드, 부서명, 상위부서코드, LEVEL AS LVL
           FROM   부서
           START WITH 부서코드 = (
                SELECT 부서코드
                FROM   부서
                WHERE 상위부서코드 IS NULL
                START WITH 부서코드 = '120'
                CONNECT BY PRIOR 상위부서코드 = 부서코드)
           CONNECT BY 상위부서코드 = PRIOR 부서코드) A LEFT
               OUTER JOIN 매출 B
   ON   (A.부서코드 = B.부서코드)
   ORDER BY A.부서코드;

· 핵심정리 ·

65 아래의 SQL과 실행 결과가 다른 하나는?

아 래

[테이블 생성]
CREATE TABLE T1 (NO NUMBER, COLA VARCHAR2(10));

INSERT INTO T1 VALUES (1, 'AAA');

CREATE TABLE T2 (NO NUMBER, COLB VARCHAR2(10));

INSERT INTO T2 VALUES (1, 'BBB');
INSERT INTO T2 VALUES (3, 'CCC');

COMMIT;

[SQL]
SELECT A.NO, A.COLA, B.COLB
　FROM T1 A, T2 B
　WHERE B.NO = A.NO;

① SELECT A.NO, A.COLA, B.COLB
　　FROM T1 A INNER JOIN T2 B
　　ON B.NO = A.NO;
② SELECT NO, A.COLA, B.COLB
　　FROM T1 A JOIN T2 B
　　USING (NO);
③ SELECT A.NO, A.COLA, B.COLB
　　FROM T1 A CROSS JOIN T2 B;
④ SELECT NO, A.COLA, B.COLB
　　FROM T1 A NATURAL JOIN T2 B;

· 핵심정리 ·

셀프 조인(Self Join)이란 동일 테이블 사이의 조인을 말한다. 따라서 FROM 절에 동일 테이블이 두 번 이상 나타난다. 동일 테이블 사이의 조인을 수행하면 테이블과 칼럼 이름이 모두 동일하기 때문에 식별을 위해 반드시 테이블 별칭(Alias)를 사용해야 한다.

셀프 조인(Self Join) 문장

```
SELECT
    ALIAS명1.칼럼명,
    ALIAS명2.칼럼명, ...
FROM
    테이블 ALIAS명1,
    테이블 ALIAS명2
WHERE
    ALIAS명1.칼럼명2 =
    ALIAS명2.칼럼명1;
```

---

66 WINDOW FUNCTION을 사용하지 않고 아래의 실행 결과를 출력하는 SQL로 가장 적절한 것은?

아 래

[일자별매출]

일자	매출액
2015.11.01	1000
2015.11.02	1000
2015.11.03	1000
2015.11.04	1000
2015.11.05	1000
2015.11.06	1000
2015.11.07	1000
2015.11.08	1000
2015.11.09	1000
2015.11.10	1000

[실행 결과]

일자	누적매출액
2015.11.01	1000
2015.11.02	2000
2015.11.03	3000
2015.11.04	4000
2015.11.05	5000
2015.11.06	6000
2015.11.07	7000
2015.11.08	8000
2015.11.09	9000
2015.11.10	10000

① SELECT A.일자, SUM(A.매출액) AS 누적매출액
   FROM   일자별매출 A
   GROUP BY A.일자
   ORDER BY A.일자;

② SELECT B.일자, SUM(B.매출액) AS 누적매출액
   FROM   일자별매출 A JOIN 일자별매출 B ON (A.일자 >= B.일자)
   GROUP BY B.일자
   ORDER BY B.일자;

③ SELECT A.일자, SUM(B.매출액) AS 누적매출액
   FROM   일자별매출 A JOIN 일자별매출 B ON (A.일자 >= B.일자)
   GROUP BY A.일자
   ORDER BY A.일자;

④ SELECT   A.일자
           ,(SELECT SUM(B.매출액)
             FROM   일자별매출 B
             WHERE B.일자 >= A.일자) AS 누적매출액
   FROM   일자별매출 A
   GROUP BY A.일자
   ORDER BY A.일자;

67 아래 SQL의 실행 결과로 가장 적절한 것은?

┌─────── 아 래 ───────┐

[EMP]

A	B	C	D
1	a	1	x
2	a	1	x
3	b	2	y

[DEPT]

D	E	F
x	i	5
y	m	6

[SQL]
SELECT COUNT(DISTINCT A||B)
FROM   EMP
WHERE   D = (SELECT D FROM DEPT WHERE E = 'i') ;

① 0
② 1
③ 2
④ 3

메인쿼리와 서브쿼리

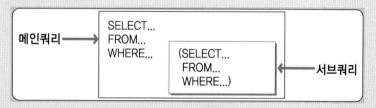

반환되는 데이터의 형태에 따른 서브쿼리 분류

서브쿼리 종류	설명
Single Row 서브쿼리 (단일 행 서브쿼리)	서브쿼리의 실행 결과가 항상 1건 이하인 서브쿼리를 의미한다. 단일 행 서브쿼리는 단일 행 비교 연산자와 함께 사용된다. 단일 행 비교 연산자에는 =, <, <=, >, >=, <>이 있다.
Multi Row 서브쿼리 (다중 행 서브쿼리)	서브쿼리의 실행 결과가 여러 건인 서브쿼리를 의미한다. 다중 행 서브쿼리는 다중 행 비교 연산자와 함께 사용된다. 다중 행 비교 연산자에는 IN, ALL, ANY, SOME, EXISTS가 있다.
Multi Column 서브쿼리 (다중 칼럼 서브쿼리)	서브쿼리의 실행 결과로 여러 칼럼을 반환한다. 메인쿼리의 조건절에 여러 칼럼을 동시에 비교할 수 있다. 서브쿼리와 메인쿼리에서 비교하고자 하는 칼럼 개수와 칼럼의 위치가 동일해야 한다.

68 아래에서 서브쿼리에 대한 설명으로 적절한 것을 모두 고른 것은?

아 래

(가) 서브쿼리는 단일 행(Single Row) 또는 복수 행(Multi Row) 비교
연산자와 함께 사용할 수 있다.

(나) 서브쿼리는 SELECT 절, FROM 절, HAVING 절, ORDER BY 절
등에서 사용이 가능하다.

(다) 서브쿼리의 결과가 복수 행(Multi Row) 결과를 반환하는 경우에는
'=', '<=', '=>' 등의 연산자와 함께 사용할 수 있다.

(라) 연관(Correlated) 서브쿼리는 서브쿼리가 메인쿼리 칼럼을 포함하고
있는 형태의 서브쿼리이다.

(마) 다중 칼럼 서브쿼리는 서브쿼리의 결과로 여러 개의 칼럼이 반환되어
메인쿼리의 조건과 동시에 비교되는 것을 의미하며 오라클 및 SQL
Server 등의 DBMS에서 사용할 수 있다.

① (나), (라), (마)

② (가), (나), (라)

③ (나), (다), (라)

④ (가), (나), (마)

· 핵심정리 ·

69 아래 실행 결과를 출력하는 SQL로 가장 적절한 것은?

아 래

[TBL]

KEY	GRP	VAL1	VAL2
1	A	10	100
2	A	10	200
3	A	10	300
4	A	20	400
5	A	50	500
6	B	40	600
7	B	10	700
8	B	20	800
9	B	20	900
10	B	10	1000

[실행 결과]

KEY	VAL1	VAL2
1	0.1	1
2	0.1	1
3	0.1	2
4	0.2	2
5	0.5	3
6	0.4	3
7	0.1	4
8	0.2	4
9	0.2	5
10	0.1	5

① SELECT KEY
, PERCENT_RANK() OVER(PARTITION BY GRP
ORDER BY VAL1) AS VAL1
, DENSE_RANK() OVER(ORDER BY VAL2) AS VAL2
FROM TBL
ORDER BY KEY;

② SELECT KEY
, CUME_DIST() OVER(ORDER BY VAL1) AS VAL1
, RANK() OVER(ORDER BY VAL2) AS VAL2
FROM TBL
ORDER BY KEY;

과목II · SQL 기본 및 활용

③ SELECT KEY
       , PERCENT_RANK() OVER(PARTITION BY GRP
         ORDER BY VAL1) AS VAL1
       , RANK() OVER(ORDER BY VAL2) AS VAL2
   FROM TBL
   ORDER BY KEY;
④ SELECT KEY
       , RATIO_TO_REPORT(VAL1) OVER(PARTITION BY GRP)
   AS VAL1
       , NTILE(5) OVER(ORDER BY VAL2) AS VAL2
   FROM TBL
   ORDER BY KEY;

70 아래 SQL과 동일한 결과를 출력하는 SQL로 가장 적절하지 <u>않은</u> 것은?

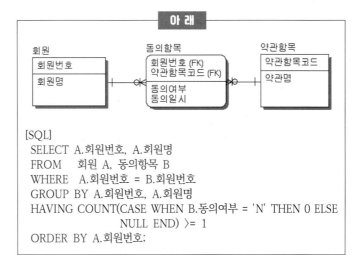

아래

[SQL]
SELECT A.회원번호, A.회원명
FROM   회원 A, 동의항목 B
WHERE   A.회원번호 = B.회원번호
GROUP BY A.회원번호, A.회원명
HAVING COUNT(CASE WHEN B.동의여부 = 'N' THEN 0 ELSE
                NULL END) >= 1
ORDER BY A.회원번호;

① SELECT A.회원번호, A.회원명
   FROM   회원 A
   WHERE   EXISTS (SELECT 1
                 FROM 동의항목 B
                 WHERE A.회원번호 = B.회원번호
                 AND B.동의여부 = 'N')
   ORDER BY A.회원번호;

② SELECT A.회원번호, A.회원명
   FROM   회원 A
   WHERE   A.회원번호 IN (SELECT B.회원번호
                    FROM 동의항목 B
                    WHERE B.동의여부 = 'N')
   ORDER BY A.회원번호;

③ SELECT A.회원번호, A.회원명
   FROM   회원 A
   WHERE   0 < (SELECT COUNT(*)
              FROM   동의항목 B
              WHERE B.동의여부 = 'N')
   ORDER BY A.회원번호;

④ SELECT A.회원번호, A.회원명
   FROM   회원 A, 동의항목 B
   WHERE   A.회원번호 = B.회원번호 AND B.동의여부 = 'N'
   GROUP BY A.회원번호, A.회원명
   ORDER BY A.회원번호;

· 핵심정리 ·

71 아래 SQL에 대한 설명으로 가장 적절한 것은?

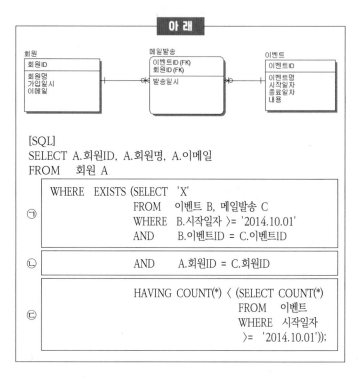

[SQL]
SELECT A.회원ID, A.회원명, A.이메일
FROM   회원 A

㉠
WHERE   EXISTS (SELECT   'X'
            FROM   이벤트 B, 메일발송 C
            WHERE   B.시작일자 >= '2014.10.01'
            AND   B.이벤트ID = C.이벤트ID

㉡
            AND   A.회원ID = C.회원ID

㉢
            HAVING COUNT(*) < (SELECT COUNT(*)
                    FROM   이벤트
                    WHERE   시작일자
                        >= '2014.10.01'));

① 이벤트 시작일자가 '2014.10.01'과 같거나 큰 이벤트를 대상으로 이메일이 발송된 기록이 있는 모든 회원을 추출하는 SQL이다.
② ㉡을 제거하고 ㉠의 EXISTS 연산자를 IN 연산자로 변경해도 결과는 동일하다.
③ ㉢은 이벤트 시작일자가 '2014.10.01'과 같거나 큰 이벤트건수와 그 이벤트들을 기준으로 회원별 이메일 발송건수를 비교하는 것이다.
④ GROUP BY 및 집계 함수를 사용하지 않고 HAVING절을 사용하였으므로 SQL이 실행되지 못하고 오류가 발생한다.

72 서브쿼리에 대한 설명으로 가장 적절한 것은?

① 단일 행 서브쿼리는 서브쿼리의 실행 결과가 항상 한 건 이하인 서브쿼리로 IN, ALL 등의 비교 연산자를 사용하여야 한다.
② 다중 행 서브쿼리 비교 연산자는 단일 행 서브쿼리의 비교 연산자로도 사용할 수 있다.
③ 연관 서브쿼리는 주로 메인쿼리에 값을 제공하기 위한 목적으로 사용한다.
④ 서브 쿼리는 항상 메인쿼리에서 읽힌 데이터에 대해 서브쿼리에서 해당 조건이 만족하는지를 확인하는 방식으로 수행된다.

73 아래 SQL에 대한 설명으로 가장 적절하지 않은 것은?

아 래

```
[SQL]
SELECT B.사원번호, B.사원명, A.부서번호, A.부서명
     , ( SELECT COUNT(*)
           FROM 부양가족 Y
           WHERE Y.사원번호 = B.사원번호) AS 부양가족수
FROM   부서 A, (SELECT *
                 FROM   사원
                 WHERE 입사년도 = '2014') B
WHERE A.부서번호 = B.부서번호
AND EXISTS ( SELECT 1
             FROM 사원 X
             WHERE X.부서번호 = A.부서번호);
```

① 위 SQL에는 다중 행 연관 서브쿼리, 단일 행 연관 서브쿼리, 인라인 뷰(Inline View)가 사용되었다.
② SELECT 절에 사용된 서브쿼리는 스칼라 서브쿼리라고도 하며, 이러한 형태의 서브쿼리는 JOIN으로 동일한 결과를 추출할 수도 있다.
③ WHERE 절의 서브쿼리에 사원 테이블 검색 조건으로 입사년도 조건을 FROM 절의 서브쿼리와 동일하게 추가해야 원하는 결과를 추출할 수 있다.
④ FROM 절의 서브쿼리는 동적 뷰(Dynamic View)라고도 하며, SQL 문장 중 테이블 명이 올 수 있는 곳에서 사용할 수 있다.

· 핵심정리 ·

인라인 뷰(Inline View)
FROM 절에서 사용되는
서브쿼리를 **인라인 뷰**
(Inline View)라고 한다.
서브쿼리의 결과가 마치
실행 시에 동적으로 생성된
테이블인 것처럼 사용할 수
있다. 인라인 뷰는 SQL문이
실행될 때만 임시적으로
생성되는 동적인 뷰이기
때문에 데이터베이스에 해당
정보가 저장되지 않는다.

74 아래를 참고할 때 평가대상상품에 대한 품질평가항목별 최종 평가결과를
출력하는 SQL로 가장 적절한 것은? (단, 평가항목에 대한 평가등급이
기대수준에 미치지 못할 경우 해당 평가항목에 대해서만 재평가를 수행
한다.)

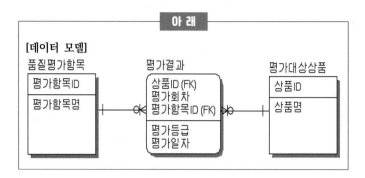

[데이터 모델]

품질평가항목 — 평가결과 — 평가대상상품

품질평가항목: 평가항목ID, 평가항목명

평가결과: 상품ID (FK), 평가회차, 평가항목ID (FK), 평가등급, 평가일자

평가대상상품: 상품ID, 상품명

① SELECT B.상품ID, B.상품명, C.평가항목ID, C.평가항목명, A.평가
회차, A.평가등급, A.평가일자
　FROM　 평가결과 A, 평가대상상품 B, 품질평가항목 C,
　　　　　(SELECT MAX(평가회차) AS 평가회차 FROM 평가결과) D
　WHERE A.상품ID = B.상품ID
　AND　　A.평가항목ID = C.평가항목ID
　AND　　A.평가회차 = D.평가회차;

② SELECT B.상품ID, B.상품명, C.평가항목ID, C.평가항목명, A.평가
회차, A.평가등급, A.평가일자
　FROM　 평가결과 A, 평가대상상품 B, 품질평가항목 C
　WHERE A.상품ID = B.상품ID
　AND　　A.평가항목ID = C.평가항목ID
　AND　　A.평가회차 = (SELECT MAX(X.평가회차)
　　　　　　　　　　　　FROM　 평가결과 X
　　　　　　　　　　　　WHERE X.상품ID = B.상품ID
　　　　　　　　　　　　AND　　X.평가항목ID = C.평가항목ID);

③ SELECT B.상품ID, B.상품명, C.평가항목ID, C.평가항목명
　　　　　,MAX(A.평가회차) AS 평가회차
　　　　　　,MAX(A.평가등급) AS 평가등급
　　　　　,MAX(A.평가일자) AS 평가일자
　FROM　 평가결과 A, 평가대상상품 B, 품질평가항목 C
　WHERE A.상품ID = B.상품ID
　AND　　A.평가항목ID = C.평가항목ID
　GROUP BY B.상품ID, B.상품명, C.평가항목ID, C.평가항목명;

④ SELECT B.상품ID, B.상품명, C.평가항목ID, C.평가항목명, A.평가
　　　　 회차, A.평가등급, A.평가일자
　　FROM　 (SELECT 상품ID, 평가항목ID
　　　　　　　　　　　　 ,MAX(평가회차) AS 평가회차
　　　　　　　　　　　　　 ,MAX(평가등급) AS 평가등급
　　　　　　　　　　　　　 ,MAX(평가일자) AS 평가일자
　　　　　　　FROM　 평가결과
　　　　　　　GROUP BY 상품ID, 평가항목ID) A, 평가대상상품 B,
　　　　　　　　　　　品質평가항목 C
　　WHERE A.상품ID = B.상품ID
　　AND　　 A.평가항목ID = C.평가항목ID;

핵심정리

뷰 사용의 장점

- **독립성** : 테이블 구조가
변경되어도 뷰를
사용하는 응용
프로그램은 변경하지
않아도 된다.
- **편리성** : 복잡한 질의를
뷰로 생성하여 관련
질의를 단순하게 작성할
수 있다. 또한 해당
형태의 SQL을 자주
사용할 때 뷰를 이용하면
편리하게 사용할 수 있다.
- **보안성** : 직원의
급여정보와 같이 숨기고
싶은 정보가 존재한다면,
뷰를 생성할 때 해당
칼럼을 빼고 생성하여
사용자에게 정보를 감출
수 있다.

---

75 뷰에 대한 설명으로 가장 적절하지 <u>않은</u> 것은?

① 뷰는 단지 정의만을 가지고 있으며, 실행 시점에 질의를 재작성하여
수행한다.
② 뷰는 복잡한 SQL 문장을 단순화하는 장점이 있는 반면, 테이블 구조가
변경되면 응용 프로그램을 변경해 주어야 한다.
③ 뷰는 보안을 강화하기 위한 목적으로도 활용할 수 있다.
④ 실제 데이터를 저장하고 있는 뷰를 생성하는 기능을 지원하는 DBMS도
있다.

76 아래에서 뷰 생성 스크립트를 실행한 후, SQL을 실행한 결과로 가장 적절한 것은?

아 래

[TBL]

C1	C2
A	100
B	200
B	100
B	〈NULL〉
〈NULL〉	200

[뷰 생성 스크립트]
```
CREATE VIEW V_TBL
AS
SELECT *
FROM TBL
WHERE C1 = 'B' OR C1 IS NULL
```

[SQL]
```
SELECT SUM(C2) C2
FROM V_TBL
WHERE C2 >= 200 AND C1 = 'B'
```

① 0   ② 200

③ 300   ④ 400

· 핵심정리 ·

77 아래 SQL의 실행 결과로 가장 적절한 것은?

아 래

[사원]

사원ID	부서ID	연봉
001	100	2500
002	100	3000
003	200	4500
004	200	3000
005	200	2500
006	300	4500
007	300	3000

[SQL]
```
SELECT 사원ID, COL2, COL3
FROM  (SELECT 사원ID
             ,ROW_NUMBER() OVER(PARTITION BY 부서ID
       ORDER BY 연봉 DESC) AS COL1
             ,SUM(연봉) OVER(PARTITION BY 부서ID ORDER
       BY 사원ID ROWS BETWEEN UNBOUNDED PRECEDING AND
       CURRENT ROW) AS COL2
             ,MAX(연봉) OVER(ORDER BY 연봉 DESC ROWS
       CURRENT ROW) AS COL3
          FROM   사원)
WHERE COL1 = 2
ORDER BY 1;
```

①
사원ID	COL2	COL3
001	2500	4500
004	7500	4500
007	7500	4500

②
사원ID	COL2	COL3
001	2500	2500
004	7500	3000
007	7500	3000

③
사원ID	COL2	COL3
001	5500	4500
004	5500	4500
007	3000	4500

④
사원ID	COL2	COL3
001	5500	2500
004	5500	3000
007	3000	3000

78 아래 실행 결과를 출력하는 SQL로 가장 적절한 것은?

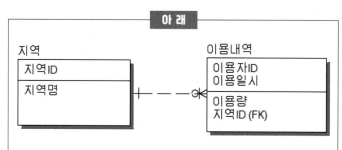

아래

지역	이용내역
지역ID 지역명	이용자ID 이용일시 이용량 지역ID (FK)

[실행 결과]

지역명	이용월	이용량
서울	2014.01	1000
서울	2014.02	1000
서울	월별합계	2000
경기	2014.01	1000
경기	2014.03	2000
경기	월별합계	3000
대전	2014.05	1500
대전	2014.06	1000
대전	월별합계	2500
지역전체	월별합계	7500

① SELECT (CASE GROUPING(B.지역명) WHEN 0 THEN '지역전체'
              ELSE B.지역명 END) AS 지역명
          ,(CASE GROUPING(TO_CHAR(A.이용일시, 'YYYY.MM'))
              WHEN 0 THEN '월별합계'
              ELSE   TO_CHAR(A.이용일시, 'YYYY.MM')
   END) AS 이용월
          ,SUM(A.이용량) AS 이용량
   FROM   이용내역 A INNER JOIN 지역 B ON (A.지역ID = B.지역ID)
   GROUP BY ROLLUP(B.지역명, TO_CHAR(A.이용일시, 'YYYY.MM'))

② SELECT (CASE GROUPING(B.지역ID) WHEN 1 THEN '지역전체'
              ELSE MIN(B.지역명) END) AS 지역명
          ,(CASE GROUPING(TO_CHAR(A.이용일시, 'YYYY.MM'))
              WHEN 1 THEN '월별합계'
              ELSE   TO_CHAR(A.이용일시, 'YYYY.MM')
   END) AS 이용월
          ,SUM(A.이용량) AS 이용량
   FROM   이용내역 A INNER JOIN 지역 B ON (A.지역ID = B.지역ID)
   GROUP BY ROLLUP(B.지역ID, TO_CHAR(A.이용일시, 'YYYY.MM'))

· 핵심정리 ·

③ SELECT (CASE GROUPING(B.지역명) WHEN 1 THEN '지역전체'
ELSE B.지역명 END) AS 지역명
,(CASE GROUPING(TO_CHAR(A.이용일시, 'YYYY.MM'))
WHEN 1 THEN '월별합계'
ELSE TO_CHAR(A.이용일시, 'YYYY.MM')
END) AS 이용월
,SUM(A.이용량) AS 이용량
FROM 이용내역 A INNER JOIN 지역 B ON (A.지역ID = B.지역ID)
GROUP BY CUBE(B.지역명, TO_CHAR(A.이용일시, 'YYYY.MM'))

④ SELECT (CASE GROUPING(B.지역ID) WHEN 1 THEN '지역전체'
ELSE MIN(B.지역명) END) AS 지역명
,(CASE GROUPING(TO_CHAR(A.이용일시, 'YYYY.MM'))
WHEN 1 THEN '월별합계'
ELSE TO_CHAR(A.이용일시, 'YYYY.MM')
END) AS 이용월
,SUM(A.이용량) AS 이용량
FROM 이용내역 A INNER JOIN 지역 B ON (A.지역ID = B.지역ID)
GROUP BY GROUPING SETS(B.지역ID, TO_CHAR(A.이용일시, 'YYYY.MM'))

79 아래 SQL에 대한 설명으로 가장 적절한 것은?

아 래

```
SELECT EMPNO, SAL
FROM EMP
WHERE SAL >= ( SELECT    MAX(SAL)
               FROM      EMP
               GROUP BY DEPTNO ) ;
```

① '단일 행 하위 질의에 2개 이상의 행이 리턴되었습니다.' 오류가 발생한다.
② 부서별 최고연봉보다 크거나 같은 사원을 출력한다.
③ 부서별 최고연봉 전부와 크거나 같은 연봉을 가진 사원을 출력하는 쿼리는 다음과 같이 변경할 수 있다.
SELECT EMPNO, DEPTNO, SAL
FROM EMP
WHERE SAL >= ANY(SELECT MAX(SAL) FROM EMP GROUP BY DEPTNO) ;

④ 부서별 최고연봉 중 하나보다 크거나 같은 연봉을 가진 사원을 출력하는
퀴리는 다음과 같이 변경할 수 있다.
SELECT EMPNO, DEPTNO, SAL
FROM   emp
WHERE   SAL >= ALL(SELECT MAX(SAL) FROM EMP GROUP
                              BY DEPTNO) ;

80 아래를 참고할 때 SQL의 빈칸 ㉠에 들어갈 내용으로 가장 적절한 것은?

아 래

[SQL]
SELECT DNAME
     , JOB
     , COUNT(EMPNO) TOTAL_EMP
     , SUM(SAL)   TOTAL_SAL
FROM EMP, DEPT
WHERE DEPT.DEPTNO = EMP.DEPTNO
GROUP BY [㉠]
;

[실행 결과]

DNAME	JOB	TOTAL_EMP	TOTAL_SAL
SALES	CLERK	1	950
SALES	MANAGER	1	2850
SALES	SALESMAN	4	5600
SALES	NULL	6	9400
RESEARCH	CLERK	2	1900
RESEARCH	ANALYST	2	6000
RESEARCH	MANAGER	1	2975
RESEARCH	NULL	5	10875
ACCOUNTING	CLERK	1	1300
ACCOUNTING	MANAGER	1	2450
ACCOUNTING	PRESIDENT	1	5000
ACCOUNTING	NULL	3	8750
NULL	NULL	14	29025

① ROLLUP (DNAME, JOB)
② CUBE (DNAME, JOB)
③ GROUPING SETS ((DNAME, JOB), DNAME)
④ DNAME, ROLLUP (JOB)

· 핵심정리 ·

CUBE는 결합 가능한 모든 값에 대하여 다차원 집계를 생성한다. CUBE도 결과에 대한 정렬이 필요한 경우는 ORDER BY 절에 명시적으로 정렬 칼럼이 표시되어야 한다.

81 아래 실행 결과를 출력하는 SQL로 가장 적절한 것은?

아 래

[설비]

설비ID	설비명
1	설비1
2	설비2
3	설비3

[에너지사용량]

설비ID	에너지코드	사용량
1	전기	100
1	용수	200
1	바람	300
2	전기	200
2	용수	300
3	전기	300

[실행 결과]

설비ID	에너지코드	사용량합계
1	바람	300
1	용수	200
1	전기	100
1	〈NULL〉	600
2	용수	300
2	전기	200
2	〈NULL〉	500
3	전기	300
3	〈NULL〉	300
〈NULL〉	바람	300
〈NULL〉	용수	500
〈NULL〉	전기	600
〈NULL〉	〈NULL〉	1400

① SELECT A.설비ID, B.에너지코드, SUM(B.사용량) AS 사용량합계
　FROM　설비 A INNER JOIN 에너지사용량 B
　ON　　(A.설비ID = B.설비ID)
　GROUP BY CUBE ((A.설비ID), (B.에너지코드), (A.설비ID,
　　　　　B.에너지코드))
　ORDER BY A.설비ID, B.에너지코드;

② SELECT A.설비ID, B.에너지코드, SUM(B.사용량) AS 사용량합계
　FROM　설비 A INNER JOIN 에너지사용량 B
　ON　　(A.설비ID = B.설비ID)
　GROUP BY CUBE (A.설비ID, B.에너지코드)
　ORDER BY A.설비ID, B.에너지코드;

③ SELECT A.설비ID, B.에너지코드, SUM(B.사용량) AS 사용량합계
　FROM　설비 A INNER JOIN 에너지사용량 B
　ON　　(A.설비ID = B.설비ID)
　GROUP BY GROUPING SETS((A.설비ID), (A.설비ID, B.에너지코드))
　ORDER BY A.설비ID, B.에너지코드;

④ SELECT A.설비ID, B.에너지코드, SUM(B.사용량) AS 사용량합계
   FROM   설비 A INNER JOIN 에너지사용량 B
   ON   (A.설비ID = B.설비ID)
   GROUP BY GROUPING SETS((A.설비ID), (B.에너지코드),
        (A.설비ID, B.에너지코드))
   ORDER BY A.설비ID, B.에너지코드;

82 아래를 참고할 때 SQL의 빈칸 ㉠에 들어갈 내용으로 가장 적절한 것은?

아 래

[SQL]
SELECT A.JOB, A.DEPTNO, ROUND(AVG(A.SAL),2) AVG_SAL
  FROM EMP A
  GROUP BY ㉠ ;

[실행 결과]

JOB	DEPTNO	AVG_SAL
CLERK	10	1300
CLERK	20	950
CLERK	30	950
ANALYST	20	3000
MANAGER	10	2450
MANAGER	20	2975
MANAGER	30	2850
SALESMAN	30	1400
PRESIDENT	10	5000
〈NULL〉	〈NULL〉	2073.21

① ROLLUP (JOB, DEPTNO)
② ROLLUP ((JOB, DEPTNO))
③ ROLLUP ((JOB), (DEPTNO))
④ JOB, ROLLUP (DEPTNO)

과목II · SQL 기본 및 활용

·핵심정리·

GROUPING SETS는 다양한 소계 집합을 만들 수 있는데, GROUPING SETS에 표시된 인수들에 대한 개별 집계를 구할 수 있으며, 이때 표시된 인수들 간에는 계층 구조인 ROLLUP과는 달리 평등한 관계이므로 인수의 순서가 바뀌어도 결과는 같다. 그리고 GROUPING SETS 함수도 결과에 대한 정렬이 필요한 경우는 ORDER BY 절에 명시적으로 정렬 칼럼이 표시되어야 한다.

---

83 아래 SQL의 실행 결과로 가장 적절한 것은?

> **아 래**

[월별매출]

상품ID	월	매출액
P001	2014.10	1500
P001	2014.11	1500
P001	2014.12	2500
P002	2014.10	1000
P002	2014.11	2000
P002	2014.12	1500
P003	2014.10	2000
P003	2014.11	1000
P003	2014.12	1000

[SQL]
```
SELECT  상품ID, 월, SUM(매출액) AS 매출액
FROM    월별매출
WHERE   월 BETWEEN '2014.10' AND '2014.12'
GROUP BY GROUPING SETS((상품ID, 월));
```

①

상품ID	월	매출액
〈NULL〉	2014.10	4500
〈NULL〉	2014.11	4500
〈NULL〉	2014.12	5000
P001	〈NULL〉	5500
P002	〈NULL〉	4500
P003	〈NULL〉	4000

②

상품ID	월	매출액
P001	2014.10	1500
P001	2014.11	1500
P001	2014.12	2500
P002	2014.10	1000
P002	2014.11	2000
P002	2014.12	1500
P003	2014.10	2000
P003	2014.11	1000
P003	2014.12	1000

③

상품ID	월	매출액
〈NULL〉	2014.10	4500
〈NULL〉	2014.11	4500
〈NULL〉	2014.12	5000
P001	〈NULL〉	5500
P002	〈NULL〉	4500
P003	〈NULL〉	4000
〈NULL〉	〈NULL〉	14000

④

상품ID	월	매출액
P001	2014.10	1500
P002	2014.10	1000
P003	2014.10	2000
〈NULL〉	2014.10	4500
P001	2014.11	1500
P002	2014.11	2000
P003	2014.11	1000
〈NULL〉	2014.11	4500
P001	2014.12	2500
P002	2014.12	1500
P003	2014.12	1000
〈NULL〉	2014.12	5000

· 핵심정리 ·

84 윈도우 함수(Window Function)에 대한 설명으로 가장 적절하지 <u>않은</u> 것은?

① PARTITION BY 절과 GROUP BY 절은 의미적으로 유사하다.
② PARTITION BY 절이 없으면 전체 집합을 하나의 Partition으로 정의한 것과 동일하다.
③ 윈도우 함수 처리로 결과 건수가 줄어든다.
④ 윈도우 함수 적용 범위는 Partition을 넘을 수 없다.

85 아래 SQL의 실행 결과로 가장 적절한 것은?

RANK 함수는 ORDER BY를 포함한 QUERY 문에서 특정 항목(칼럼)에 대한 순위를 구하는 함수이며 동일한 값에 대해서는 동일한 순위를 부여한다.

아 래

[고객]

고객번호(PK)	고객명
001	홍길동
002	이순신
003	강감찬
004	이상화
005	이규혁

[월별매출]

월(PK)	고객번호(PK)	매출액
201301	001	200
201301	002	300
201301	003	250
201301	004	300
201301	005	250
201302	001	150
201302	002	150
201302	004	200
201302	005	100
201303	002	100
201303	003	100
201303	004	200
201303	005	350

```
[SQL]
SELECT   고객번호, 고객명, 매출액
       , RANK() OVER(ORDER BY 매출액 DESC) AS 순위
FROM    (
          SELECT   A.고객번호
                 , MAX(A.고객명) AS 고객명
                 , SUM(B.매출액) AS 매출액
            FROM  고객 A INNER JOIN 월별매출 B
            ON    (A.고객번호 = B.고객번호)
            GROUP BY A.고객번호
        )
ORDER BY 순위;
```

· 핵심정리 ·

①

고객번호	고객명	매출액	순위
005	이규혁	700	1
004	이상화	700	1
002	이순신	550	3
001	홍길동	350	4
003	강감찬	350	4

②

고객번호	고객명	매출액	순위
005	이규혁	700	1
004	이상화	700	2
002	이순신	550	3
001	홍길동	350	4
003	강감찬	350	5

③

고객번호	고객명	매출액	순위
005	이규혁	700	1
004	이상화	700	1
002	이순신	550	2
001	홍길동	350	3
003	강감찬	350	3

④

고객번호	고객명	매출액	순위
003	강감찬	350	1
001	홍길동	350	1
002	이순신	550	2
004	이상화	700	3
005	이규혁	700	3

· 핵심정리 ·

DENSE_RANK 함수는
RANK 함수와 흡사하나,
동일한 순위를 하나의
건수로 취급하는 것이
다른 점이다.

86 아래를 참고할 때 SQL의 빈칸 ⊙에 들어갈 내용으로 가장 적절한 것은?

아 래

[실행 결과]

JOB	ENAME	SAL	COMM	RANK
PRESIDENT	KING	5000	⟨NULL⟩	1
ANALYST	FORD	3000	⟨NULL⟩	2
ANALYST	SCOTT	3000	⟨NULL⟩	2
MANAGER	JONES	2975	⟨NULL⟩	3
MANAGER	BLAKE	2850	⟨NULL⟩	4
SALESMAN	MARTIN	1250	1400	5
MANAGER	CLARK	2450	⟨NULL⟩	6
SALESMAN	ALLEN	1600	300	7
SALESMAN	WARD	1250	500	8
SALESMAN	TURNER	1500	0	9
CLERK	MILLER	1300	⟨NULL⟩	10
CLERK	ADAMS	1100	⟨NULL⟩	11
CLERK	JAMES	950	⟨NULL⟩	12
CLERK	SMITH	800	⟨NULL⟩	13

[SQL]
SELECT JOB, ENAME, SAL, COMM
  , ⊙ () OVER(ORDER BY NVL(SAL,0) +
  NVL(COMM,0) DESC) RANK
  FROM EMP;

① ROWNUM
② ROW_NUMBER
③ RANK
④ DENSE_RANK

II. SQL 기본 및 활용

· 핵심정리 ·

ROW_NUMBER 함수는
RANK나 DENSE_RANK
함수가 동일한 값에 대해서는
동일한 순위를 부여하는데
반해, 동일한 값이라도
고유한 순위를 부여한다.

87 아래를 참고할 때 SQL의 실행 결과로 가장 적절한 것은?

아 래

[추천내역]

추천경로	추천인	피추천인	추천점수
SNS	나한일	강감찬	75
SNS	이순신	강감찬	80
이벤트응모	홍길동	강감찬	88
이벤트응모	저절로	이순신	78
홈페이지	저절로	이대로	93
홈페이지	홍두깨	심청이	98

[SQL]
SELECT   추천경로, 추천인, 피추천인, 추천점수
FROM   (SELECT   추천경로, 추천인, 피추천인, 추천점수
                , ROW_NUMBER() OVER(PARTITION BY 추천경로
                        ORDER BY 추천점수 DESC) AS RNUM
           FROM   추천내역)
WHERE   RNUM = 1;

①

추천경로	추천인	피추천인	추천점수
SNS	나한일	강감찬	75
SNS	이순신	강감찬	80
이벤트응모	홍길동	강감찬	88
이벤트응모	저절로	이순신	78
홈페이지	저절로	이대로	93
홈페이지	홍두깨	심청이	98

②

추천경로	추천인	피추천인	추천점수
홈페이지	홍두깨	심청이	98

③

추천경로	추천인	피추천인	추천점수
SNS	이순신	강감찬	80
이벤트응모	홍길동	강감찬	88
홈페이지	홍두깨	심청이	98

④

추천경로	추천인	피추천인	추천점수
SNS	나한일	강감찬	75
이벤트응모	저절로	이순신	78
홈페이지	저절로	이대로	93

과목 Ⅱ · SQL 기본 및 활용

■■■ 99

88 아래 SQL에 대한 설명으로 가장 적절한 것은?

> **아 래**
>
> SELECT   상품분류코드
>   ,AVG(상품가격) AS 상품가격
>   ,COUNT(*) OVER(ORDER BY AVG(상품가격)
>   RANGE BETWEEN 10000 PRECEDING
>   AND 10000 FOLLOWING) AS 유사개수
> FROM   상품
> GROUP BY 상품분류코드;

① WINDOW FUNCTION을 GROUP BY 절과 함께 사용하였으므로 위의 SQL은 오류가 발생한다.

② WINDOW FUNCTION의 ORDER BY절에 AVG 집계 함수를 사용하였으므로 위의 SQL은 오류가 발생한다.

③ 유사개수 칼럼은 상품분류코드별 평균상품가격을 서로 비교하여 -10000 ~ +10000 사이에 존재하는 상품분류코드의 개수를 구한 것이다.

④ 유사개수 칼럼은 상품전체의 평균상품가격을 서로 비교하여 -10000 ~ +10000 사이에 존재하는 상품의 개수를 구한 것이다.

89 아래 SQL의 실행 결과로 가장 적절한 것은?

아 래

[사원]

사원ID	부서ID	사원명	연봉
001	100	홍길동	2500
002	100	강감찬	3000
003	200	김유신	4500
004	200	김선달	3000
005	200	유학생	2500
006	300	변사또	4500
007	300	박문수	3000

[SQL]
```
SELECT Y.사원ID, Y.부서ID, Y.사원명, Y.연봉
FROM   (SELECT 사원ID, MAX(연봉) OVER(PARTITION BY
                  부서ID) AS 최고연봉
          FROM   사원) X, 사원 Y
WHERE X.사원ID = Y.사원ID
AND    X.최고연봉 = Y.연봉
```

①

사원ID	부서ID	사원명	연봉
002	100	강감찬	3000
003	200	김유신	4500
006	300	변사또	4500

②

사원ID	부서ID	사원명	연봉
001	100	홍길동	2500
005	200	유학생	2500
007	300	박문수	3000

③

사원ID	부서ID	사원명	연봉
003	200	김유신	4500
006	300	변사또	4500

④

사원ID	부서ID	사원명	연봉
003	200	김유신	4500

90 아래를 참고할 때 SQL의 빈칸 ㉠에 들어갈 내용으로 가장 적절한 것은?

> **아 래**
>
> [SQL]
> SELECT EMPNO,HIREDATE, SAL, ㉠ (SAL) OVER (ORDER
> BY HIREDATE) AS SAL2
> FROM EMP
> WHERE JOB = 'SALESMAN';
>
> [실행결과]
>
> | EMPNO | HIREDATE | SAL | SAL_2 |
> |---|---|---|---|
> | 7499 | 2018-02-20 | 1600 | 〈NULL〉 |
> | 7521 | 2018-02-22 | 1250 | 1600 |
> | 7844 | 2018-09-08 | 1500 | 1250 |
> | 7654 | 2018-09-28 | 1250 | 1500 |

① LEAD
② ROW_NUMBER
③ RANK
④ LAG

91 GRANT와 REVOKE에 대한 설명으로 가장 적절하지 않은 것은?

① 어떤 사용자가 WITH GRANT OPTION과 함께 권한을 허가받았으면
그 사용자는 해당 권한을 WITH GRANT OPTION 유무와 관계없이
다른 사용자에게 허가할 수 있다.
② PUBLIC을 사용하면 자신에게 허가된 권한을 모든 사용자들에게 허가할
수 있다.
③ REVOKE 문을 사용하여 권한을 취소하더라도 권한을 취소당한 사용자가
WITH GRANT OPTION을 통해서 다른 사용자에게 허가했던 권한
들까지 연쇄적으로 모두 취소되는 것은 아니다.
④ REVOKE 문을 사용하여 권한을 취소할 때 그 권한을 허가한 사용자가
권한을 취소할 수 있다.

92 B_User가 아래의 작업을 수행할 수 있도록 권한을 부여하는 DCL로 가장 적절한 것은?

아 래

```
UPDATE A_User.TB_A
SET col1='AAA'
WHERE col2=3
```

① GRANT SELECT, UPDATE TO B_User;
② REVOKE SELECT ON A_User.TB_A FROM B_User;
③ DENY UPDATE ON A_User.TB_A TO B_User;
④ GRANT SELECT, UPDATE ON A_User.TB_A TO B_User;

93 아래는 EMPLOYEE 스키마뿐만 아니라 연관된 객체들도 모두 삭제하는 SQL 명령어이다. 빈칸 ㉠에 들어갈 내용으로 가장 적절한 것은?

아 래

```
DROP SCHEMA EMPLOYEE    ㉠   ;
```

① NULL
② NOT NULL
③ CASCADE
④ RESTRICT

· 핵심정리 ·

94 사용자 Lee가 테이블 R을 생성한 후 아래의 SQL을 실행하였다. 그 이후에 실행 가능한 SQL로 가장 적절한 것은? (단, A, B의 데이터 타입은 정수형이다.)

아 래

Lee: GRANT SELECT, INSERT, DELETE ON R TO Kim WITH
      GRANT OPTION;
Kim: GRANT SELECT, INSERT, DELETE ON R TO Park;
Lee: REVOKE DELETE ON R FROM Kim CASCADE;
Lee: REVOKE INSERT ON R FROM Kim CASCADE;

① Park: SELECT * FROM R WHERE A = 400;
② Park: INSERT INTO R VALUES(400, 600);
③ Park: DELETE FROM R WHERE B = 800;
④ Kim: INSERT INTO R VALUES(500, 600);

· 핵심정리 ·

95 아래 SQL과 동일한 결과를 출력하는 SQL로 가장 적절한 것은?

아 래

```
[SQL]
SELECT X.keyb, Y.col1, SUM(X.col1) AS sumcol1
FROM    Table_B X, Table_A Y
WHERE   X.keya = Y.keya
GROUP BY CUBE(X.keyb, Y.col1)
ORDER BY keyb, col1;
```

① SELECT X.keyb, Y.col1, SUM(X.col1) AS sumcol1
   FROM   Table_B X, Table_A Y
   WHERE   X.keya = Y.keya
   GROUP BY ROLLUP(X.keyb, Y.col1)
   ORDER BY keyb, col1;

② SELECT X.keyb, Y.col1, SUM(X.col1) AS sumcol1
   FROM   Table_B X, Table_A Y
   WHERE   X.keya = Y.keya
   GROUP BY GROUPING SETS((X.keyb, Y.col1), (X.keyb),
   (Y.col1), ())
   ORDER BY keyb, col1;

③ SELECT X.keyb, MAX(Y.col1) AS col1, SUM(X.col1) AS sumcol1
   FROM   Table_B X, Table_A Y
   WHERE   X.keya = Y.keya
   GROUP BY X.keyb
   UNION ALL
   SELECT MAX(X.keyb) AS keyb, Y.col1, SUM(X.col1) AS
   sumcol1
   FROM   Table_B X, Table_A Y
   WHERE   X.keya = Y.keya
   GROUP BY Y.col1
   ORDER BY keyb, col1;

④ SELECT X.keyb, MAX(Y.col1) AS col1, SUM(X.col1) AS sumcol1
   FROM   Table_B X, Table_A Y
   WHERE   X.keya = Y.keya
   GROUP BY X.keyb
   UNION ALL
   SELECT MAX(X.keyb) AS keyb, Y.col1, SUM(X.col1) AS sumcol1
   FROM   Table_B X, Table_A Y
   WHERE   X.keya = Y.keya

GROUP BY Y.col1
UNION ALL
SELECT X.keyb, Y.col1, SUM(X.col1) AS sumcol1
FROM   Table_B X, Table_A Y
WHERE   X.keya = Y.keya
GROUP BY X.keyb, Y.col1
ORDER BY keyb, col1;

96 집합 연산자인 INTERSECT에 대한 설명으로 가장 적절한 것은?

① 여러 개의 SQL문의 결과에 대한 합집합으로, 중복된 행은 하나의
   행으로 출력한다.
② 여러 개의 SQL문의 결과에 대한 합집합으로, 중복된 행도 그대로
   결과로 출력한다.
③ 여러 개의 SQL문의 결과에 대한 교집합으로, 중복된 행은 하나의
   행으로 출력한다.
④ SQL문 결과간의 차집합으로, 중복된 행은 하나의 행으로 출력한다.

97 아래를 참고할 때 SQL의 빈칸 ㉠에 들어갈 내용으로 가장 적절한 것은?

아 래

[emp]

EMPNO	ENAME	JOB	SAL
7698	BLAKE	MANAGER	2850
7782	CLARK	MANAGER	2450
7566	JONES	MANAGER	2975
7499	ALLEN	SALESMAN	1600
7654	MARTIN	SALESMAN	1250
7844	TURNER	SALESMAN	1500
7521	WARD	SALESMAN	1250

[SQL]
```
SELECT a.empno
    , a.ename
    , a.job
    , LAG(a.sal,   ㉠   ) OVER (PARTITION BY a.job
ORDER BY a.ename) AS prev_sal
FROM emp a;
```

[실행 결과]

EMPNO	ENAME	JOB	PREV_SAL
7698	BLAKE	MANAGER	〈NULL〉
7782	CLARK	MANAGER	〈NULL〉
7566	JONES	MANAGER	2850
7499	ALLEN	SALESMAN	〈NULL〉
7654	MARTIN	SALESMAN	〈NULL〉
7844	TURNER	SALESMAN	1600
7521	WARD	SALESMAN	1250

① 0

② 1

③ 2

④ 4

98 아래를 참고할 때, SQL의 빈칸 ㉠에 들어갈 내용으로 가장 적절한 것은?

아래

[TBL]

COL1	COL2
1	100
2	100
3	200
4	300
5	300
6	300
7	400
8	500

[SQL]
SELECT COL1
    , COL2
    , ㉠ () OVER (ORDER BY COL2) COL3
FROM TBL;

[실행 결과]

COL1	COL2	COL3
1	100	1
2	100	1
3	200	3
4	300	4
6	300	4
5	300	4
7	400	7
8	500	8

① DENSE_RANK

② RANK

③ ROW_NUMBER

④ PERCENT_RANK

관리 구문

99 아래 데이터 모델과 같은 테이블 및 PK 제약조건을 생성하는 DDL 문장으로 가장 적절한 것은? (단, DBMS는 오라클로 가정)

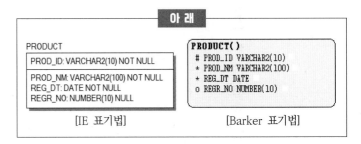

[IE 표기법]   [Barker 표기법]

① CREATE TABLE PRODUCT
   (PROD_ID VARCHAR2(10) NOT NULL
   ,PROD_NM VARCHAR2(100) NOT NULL
   ,REG_DT DATE NOT NULL
   ,REGR_NO NUMBER(10) NULL);
   ALTER TABLE PRODUCT ADD PRIMARY KEY PRODUCT_PK
ON (PROD_ID);
② CREATE TABLE PRODUCT
   (PROD_ID VARCHAR2(10)
   ,PROD_NM VARCHAR2(100)
   ,REG_DT DATE
   ,REGR_NO NUMBER(10));
   ALTER TABLE PRODUCT ADD CONSTRAINT PRODUCT_PK
                    PRIMARY KEY (PROD_ID);
③ CREATE TABLE PRODUCT
   (PROD_ID VARCHAR2(10) NOT NULL
   ,PROD_NM VARCHAR2(100) NOT NULL
   ,REG_DT DATE NOT NULL
   ,REGR_NO NUMBER(10) NULL
   ,ADD CONSTRAINT PRIMARY KEY (PROD_ID));
④ CREATE TABLE PRODUCT
   (PROD_ID VARCHAR2(10) NOT NULL
   ,PROD_NM VARCHAR2(100) NOT NULL
   ,REG_DT DATE NOT NULL
   ,REGR_NO NUMBER(10)
   ,CONSTRAINT PRODUCT_PK PRIMARY KEY (PROD_ID));

테이블 칼럼에 대한 정의 변경
- [Oracle]
ALTER TABLE
    테이블명
MODIFY
    (칼럼명1 데이터 유형
    [DEFAULT 식]
    [NOT NULL],
    칼럼명2 데이터 유형
    …);

- [SQL Server]
ALTER TABLE
    테이블명
ALTER COLUMN
    칼럼명 데이터 유형
    [DEFAULT 식] [NOT
    NULL];

NULL
NULL(ASCII 코드 00번)은
공백(BLANK, ASCII
코드 32번)이나 숫자 0
(ZERO, ASCII 48)과는
전혀 다른 값이며, 조건에
맞는 데이터가 없을 때의
공집합과도 다르다.
'NULL'은 '아직 정의되지
않은 미지의 값'이거나
'현재 데이터를 입력하지
못하는 경우'를 의미한다.

---

100 데이터가 들어있지 않은 왼쪽의 기관분류 테이블 (가)를 (나)와 같이 변경하고자 할 때 가장 적절한 SQL은? (단, DBMS는 SQL Server로 가정)

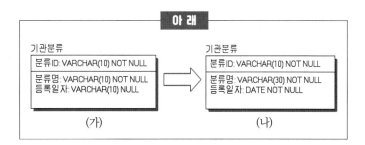

① ALTER TABLE 기관분류 ALTER COLUMN (분류명 VARCHAR(30), 등록일자 DATE NOT NULL);
② ALTER TABLE 기관분류 ALTER COLUMN (분류명 VARCHAR(30) NOT NULL, 등록일자 DATE NOT NULL);
③ ALTER TABLE 기관분류 ALTER COLUMN 분류명 VARCHAR(30); ALTER TABLE 기관분류 ALTER COLUMN 등록일자 DATE NOT NULL;
④ ALTER TABLE 기관분류 ALTER COLUMN 분류명 VARCHAR(30) NOT NULL; ALTER TABLE 기관분류 ALTER COLUMN 등록일자 DATE NOT NULL;

101 아래와 같은 상황에서 문제가 발생한 트랜잭션의 특성으로 가장 적절한 것은?

아 래

[TableA]

COL1	COL2
A	100
B	200

[트랜잭션]

시간	TX1	TX2
t1	update TableA set col2 = 200 where col1 = 'A';	
t2		update TableA set col2 = 300 where col1 = 'A';
t3		commit;
t4	commit;	

[트랜잭션 수행결과]

COL1	COL2
A	300
B	200

① 원자성(Atomicity)
② 일관성(Consistency)
③ 고립성(Isolation)
④ 영속성(Durability)

102 아래를 참고할 때 DELETE FROM T; 를 수행한 후에 테이블 R에 남아있는 데이터로 가장 적절한 것은?

아 래

```
CREATE TABLE T
(C INTEGER PRIMARY KEY,
 D INTEGER);

CREATE TABLE S
(B INTEGER PRIMARY KEY,
 C INTEGER REFERENCES T(C) ON DELETE CASCADE);

CREATE TABLE R
(A INTEGER PRIMARY KEY,
 B INTEGER REFERENCES S(B) ON DELETE SET NULL);
```

[T]

C	D
1	1
2	1

[S]

B	C
1	1
2	1

[R]

A	B
1	1
2	2

① (1, NULL)과 (2, 2)
② (1, NULL)과 (2, NULL)
③ (2, 2)
④ (1, 1)

· 핵심정리 ·

103 아래 SQL의 실행 결과로 가장 적절한 것은?

아 래

[Table_A]

keya	col1	col2
1	A	2
2	A	2
3	B	3
4	B	3
5	C	3

[SQL]
begin transaction;
save transaction sp1;
delete from Table_A where keya = 2;
save transaction sp2;
delete from Table_A where col1 = 'A';
delete from Table_A where col2 = 3;
rollback transaction sp2;
commit;
select count(*) as cnt from Table_A;

① 2
② 3
③ 4
④ 5

104 SQL에서 중복 행을 제거하는 데 사용되는 키워드로 가장 적절한 것은?

① UNIQUE
② SORT
③ ORDER BY
④ DISTINCT

과목Ⅱ · SQL 기본 및 활용

·핵심정리·

테이블 생성의 주의사항

- 테이블명은 객체를 의미할 수 있는 적절한 이름을 사용한다. 가능한 단수형을 권고한다.
- 테이블 명은 다른 테이블의 이름과 중복되지 않아야 한다.
- 한 테이블 내에서는 칼럼명이 중복되게 지정될 수 없다.
- 테이블 이름을 지정하고 각 칼럼들은 괄호 "( )" 로 묶어 지정한다.
- 각 칼럼들은 콤마 ","로 구분되고, 테이블 생성문의 끝은 항상 세미콜론 ";"으로 끝난다.
- 칼럼에 대해서는 다른 테이블까지 고려하여 데이터베이스 내에서는 일관성 있게 사용하는 것이 좋다. (데이터 표준화 관점)
- 칼럼 뒤에 데이터 유형은 꼭 지정되어야 한다.
- 테이블명과 칼럼명은 반드시 문자로 시작해야 하고, 벤더별로 길이에 대한 한계가 있다.
- 벤더에서 사전에 정의한 예약어(Reserved word)는 쓸 수 없다.
- A-Z, a-z, 0-9, _, $, # 문자만 허용된다.

---

105 테이블 생성 시 주의해야 할 사항으로 가장 적절한 것은?

① 테이블명은 객체를 의미할 수 있는 적절한 이름을 사용하고 가능한 복수형을 권고한다.
② 한 테이블 내에서는 칼럼명을 중복되게 지정할 수 있다.
③ 칼럼 뒤에 데이터 유형은 꼭 지정되어야 한다.
④ 벤더에서 사전에 정의한 예약어(Reserved Word)도 쓸 수 있다.

106 아래 SQL을 수행했을 때 T1 테이블의 최종 건수로 가장 적절한 것은?

아 래

[T1]

EMPNO	ENAME	JOB	SAL
7369	SMITH	CLERK	800
7566	JONES	MANAGER	2975

[T2]

EMPNO	ENAME	JOB	SAL
7369	SMITH	CLERK	800
7566	JONES	MANAGER	2975
7788	SCOTT	ANALYST	3000
7876	ADAMS	CLERK	1100
7902	FORD	ANALYST	3000

[SQL]
```
MERGE
 INTO t1 a
USING T2 B
  ON (B.EMPNO = A.EMPNO)
 WHEN MATCHED THEN
     UPDATE SET A.SAL = B.SAL - 500
      WHERE A.JOB = 'CLERK'
     DELETE
      WHERE A.SAL < 2000
 WHEN NOT MATCHED THEN
     INSERT (A.EMPNO, A.ENAME, A.JOB)
     VALUES (B.EMPNO, B.ENAME, B.JOB)
      WHERE B.JOB = 'CLERK';
```

① 1
② 2
③ 3
④ 4

107 아래와 같이 테이블을 생성한 후 데이터를 삽입했을 때, (가)와 (나)의 실행 결과에 대한 설명으로 가장 적절한 것은?

아 래

CREATE TABLE 학생 (학번 CHAR (8) PRIMARY KEY,
장학금 INTEGER) ;

(가) SELECT COUNT(*) FROM 학생
(나) SELECT COUNT(학번) FROM 학생

---

① (가), (나) 문장의 실행 결과는 다를 수 있으며, 그 이유는 장학금 속성에 NULL이 존재할 수 있기 때문이다.
② (가), (나) 문장의 실행 결과는 항상 다르다.
③ (가), (나) 문장의 실행 결과는 항상 같다.
④ (가), (나) 문장의 실행 결과는 다를 수 있으며, 그 이유는 학번 속성에 NULL이 존재할 수 있기 때문이다.

108 외래키에 대한 설명으로 가장 적절하지 않은 것은?

① 테이블 생성 시 설정할 수 있다.
② 외래키 값은 NULL을 가질 수 없다.
③ 한 테이블에 하나 이상 생성할 수 있다.
④ 외래키 값은 참조 무결성 제약을 받을 수 있다.

· 핵심정리 ·

109 아래 SQL에서 RepName 속성이 가지는 키 특성으로 가장 적절한 것은?

아 래

```
CREATE TABLE SALESREP (
SalesRepNo        int        NOT NULL,
RepName char(35)   NOT NULL,
HireDate  date       NOT NULL,

CONSTRAINT SalesRepPK    PRIMARY KEY (SalesRepNo),
CONSTRAINT SalesRepAK1   UNIQUE (RepName)
);
```

① 기본키(Primary Key)
② 외래키(Foreign Key)
③ 후보키(Candidate Key)
④ 대리키(Surrogate Key)

110 아래 테이블에서 COMM 칼럼을 삭제하고자 할 때, SQL의 빈칸 ㉠, ㉡ 안에 들어갈 내용으로 가장 적절한 것은?

아 래

[EMP]

MGR	ENAME	SAL	COMM
7566	FORD	3000	〈NULL〉
7566	SCOTT	3000	〈NULL〉
7698	JAMES	950	〈NULL〉
7698	ALLEN	1600	〈NULL〉
7698	WARD	1250	〈NULL〉
7698	TURNER	1500	〈NULL〉
7698	MARTIN	1250	〈NULL〉
7782	MILLER	1300	〈NULL〉
7788	ADAMS	1100	〈NULL〉
7839	BLAKE	2850	〈NULL〉
7839	JONES	2980	〈NULL〉
7839	CLARK	2450	〈NULL〉
7902	SMITH	800	〈NULL〉
〈NULL〉	KING	5000	〈NULL〉

[SQL]

㉠	TABLE EMP	㉡	COMM;

① ALTER, DROP COLUMN
② ALTER, REMOVE COLUMN
③ MODIFY, DROP COLUMN
④ MODIFY, REMOVE COLUMN

111 아래 SQL의 실행 결과로 가장 적절한 것은?

아 래

[T1]

COL1	COL2
1	AAAA
1	AAAA
1	AAAA
1	BBBB

[SQL]
```
SELECT COUNT(COL1) AS CNT1, COUNT(COL2) AS CNT2
  FROM (
        SELECT DISTINCT COL1, COL2
        FROM T1
        );
```

① 4, 2
② 2, 2
③ 1, 2
④ 4, 4

112 SQL에서 사용되는 표준 데이터 타입으로 가장 적절하지 <u>않은</u> 것은? (단, DBMS는 오라클로 가정)

① Text
② Char
③ Varchar2
④ Number

113 관계형 데이터베이스에서 자식 테이블의 FK 데이터 생성시 부모 테이블에 PK가 없는 경우, 자식 테이블 데이터 입력을 허용하지 <u>않는</u> 참조동작 (Referential Action)은?

① CASCADE
② RESTRICT
③ AUTOMATIC
④ DEPENDENT

114 아래를 참고할 때 오류가 발생하지 <u>않는</u> SQL은?

아 래

```
CREATE TABLE TBL
(
    ID NUMBER PRIMARY KEY,
    AMT NUMBER NOT NULL,
    DEGREE VARCHAR2(1)
);

(가) INSERT INTO TBL VALUES(1, 100);
(나) INSERT INTO TBL(ID, AMT, DEGREE) VALUES(2, 200, 'AB');
(다) INSERT INTO TBL(ID, DEGREE) VALUES(4, 'X');
(라) INSERT INTO TBL(ID, AMT) VALUES(3, 300);
(마) INSERT INTO TBL VALUES(5, 500, NULL);
```

① (가), (나)
② (나), (다)
③ (다), (라)
④ (라), (마)

·핵심정리·

테이블에 데이터를 입력하는 두 가지 유형

INSERT INTO 테이블명
(COLUMN_LIST)
VALUES
(COLUMN_LIST에 넣을 VALUE_LIST);

INSERT INTO 테이블명
VALUES
(전체 COLUMN에 넣을 VALUE_LIST);

입력된 데이터의 수정

UPDATE 테이블명
SET 수정되어야
할 칼럼명 = 수정되기를 원하는 새로운 값;

---

115 아래를 참고할 때 오류가 발생하는 SQL은?

아 래

BOARD

BOARD_ID: VARCHAR2(10) NOT NULL

BOARD_NM: VARCHAR2(50) NOT NULL
USE_YN: VARCHAR2(1) NOT NULL
REG_DATE: DATE NOT NULL
BOARD_DESC: VARCHAR2(100) NULL

① INSERT INTO BOARD VALUES (1, 'Q&A', 'Y', SYSDATE, 'Q&A 게시판');
② INSERT INTO BOARD (BOARD_ID, BOARD_NM, USE_YN, BOARD_DESC) VALUES ('100', 'FAQ', 'Y', 'FAQ 게시판');
③ UPDATE BOARD SET USE_YN = 'N' WHERE BOARD_ID = '1';
④ UPDATE BOARD SET BOARD_ID = 200 WHERE BOARD_ID = '100';

---

116 아래를 참고할 때 오류가 발생하는 INSERT문으로 가장 적절한 것은?

아 래

```
CREATE TABLE 주문  (
    주문번호 NUMBER PRIMARY KEY,
    주문일자 DATE NOT NULL,
    회원번호 NUMBER,
    주문상태코드 VARCHAR2(3) DEFAULT '000'
);
```

① INSERT INTO 주문(주문번호, 주문일자, 회원번호, 주문상태코드) VALUES(1, SYSDATE, 1900123, '002');
② INSERT INTO 주문(주문번호, 주문일자, 회원번호, 주문상태코드) VALUES(2, '20190301', 1900124, '001');
③ INSERT INTO 주문(주문번호, 주문일자, 회원번호, 주문상태코드) VALUES(3, SYSDATE-1, 1900125, '001');
④ INSERT INTO 주문(주문번호, 주문일자, 회원번호, 주문상태코드) VALUES(4, 20190302, 1900126, '001');

과목Ⅱ · S Q L 기본 및 활용

117 아래의 산술 연산자를 우선순위가 높은 순으로 나열한 것은?

아 래

*, +, -, ( ), /

---

① *, /, +, -, ( )
② +, -, *, /, ( )
③ ( ), *, /, +, -
④ ( ), +, -, *, /

118 아래와 같은 테이블에서 Department의 did가 '1'인 행이 삭제될 때, Employee의 did가 '1'인 행도 같이 삭제하도록 하는 방법으로 가장 적절한 것은? (단, Employee의 did는 Department에서 가져온 외래키이다.)

아 래

Employee(<u>eid</u>, ename, did)
Department(<u>did</u>, dname, budget)

---

① Employee 릴레이션을 생성할 때 FOREIGN KEY(did) REFERENCES Department(did) ON DELETE RESTRICT 명령어를 추가한다.
② Department 릴레이션을 생성할 때 FOREIGN KEY(did) REFERENCES Employee(did) ON DELETE CASCADE 명령어를 추가한다.
③ Employee 릴레이션을 생성할 때 FOREIGN KEY(did) REFERENCES Department(did) ON DELETE CASCADE 명령어를 추가한다.
④ Department 릴레이션을 생성할 때 FOREIGN KEY(did) REFERENCES Employee(did) ON DELETE RESTRICT 명령어를 추가한다.;

119 DELETE 와 TRUNCATE, DROP 명령어에 대해 비교한 설명으로 가장 적절하지 **않은** 것은?

① 특정 테이블에 대하여 WHERE 조건절이 없는 DELETE 명령을 수행하면 DROP TABLE 명령을 수행했을 때와 똑같은 결과를 얻을 수 있다.
② DROP 명령어는 테이블 정의 자체를 삭제하고, TRUNCATE 명령어는 테이블을 초기상태로 만든다.
③ TRUNCATE 명령어는 UNDO를 위한 데이터를 생성하지 않기 때문에 동일 데이터량 삭제 시 DELETE보다 빠르다.
④ DROP과 TRUNCATE는 Auto Commit되고, DELETE는 사용자 Commit으로 수행된다.

120 데이터베이스 트랜잭션에 대한 설명으로 가장 적절하지 **않은** 것은?

① 원자성(Atomicity) : 트랜잭션에서 정의된 연산들은 모두 성공적으로 실행되든지 아니면 전혀 실행되지 않은 상태로 남아 있어야 한다.
② 일관성(Consistency) : 트랜잭션이 실행 되기 전의 데이터베이스 내용이 잘못 되어 있지 않다면 트랜잭션이 실행된 이후에도 데이터베이스의 내용에 잘못이 있으면 안 된다.
③ 고립성(Isolation) : 트랜잭션이 실행되는 도중에 다른 트랜잭션의 영향을 받아 잘못된 결과를 만들어서는 안 된다.
④ 지속성(Durability) : 트랜잭션을 취소하더라도 트랜잭션이 갱신한 내용이 데이터베이스에 저장되어야 한다.

121 아래 SQL 실행 결과 테이블 A의 ID '001'에 해당하는 최종 VAL의 값이 오라클에서는 200, SQL Server에서는 100이 되었다고 할 때, 이에 대한 설명으로 가장 적절하지 <u>않은</u> 것은? (단, AUTO COMMIT은 FALSE로 설정되어 있다)

아 래

[A]

ID(PK)	VAL
001	100
002	200

[SQL]
UPDATE A SET VAL = 200 WHERE ID = '001';
CREATE TABLE B (ID CHAR(3) PRIMARY KEY);
ROLLBACK;

① 오라클에서는 CREATE TABLE 문장을 수행한 후, 묵시적으로 COMMIT이 수행되어 VAL 값은 200이 되었다.
② SQL Server에서는 ROLLBACK 문장에 의해 UPDATE가 취소되어 VAL 값은 100이 되었다.
③ 오라클에서는 CREATE TABLE 문장 수행에 의해 VAL 값은 200이 되었지만, ROLLBACK 실행으로 최종적으로 B 테이블은 생성되지 않았다.
④ SQL Server에서는 ROLLBACK 실행으로 인하여 UPDATE가 취소 되었으며, 최종적으로 B 테이블은 생성되지 않았다.

122 데이터베이스의 논리적 연산 단위를 가리키는 용어로 가장 적절한 것은?

① 뷰(View)
② 트랜잭션(Transaction)
③ 프로시저(Procedure)
④ 트리거(Trigger)

123 아래 SQL의 실행 결과로 가장 적절한 것은?

아 래

[품목]

품목ID	단가
001	1000
002	2000
003	1000
004	2000

[SQL]
BEGIN TRANSACTION
INSERT INTO 품목(품목ID, 단가)
    VALUES('005',2000)
COMMIT
BEGIN TRANSACTION
DELETE 품목 WHERE 품목ID='002'
BEGIN TRANSACTION
UPDATE 품목 SET 단가=2000 WHERE
    단가=1000
ROLLBACK
SELECT COUNT(품목ID) FROM 품목
    WHERE 단가=2000

① 0
② 2
③ 3
④ 4

124 아래를 참고할 때 상품ID '001'의 최종 상품명으로 가장 적절한 것은?

아 래

[상품]

상품ID	상품명
001	TV

[SQL]
BEGIN TRANSACTION;
SAVE TRANSACTION SP1;
UPDATE 상품 SET 상품명 = 'LCD-TV' WHERE 상품ID = '001';
SAVE TRANSACTION SP2;
UPDATE 상품 SET 상품명 = '평면-TV' WHERE 상품ID = '001';
ROLLBACK TRANSACTION SP2;
COMMIT;

① TV
② LCD-TV
③ 평면-TV
④ 오류가 발생한다.

125 아래 테이블에서 승리건수가 높은 순으로 3위까지 출력하되 3위의 승리
건수가 동일한 팀이 있다면 함께 출력하기 위한 SQL로 가장 적절한 것은?

아 래

[팀별성적]

팀명	승리건수	패배건수
A팀	120	80
B팀	20	180
C팀	10	190
D팀	100	100
E팀	110	90
F팀	100	100
G팀	70	130

① SELECT TOP(3) 팀명, 승리건수
   FROM   팀별성적
   ORDER BY 승리건수 DESC;
② SELECT TOP(3) 팀명, 승리건수
   FROM   팀별성적;
③ SELECT 팀명, 승리건수
   FROM   팀별성적
   WHERE   ROWNUM <= 3
   ORDER BY 승리건수 DESC;
④ SELECT TOP(3) WITH TIES 팀명, 승리건수
   FROM   팀별성적
   ORDER BY 승리건수 DESC;

126 부서 테이블의 담당자 변경을 위해 부서임시 테이블에 입력된 데이터를 활용하여 주기적으로 부서 테이블을 실행 결과와 같이 반영하기 위한 SQL로 가장 적절한 것은? (단, 부서임시 테이블에서 변경일자를 기준으로 가장 최근에 변경된 데이터를 기준으로 부서 테이블에 반영되어야 한다.)

아 래

[부서]

부서코드(PK)	부서명	상위부서코드	담당자
A001	대표이사	〈NULL〉	김대표
A002	영업본부	A001	홍길동
A003	경영지원본부	A001	이순신
A004	마케팅본부	A001	강감찬
A005	해외영업팀	A002	이청용
A006	국내영업팀	A002	박지성
A007	총무팀	A003	차두리
A008	인사팀	A003	이민정
A009	해외마케팅팀	A004	이병헌
A010	국내마케팅팀	A004	차승원

[부서임시]

변경일자(PK)	부서코드(PK)	담당자
2014.01.23	A007	이달자
2015.01.25	A007	홍경민
2015.01.25	A008	유재석

[실행 결과]

부서코드(PK)	부서명	상위부서코드	담당자
A001	대표이사	〈NULL〉	김대표
A002	영업본부	A001	홍길동
A003	경영지원본부	A001	이순신
A004	마케팅본부	A001	강감찬
A005	해외영업팀	A002	이청용
A006	국내영업팀	A002	박지성
A007	총무팀	A003	홍경민
A008	인사팀	A003	유재석
A009	해외마케팅팀	A004	이병헌
A010	국내마케팅팀	A004	차승원

① UPDATE 부서 A SET 담당자 = (SELECT C.부서코드
      FROM   (SELECT 부서코드, MAX(변경일자) AS 변경일자
           FROM   부서임시
           GROUP BY 부서코드) B, 부서임시 C
    WHERE   B.부서코드 = C.부서코드
    AND   B.변경일자 = C.변경일자
    AND   A.부서코드 = C.부서코드)

② UPDATE 부서 A SET 담당자 = (SELECT C.부서코드
      FROM   (SELECT 부서코드, MAX(변경일자) AS 변경일자
           FROM   부서임시
           GROUP BY 부서코드) B, 부서임시 C
    WHERE B.부서코드 = C.부서코드
    AND   B.변경일자 = C.변경일자
    AND   A.부서코드 = C.부서코드)
  WHERE   EXISTS (SELECT 1 FROM 부서 X WHERE A.부서코드
           = X.부서코드);

③ UPDATE 부서 A SET 담당자 = (SELECT B.담당자
      FROM   부서임시 B
      WHERE B.부서코드 = A.부서코드
      AND   B.변경일자 = (SELECT MAX(C.변경일자)
                 FROM 부서임시 C
                 WHERE
                 C.부서코드 = B.부서코드))
  WHERE   부서코드 IN (SELECT 부서코드 FROM 부서임시);

④ UPDATE 부서 A SET 담당자 = (SELECT B.담당자
      FROM   부서임시 B
      WHERE B.부서코드 = A.부서코드
      AND   B.변경일자 = '2015.01.25');

SQL

Professional·developer

과목 III

SQL 고급활용 및 튜닝

SQL 수행 구조

1 실행계획을 통해서 알 수 있는 정보로 가장 적절하지 <u>않은</u> 것은?

① 액세스 기법
② 질의 처리 예상 비용(Cost)
③ 조인 순서
④ 실제 처리 건수

실행계획 정보의 구성요소

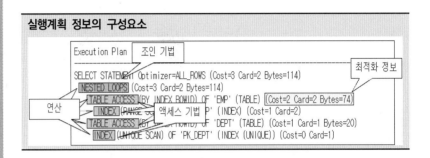

2 아래의 빈칸 ㉠에 들어갈 내용으로 가장 적절한 것은?

아래

오라클에서 I/O는 ㉠ 단위로 이루어진다. ㉠ 단위로 I/O 한다는 것은, 하나의 레코드에서 하나의 칼럼만 읽으려 해도 레코드가 속한 ㉠ 전체를 읽게 됨을 뜻한다.

① 테이블
② 페이지
③ 블록
④ 칼럼

3 실행계획에 대한 설명으로 가장 적절하지 <u>않은</u> 것은?

① 실행계획은 SQL 처리를 위한 실행 절차와 방법을 표현한 것이다.
② 실행계획은 조인 방법, 조인 순서, 액세스 기법 등이 표현된다.
③ 실행계획이 변경되더라도 SQL 출력 순서는 동일하다.
④ CBO(Cost Based Optimizer)의 실행계획에는 단계별 예상 비용 및 건수 등이 표시된다.

4 아래의 내용을 참고할 때, 빈칸 ㉠, ㉡에 들어갈 내용으로 가장 적절한 것은?

> **아 래**
>
> 버퍼에 캐시된 이후 변경이 발생했지만, 아직 디스크에 기록되지 않아 데이터 파일 블록과 동기화가 필요한 상태의 버퍼 블록을 ㉠ 버퍼라 한다. 이 상태의 버퍼 블록을 재사용하기 위해 디스크에 기록하는 순간 이 버퍼는 ㉡ 버퍼가 된다.

① ㉠ 리사이클(Recycle)　　㉡ 더티(Dirty)
② ㉠ 더티(Dirty)　　㉡ 리사이클(Recycle)
③ ㉠ 프리(Free)　　㉡ 킵(Keep)
④ ㉠ 더티(Dirty)　　㉡ 프리(Free)

5 아래의 옵티마이저와 실행계획에 대한 설명으로 적절한 내용을 모두 고른 것은?

> **아 래**
>
> (가) 오라클의 규칙 기반 옵티마이저에서 가장 우선 순위가 높은 규칙은 Single row by rowid 엑세스 기법이다.
> (나) 비용 기반 옵티마이저는 테이블, 인덱스, 칼럼 등 객체의 통계정보를 사용하여 실행계획을 수립하므로 통계정보가 변경되면 SQL의 실행계획이 달라질 수 있다.
> (다) 오라클의 실행계획에 나타나는 기본적인 Join 기법으로는 NL Join, Hash Join, Sort Merge Join 등이 있다.
> (라) 다양한 Join 기법 중 NL Join은 DW 등에서 데이터를 집계하는 업무에 많이 사용된다.

① (가), (다)
② (가), (나), (다)
③ (나), (다)
④ (나), (다), (라)

6 I/O 효율화 원리에 대한 설명으로 가장 적절하지 <u>않은</u> 것은?

① 동일한 데이터를 중복 액세스하지 않도록 한다.
② 인덱스를 가급적 많이 생성해서 옵티마이저가 활용할 수 있는 액세스
경로를 많이 제공한다.
③ 옵티마이저에 정확한 통계정보를 제공한다.
④ 옵티마이저 힌트를 사용해 최적의 액세스 경로를 유도한다.

**클라이언트가 서버
프로세스와 연결하는
Oracle의 예**
● 전용 서버
(Dedicated Server)
방식
● 공유 서버
(Shared Server) 방식

7 데이터베이스 연결(Connection)과 관련한 설명으로 가장 적절하지 <u>않은</u> 것은?

① 데이터베이스 서버와 클라이언트 간 연결상태를 유지하면 서버 자원을
낭비하게 되므로 동시 사용자가 많은 OLTP 환경에선 SQL 수행을
마치자마자 곧바로 연결(Connection)을 닫아주는 것이 바람직하다.
② 연결(Connection) 요청에 대한 부하는 스레드(Thread) 기반 아키텍처
보다 프로세스 기반 아키텍처에서 더 심하게 발생한다.
③ 전용 서버(Dedicated Server) 방식으로 오라클 데이스베이스에 접속
하면 사용자가 데이터베이스 서버에 연결 요청을 할 때마다 서버 프로
세스(또는 스레드)가 생성된다.
④ 공유 서버(Shared Server) 방식으로 오라클 데이스베이스에 접속하면
사용자 프로세스는 서버 프로세스와 직접 통신하지 않고 Dispatcher
프로세스를 거친다.

8 오라클이나 SQL Server와 같은 데이터베이스의 저장 구조를 설명한 것으로
가장 적절하지 <u>않은</u> 것은?

① 데이터를 읽고 쓰는 단위는 블록(=페이지)이다.
② 데이터 파일에 공간을 할당하는 단위는 익스텐트다.
③ 같은 세그먼트(테이블, 인덱스)에 속한 익스텐트끼리는 데이터파일
내에서 서로 인접해 있다.
④ SQL Server에서는 한 익스텐트에 속한 페이지들을 여러 오브젝트가
나누어 사용할 수 있다.

9 아래에서 설명하는 Redo 로그(또는 트랜잭션 로그) 메커니즘의 특징으로 가장 적절한 것은?

> **아 래**
>
> 버퍼 캐시 블록을 갱신하기 전에 변경 사항을 먼저 로그 버퍼에 기록해야 하며, Dirty 버퍼를 디스크에 기록하기 전에 해당 로그 엔트리를 먼저 로그 파일에 기록해야 한다.

① Write Ahead Logging
② Log Force at commit
③ Fast Commit
④ Delayed Block Cleanout

10 메모리 구조에 대한 설명으로 가장 적절하지 <u>않은</u> 것은?

① DB 버퍼 캐시는 데이터 파일로부터 읽어 들인 데이터 블록을 담는 캐시 영역이다.
② /*+ append */ 힌트를 사용하면 Insert 시 DB 버퍼 캐시를 거치지 않고 디스크에서 직접 쓴다.
③ 클러스터링 팩터가 좋은 인덱스를 사용하면 Buffer Pinning 효과로 I/O를 줄일 수 있다.
④ LRU(Least Recently Used) 알고리즘에 따라 Table Full Scan한 데이터 블록이 Index Range Scan한 데이터 블록보다 DB 버퍼 캐시에 더 오래 머무른다.

11 아래 빈칸 ㉠, ㉡에 들어갈 내용으로 가장 적절한 것은?

> **아 래**
>
> I/O 튜닝의 핵심 원리는 ㉠ 액세스에 의한 선택 비중을 높이고 ㉡ 액세스 발생량을 줄이는 것이다.

① ㉠ Sequential   ㉡ Random
② ㉠ Random   ㉡ Sequential
③ ㉠ Single Block I/O   ㉡ Multi Block I/O
④ ㉠ Multi Block I/O   ㉡ Single Block I/O

12 데이터베이스 I/O에 대한 설명으로 가장 적절한 것은?

① 테이블 블록을 스캔할 때는 Random I/O 방식을, 인덱스 블록을 스캔할 때는 Sequential I/O 방식을 사용한다.

② Multiblock I/O란 한 번에 Segment Block 전체를 Buffer Cache에 적재하는 것을 말한다.

③ Singleblock I/O와 Multiblock I/O는 테이블의 크기에 따라 선택되지만 사용자가 지정할 수 있다.

④ Index Unique Scan 방식으로 하나의 레코드를 읽을 때에는 Block 단위 I/O가 아닌 Row 단위 I/O를 할 수 있다.

13 아래 SQL Trace에서 버퍼 캐시 히트율(BCHR)을 계산한 것으로 가장 적절한 것은?

아 래

call	count	cpu	elapsed	disk	query	current	rows
Parse	1	0.00	0.00	0	0	0	0
Execute	1	4.00	34.00	50000	900000	100000	100000
Fetch	0	0.00	0.00	0	0	0	0
total	2	4.00	34.00	50000	900000	100000	100000

① 95%
② 94%
③ 83%
④ 85%

14 아래는 운영 중인 오라클 DB의 AWR Report의 일부분이다. 상위 5개의 Wait Event가 아래와 같을 때 조치사항으로 가장 적절한 것은?

아 래

Top 5 Timed Foreground Events

Event	Waits	Time(s)	% DB time
db file sequential read	1,767,055	7,421	68.84
DB CPU		1,988	18.44
direct path read	23,035	530	4.92
log file sync	33,881	325	3.01
read by other session	245,776	314	2.91

① 현재보다 FULL SCAN으로 더 많이 유도해야 한다.
② 현재보다 인덱스를 더 많이 생성해야 한다.
③ 현재보다 Hash Join을 더 적게 쓰도록 유도해야 한다.
④ Online Redo Log File의 개수를 더 늘려야 한다.

15 아래 두 SQL의 수행 성능을 비교한 내용으로 가장 적절한 것은?

아 래

(가) select 고객명
　　　from　　고객
　　　where　가입일자 = to_char(sysdate, 'yyyymmdd')
　　　order by 고객명;
(나) select *
　　　from　　고객
　　　where　가입일자 = to_char(sysdate, 'yyyymmdd')
　　　order by 고객명;

① 클라이언트에게 데이터를 전송할 때 발생하는 네트워크 트래픽은 두 SQL이 똑같다.
② 가입일자만으로 구성된 단일 칼럼 인덱스를 사용한다면, 두 SQL의 소트 공간 사용량은 똑같다.
③ 가입일자만으로 구성된 단일 칼럼 인덱스를 사용한다면 (나)보다 (가) SQL에 블록 I/O가 더 많이 발생한다.
④ {가입일자 + 고객명}을 선두로 갖는 인덱스를 사용한다면 (가)보다 (나) SQL에 블록 I/O가 더 많이 발생한다.

16 I/O 효율화 튜닝 방안으로 가장 적절하지 <u>않은</u> 것은?

① 필요한 최소 블록만 읽도록 쿼리를 작성한다.
② 전략적인 인덱스 구성은 물론 DBMS가 제공하는 다양한 기능을 활용한다.
③ 옵티마이저 행동에 영향을 미치는 가장 중요한 요소는 통계정보이므로 변경이 거의 없는 테이블일지라도 통계정보를 매일 수집해 준다.
④ 필요하다면 옵티마이저 힌트를 사용해 최적의 액세스 경로로 유도한다.

17 블록 I/O에 대한 설명으로 가장 적절하지 <u>않은</u> 것은?

① Random I/O는 인덱스를 통해 테이블을 액세스할 때 주로 발생한다.
② Direct Path I/O는 병렬로 인덱스를 통해 테이블을 액세스할 때 주로 발생한다.
③ Single Block I/O는 인덱스를 통해 테이블을 액세스할 때 주로 발생한다.
④ Multiblock I/O는 인덱스를 이용하지 않고 테이블 전체를 스캔할 때 주로 발생한다.

18 데이터베이스 I/O 원리에 대한 설명으로 가장 적절하지 <u>않은</u> 것은?

① 한 쿼리 내에서 같은 블록을 반복하여 액세스하면 버퍼 캐시 히트율(BCHR)은 높아진다.
② Multiblock I/O는 한번의 I/O Call로 여러 데이터 블록을 읽어 메모리에 적재하는 방식이다.
③ 테이블을 Full Scan할 때, 테이블이 작은 Extent로 구성되어 있을수록 더 많은 I/O Call이 발생한다.
④ 인덱스를 통해 테이블을 액세스할 때, 더 큰 Extent로 구성되어 있으면 더 적은 I/O Call이 발생한다.

19 데이터베이스 I/O 원리에 대한 설명으로 가장 적절하지 <u>않은</u> 것은?

① 단 하나의 레코드를 읽더라도 해당 레코드가 속한 블록을 통째로 읽는다.
② I/O를 수행할 때 익스텐트 내에 인접한 블록을 같이 읽어들이는 것을 Multiblock I/O라고 한다.
③ 테이블 블록을 스캔할 때는 Sequential I/O 방식을, 인덱스 블록을 스캔할 때는 Random I/O 방식을 사용한다.
④ MPP(Massively Parallel Processing) 방식의 데이터베이스 제품에선 각 프로세스가 독립적인 메모리 공간을 사용하며, 데이터를 저장할 때도 각각의 디스크를 사용한다. 읽을 때도 동시에 각각의 디스크를 액세스하기 때문에 병렬 I/O 효과가 극대화된다.

제2장

SQL 분석 도구

20 아래 빈칸 ㉠에 들어갈 내용으로 가장 적절한 것은?

> **아 래**
>
> 'Response Time Analysis 성능관리 방법론'은 세션 또는 시스템 전체에 발생하는 병목 현상과 그 원인을 찾아 문제를 해결하는 방법과 과정을 다루며, 데이터베이스 서버의 응답 시간(Response Time)을 아래와 같이 정의하고 있다.
>
> Response Time = Service Time + [㉠]

① Wait Time
② CPU Time
③ I/O Time
④ Idle Time

21 Response Time Analysis 성능관리 방법론을 설명할 때, 빈칸 ㉠, ㉡에 들어갈 내용으로 가장 적절한 것은?

> **아 래**
>
> Response Time = [㉠] Time + [㉡] Time

① ㉠ CPU   ㉡ Queue
② ㉠ CPU   ㉡ Elapsed
③ ㉠ Service   ㉡ CPU
④ ㉠ Service   ㉡ Idle

22 가장 최근에 수행한 SQL에 대한 실제 실행계획을 확인할 수 있는 오라클 성능관리 도구 DBMS_XPLAN 패키지 함수는?

① DBMS_XPLAN.DISPLAY
② DBMS_XPLAN.DISPLAY_CURSOR
③ DBMS_XPLAN.DISPLAY_AWR
④ DBMS_XPLAN.DISPLAY_PLAN

23 SQL Server에서 SQL의 예상 실행계획을 출력하는 명령문으로 가장 적절한 것은?

① explain plan for
② set autotrace on
③ set showplan_text on
④ grant plustrace to

24 오라클에서 실제로 SQL을 수행하는 명령문으로 가장 적절하지 <u>않은</u> 것은?

① set autotrace on explain
② set autotrace on statistics
③ set autotrace traceonly
④ set autotrace traceonly explain

25 오라클에서 SQL의 실행계획을 좀 더 편하고 이해하기 쉽게 출력하기 위해 제공하는 것으로 가장 적절하지 <u>않은</u> 것은?

① utlxpls.sql 스크립트
② utlxplp.sql 스크립트
③ DBMS_SCHEDULER 패키지
④ DBMS_XPLAN 패키지

26 오라클에서 아래 명령을 수행했을 때 이에 대한 설명으로 가장 적절하지 않은 것은?

아 래

SQL〉 alter session set sql_trace = true;
SQL〉 select * from employee where id = 1001;
SQL〉 alter session set sql_trace = false;

---

① 현재 접속한 세션의 SQL 트레이스가 수집된다.
② SQL 수행 후 지정된 서버 디렉터리 밑에 트레이스 파일이 생성된다.
③ 관리자만 사용할 수 있는 SQL이며 개발자는 다른 SQL을 사용해야 한다.
④ 생성된 트레이스 파일의 확장자는 ".trc"이다.

27 오라클에서 생성된 SQL 트레이스 파일을 TKPROF 유틸리티를 사용하여 포맷팅했을 때, 이 포맷팅 결과에 포함된 정보로 가장 적절하지 않은 것은?

① SQL 수행에 걸린 시간
② 디스크로부터 읽은 블록 수
③ Parse, Execute, Fetch 각 단계의 수행 횟수
④ Commit과 Rollback 횟수

28 SQL Server에서 SQL 트레이스를 설정하기 위해 on으로 설정해야 하는 옵션으로 가장 적절하지 않은 것은?

① statistics profile
② statistics io
③ statistics time
④ showplan_text

29 오라클에서 어떤 SQL이 수행 중일 때, 해당 SQL이 참조 중인 객체에 다른 사용자가 DDL 문장을 수행할 때 발생할 수 있는 대기 이벤트로 가장 적절한 것은?

① db file sequential read
② log file sync
③ library cache lock
④ SQL*Net more data to client

30 오라클에서 응답 시간 분석에 사용되는 도구인 AWR(Automatic Workload Repository)이 제공하는 첫 장 요약 보고서에 포함되는 정보로 가장 적절하지 <u>않은</u> 것은?

① 누적 대기 시간이 가장 짧았던 대기 이벤트들
② 인스턴스 효율성
③ 공유 풀 메모리 사용량
④ 초당 부하 발생량

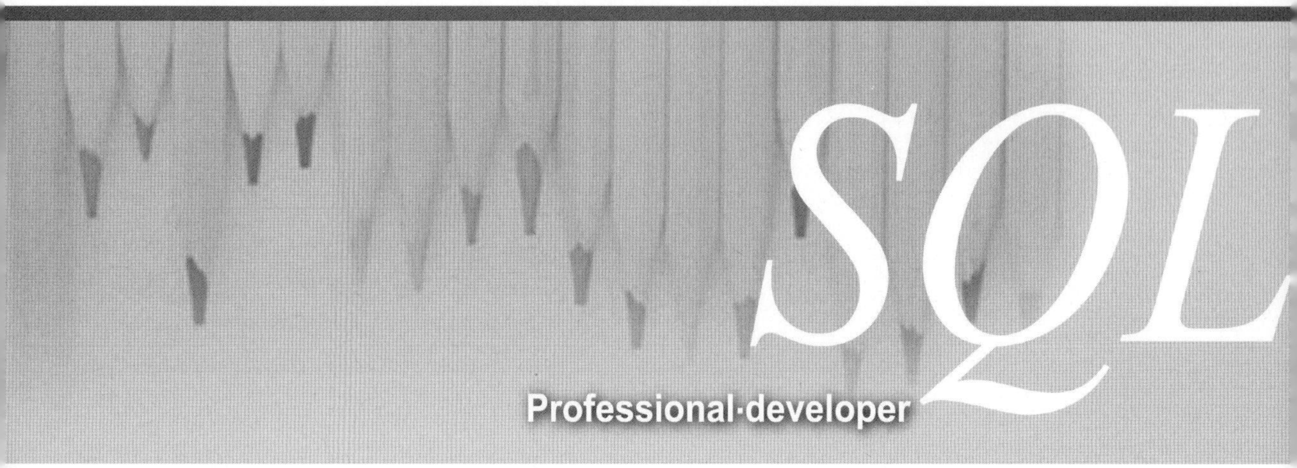
SQL
Professional·developer

제3장

인덱스 튜닝

31 아래 SQL을 참고할 때 가장 적절한 인덱스 안은?

아래

```
[SQL]
SELECT *
FROM 주문
WHERE 상품번호 = :B1
    AND 고객번호 = :B2
    AND 주문일시 LIKE '2018%';
```

① 주문일시 + 고객번호
② 주문일시 + 고객번호 + 상품번호
③ 상품번호 + 고객번호
④ 상품번호 + 고객번호 + 주문일시

32 아래 논리 데이터 모델에서 학생들이 본인이 수강하고 있는 개설과정에 대한 정보를 검색하는 경우가 매우 빈번하다고 할 때, 성능을 고려한 개선 방법으로 가장 적절한 것은? (단, 각 엔터티의 식별자 속성 순서가 그대로 PK 인덱스에 반영된다고 가정)

아래

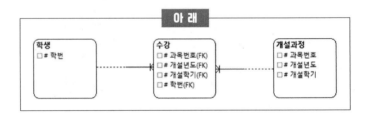

① 수강 엔터티의 주식별자를 수강번호라는 인조식별자로 대체한다.
② 수강 엔터티의 주식별자 속성 순서에서 학번이 가장 앞에 오도록 수정한다.
③ 개설과정의 주식별자를 개설번호 같은 단일 인조식별자로 대체하면 수강 엔터티의 주식별자 속성이 간결해져 SQL의 조인 성능이 향상된다.
④ 수강 엔터티는 전교생의 수강 정보가 매학기 누적되기 때문에 용량과 I/O 성능을 고려하여 파티셔닝할 필요가 있다.

33 아래 데이터 모델에 표현된 FK(Foreign Key)에 대한 설명으로 가장 적절한 것은?

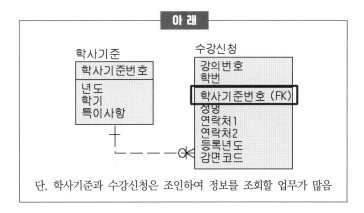

① 학사기준번호는 부모 테이블에 이미 인덱스가 존재하기 때문에 상속 받아 생긴 수강신청에는 학사기준번호 칼럼에 대한 별도의 인덱스가 필요하지 않다.

② 학사기준번호는 부모 테이블에 이미 인덱스가 존재하지만 수강신청과 조인에 의한 성능저하 예방을 위해 상속받아 생긴 수강신청에도 학사 기준번호 칼럼에 대한 별도의 인덱스가 필요하다.

③ 데이터 모델에서는 관계를 연결하고 데이터베이스에 FK제약조건 생 성을 생략하는 경우 학사기준번호에 대한 인덱스를 생성할 필요가 없다.

④ 수강신청의 학사기준번호를 주식별자로 변경(강의번호 + 학번 + 학사 기준번호)하는 것이 조인 시 성능저하를 방지할 수 있다.

34 인덱스에 대한 설명으로 가장 적절하지 <u>않은</u> 것은?

① 인덱스는 검색 성능 최적화에 사용된다.

② 인덱스가 많으면 INSERT, UPDATE, DELETE 와 같은 DML 작업 시 오히려 성능이 느려질 수 있다.

③ 인덱스는 구성하는 칼럼의 데이터와 레코드 식별자(ROWID)로 구성 되어 있다.

④ 인덱스는 '='로 검색하는 일치 검색에만 사용 가능하다.

· 핵심정리 ·

35 관계형 데이터베이스의 인덱스에 대한 설명으로 가장 적절하지 않은 것은?

① DBMS에서 가장 일반적인 인덱스는 B-Tree구조이다.
② 루트, 브랜치, 리프 블록으로 구성된다.
③ 루트 블록은 트리의 가장 아래 단계로 레코드 식별자를 가지고 있다.
④ 인덱스 검색이 테이블 스캔보다 비효율적일 수 있다.

36 아래 빈칸 ㉠, ㉡, ㉢에 들어갈 인덱스 종류를 순서대로 나열한 것은?

아 래

┌─────────────┐ │   ㉠   │ 는 브랜치 블록과 리프 블록으로 구성되며, └─────────────┘ 브랜치 블록은 분기를 목적으로 하고 리프블록은 인덱스를 구성하는 칼럼의 값으로 정렬된다. 일반적으로 OLTP 시스템 환경에서 가장 많이 사용된다. ┌─────────────┐ │   ㉡   │ 는 인덱스의 리프 페이지가 곧 데이터 페이지 └─────────────┘ 이며, 리프 페이지의 모든 데이터는 인덱스 키 칼럼 순으로 물리적으로 정렬되어 저장된다. ┌─────────────┐ │   ㉢   │ 는 시스템에서 사용될 질의를 시스템 구현 시에 └─────────────┘ 모두 알 수 없는 경우인 DW 및 AD-HOC 질의 환경을 위해서 설계되었 으며, 하나의 인덱스 키 엔트리가 많은 행에 대한 포인터를 저장하고 있는 구조이다.

① B-TREE 인덱스, BITMAP 인덱스, CLUSTERED 인덱스
② B-TREE 인덱스, CLUSTERED 인덱스, BITMAP 인덱스
③ BITMAP 인덱스, CLUSTERED 인덱스, REVERSE KEY 인덱스
④ BITMAP 인덱스, REVERSE KEY 인덱스, CLUSTERED 인덱스

III. SQL 고급활용 및 튜닝

37 인덱스에 대한 설명으로 가장 적절한 것은?

① 인덱스는 인덱스 구성 칼럼으로 항상 오름차순으로 정렬된다.
② 비용기반 옵티마이저는 인덱스 스캔이 항상 유리하다고 판단한다.
③ 규칙기반 옵티마이저는 적절한 인덱스가 존재하면 항상 인덱스를 사용하려고 한다.
④ 인덱스 범위 스캔은 결과가 없으면 에러가 발생한다.

38 아래에 대한 설명으로 가장 적절한 것은?

> **아 래**
>
> [INDEX 생성]
> CREATE INDEX IDX_EMP_01 ON EMP (REGIST_DATE, DEPTNO);
>
> [SQL]
> SELECT *
> FROM   EMP
> WHERE DEPTNO = 47
> AND   REGIST_DATE BETWEEN '2015.02.01' AND '2015.02.28';

① REGIST_DATE 조건의 범위가 넓을수록 SQL 성능이 좋다.
② IDX_EMP_01 인덱스를 이용하여 DEPTNO = 47 조건을 효율적으로 탐색할 수 있다.
③ REGIST_DATE 칼럼에 대한 조건을 범위 검색이 아닌 동등 검색 조건으로 변경하면 IDX_EMP_01 인덱스를 효율적으로 활용할 수 있다.
④ IDX_EMP_01 인덱스는 테이블 내의 대량 데이터를 탐색할 때 매우 유용하게 활용될 수 있는 인덱스 형식이다.

39 인덱스에 대한 설명으로 가장 적절하지 <u>않은</u> 것은?

① 인덱스의 목적은 조회 성능을 최적화하는 것이다.
② Insert, Update, Delete 등의 DML 처리 성능을 저하시킬 수도 있다.
③ B-트리 인덱스는 일치 및 범위 검색에 적절한 구조이다.
④ 인덱스 액세스는 테이블 전체 스캔보다 항상 유리하다.

과목III · SQL 고급활용 및 튜닝

40 아래에서 인덱스에 대한 설명으로 적절한 내용을 모두 고른 것은?

아 래

(가) 인덱스는 데이터 조회 목적에는 효과적이지만, INSERT, UPDATE, DELETE 작업에는 오히려 많은 부하를 줄 수도 있다.
(나) 인덱스를 이용한 데이터 조회는 항상 테이블 전체 스캔보다 빠른 것을 보장할 수 있다.
(다) SQL Server의 클러스터형 인덱스는 오라클의 IOT와 매우 유사하다.
(라) 인덱스는 INSERT와 DELETE 작업과는 다르게 UPDATE 작업에서는 부하가 없을 수도 있다.
(마) 인덱스를 활용하여 데이터를 조회할 때 인덱스를 구성하는 칼럼들의 순서는 SQL 실행 성능과 관계가 없다.

---

① (가), (나), (다)
② (가), (다), (라)
③ (다), (라), (마)
④ (가), (다), (마)

41 아래 SQL에서 EMP_IDX 인덱스의 수평적 탐색 시작 지점의 값으로 가장 적절한 것은?

아 래

```
[인덱스 구성]
emp_idx : deptno + sal + comm

select /*+ index_asc(e emp_idx) */
empno, ename, sal, comm, hiredate
from      emp e
where    deptno = 20
and      sal between 2000 and 3000
and      comm <= 100
```

---

① 인덱스 정렬 순서상 deptno = 20 조건을 만족하는 첫 번째 레코드
② 인덱스 정렬 순서상 deptno = 20 and sal = 2000 조건을 만족하는 첫 번째 레코드
③ 인덱스 정렬 순서상 deptno = 20 and sal = 2000 and comm = 100 조건을 만족하는 첫 번째 레코드
④ 인덱스 정렬 순서상 deptno = 20 and sal = 3000 and comm = 100 조건을 만족하는 첫 번째 레코드

과목Ⅲ · SQL 고급활용 및 튜닝

· 핵심정리 ·

Index Skip Scan은 루트 또는 브랜치 블록에서 읽은 칼럼 값 정보를 이용해 조건에 부합하는 레코드를 포함할 '가능성이 있는' 하위 블록(브랜치 또는 리프 블록)만 골라서 액세스하는 방식이다.

Index Full Scan은 수직적 탐색 없이 인덱스 리프 블록을 처음부터 끝까지 수평적으로 탐색하는 방식으로서, 대개는 데이터 검색을 위한 최적의 인덱스가 없을 때 차선으로 선택된다.

Index Unique Scan은 수직적 탐색만으로 데이터를 찾는 스캔 방식으로서, Unique 인덱스를 '=' 조건으로 탐색하는 경우에 작동한다.

Index Fast Full Scan은 Index Full Scan보다 빠르다. Index Fast Full Scan이 Index Full Scan보다 빠른 이유는, 인덱스 트리 구조를 무시하고 인덱스 세그먼트 전체를 Multiblock Read 방식으로 스캔하기 때문이다.

---

42 아래와 같은 인덱스 상황에서 Index Range Scan이 불가능한 SQL은?

아 래

```
create index emp_idx on emp( deptno, job, ename );
```

① select empno, ename, job, hiredate
　 from   emp
　 where deptno = :deptno
　 and   ename = :ename;

② select empno, ename, job, hiredate
　 from   emp
　 where deptno = :deptno
　 and   job is null;

③ select empno, ename, job, hiredate
　 from   emp
　 where deptno is null
　 and   job = :job;

④ select empno, ename, job, hiredate
　 from   emp
　 where job = :job
　 and   ename = :ename;

43 아래를 참고할 때 INDEX RANGE SCAN/INDEX UNIQUE SCAN이 불가능한 SQL로 가장 적절한 것은?

아 래

[EMP 테이블 정보]

COLUMN	TYPE
EMPNO	NUMBER
ENAME	VARCHAR2(10)
JOB	VARCHAR2(9)
MGR	NUMBER
HIREDATE	DATE
SAL	NUMBER
COMM	NUMBER
DEPTNO	NUMBER

[인덱스 정보 : PK_EMP]
PK_EMP : EMPNO

① SELECT * FROM EMP WHERE EMPNO LIKE '77%';
② SELECT * FROM EMP WHERE EMPNO = '7782'
③ SELECT * FROM EMP WHERE (EMPNO, ENAME) IN ((7782, 'CLARK'));
④ SELECT * FROM EMP WHERE EMPNO > 0;

· 핵심정리 ·

Index Range Scan은 인덱스 루트 블록에서 리프 블록까지 수직적으로 탐색한 후에 리프 블록을 필요한 범위(Range)만 스캔하는 방식이다.

---

44 아래 SQL을 수행한 후 Index Range Scan이 가능한 SQL로 가장 적절한 것은?

> **아 래**
>
> ```
> CREATE TABLE 일별매출(
>     일자 VARCHAR2(8),
>     상품코드 VARCHAR2(5),
>     매출금액 NUMBER
> );
>
> CREATE INDEX IX_일별매출 ON 일별매출(일자, 상품코드);
>
> INSERT INTO 일별매출 VALUES ('20170301', 'A', 100);
> INSERT INTO 일별매출 VALUES ('20170302', 'A', 150);
> INSERT INTO 일별매출 VALUES ('20170302', 'B', 250);
> INSERT INTO 일별매출 VALUES ('20170303', 'C', 50);
> INSERT INTO 일별매출 VALUES ('20170304', 'A', 450);
> INSERT INTO 일별매출 VALUES ('20170305', 'C', 200);
>
> COMMIT;
> ```

① SELECT * FROM 일별매출 WHERE SUBSTR(일자, 1, 4) = '2017' AND SUBSTR(일자, -4,2) = '03';
② SELECT * FROM 일별매출 WHERE (일자, 상품코드) IN (('20170301', 'A'));
③ SELECT * FROM 일별매출 WHERE 일자 > TO_DATE('20170301');
④ SELECT * FROM 일별매출 WHERE 일자= '20170301' OR 상품코드 = 'A';

45 인덱스에 대한 설명으로 가장 적절하지 않은 것은?

① B-Tree 인덱스의 수직적 탐색은 동일한 깊이를 보장한다.
② Index Full Scan은 선두 칼럼을 가공하거나 누락한 경우에 사용할 수 있다.
③ Index Fast Full Scan은 인덱스 칼럼대로 결과의 정렬을 보장하지 않는다.
④ Index Unique Scan은 단일 칼럼으로 생성된 인덱스에서만 사용된다.

46 아래 SQL을 처리하기에 가장 효율적인 인덱스 구성은? (단, 클러스터링 팩터는 고려하지 않는다.)

> **아 래**
>
> ```
> [SQL]
> select *
> from   주문
> where  주문유형코드 = :a
> and    지점코드    = :b
> and    계좌번호    = :c
> and    주문일자 between :d and :e;
>
> [값의 종류 개수(Number Of Distinct Value)]
> 주문유형코드  :        5
> 계좌번호      :  500,000
> 지점코드      :      100
> 주문일자      :    1,800
> ```

① 지점코드+주문일자+계좌번호
② 계좌번호+주문일자+지점코드
③ 주문일자+계좌번호+지점코드
④ 주문유형코드+지점코드+주문일자+계좌번호

47 아래 SQL을 튜닝하기 위해 분석한 내용으로 가장 적절하지 <u>않은</u> 것은?

아 래

```
CREATE INDEX 주문_IDX ON 주문(주문일자);

SELECT    고객ID, 연락처, 고객등급
FROM      주문
WHERE     주문일자 = '20110725'
AND       배송상태 = 'ING';
```

① [주문일자 = '20110725'] 조건만으로 인덱스 탐색이 이루어진다.

② [배송상태 = 'ING'] 조건에 대한 필터링은 테이블 액세스 단계에서 이루어진다.

③ SQL 문장에 [배송상태 = 'ING'] 조건절이 없다면 테이블은 액세스하지 않아도 된다.

④ [배송상태 = 'ING'] 조건을 만족하는 레코드 비중이 아주 낮다면, 주문일자_idx 인덱스가 주문일자와 배송상태 두 칼럼을 모두 포함 하도록 구성하여 쿼리 성능을 향상시킬 수 있다. 이 쿼리만 고려한다면, 두 칼럼 간 순서는 자유롭게 선택해도 무방하다.

48 성능 향상을 위해 아래 왼쪽 SQL을 오른쪽과 같이 변환하였을 때, SQL의 블록 I/O를 최소화하는 인덱스 구성으로 가장 적절한 것은?

아 래

```
select *                          select *
from 고객                          from 고객
where 가입일자 like '2010%'         where  가입일자 like '2010%'
and    고객등급 between 'A'          and 고객등급 = 'A'
               and 'B'            union  all
                                  select *
                                  from 고객
                                  where  가입일자 like '2010%'
                                  and    고객등급 = 'B'
```

① 가입일자

② 고객등급

③ 가입일자 + 고객등급

④ 고객등급 + 가입일자

49 아래에 대한 설명으로 가장 적절한 것은?

아 래

Call	Count	CPU Time	Elapsed Time	Disk	Query	Current	Rows
Parse	1	0.010	0.012	0	0	0	0
Execute	1	0.000	0.000	0	0	0	0
Fetch	78	10.150	49.199	27830	266468	0	1909
Total	80	10.160	49.231	27830	266468	0	1909

Rows	Row Source Operation
1909	TABLE ACCESS BY INDEX ROWID TAB1 (cr=266468 pr=27830 pw=0 time=58480816 us)
266476	INDEX RANGE SCAN TAB1_X01 (cr=511 pr=300 pw=0 time=1893462 us)OF …

① TAB1_X01 인덱스의 클러스터링 팩터는 매우 좋은 상태다.
② TAB1_X01 인덱스에 칼럼을 추가하면 성능을 높이는 데 매우 큰
  도움이 된다.
③ TAB1_X01 인덱스 칼럼 순서를 조정하면 성능을 높이는 데 매우
  큰 도움이 된다.
④ CPU Time과 Elapsed Time 간 39초 가량 차이가 발생한 이유는
  Fetch 해야할 건수가 많기 때문이다.

50 결합 인덱스 키 칼럼을 선정할 때 중요한 선택 기준 두 가지는?

아 래

(가) 데이터 분포
(나) '=' 조건으로 자주 조회되는지 여부
(다) 조건절에 항상 또는 자주 사용되는지 여부
(라) 정렬 기준 칼럼으로 자주 사용되는지 여부

① (가), (나)
② (나), (가)
③ (다), (나)
④ (다), (라)

51 아래 인덱스 구성과 SQL을 고려할 때, 실행계획 맨 아래(ID=5) 주문_IDX 인덱스의 액세스 조건으로 가장 적절한 것은?

아 래

```
[인덱스 구성]
create index 주문_IDX on 주문(주문일자, 고객번호);

select /*+ ordered use_nl(o) */ *
from    고객 c, 주문 o
where   c.가입일자 = '20130414'
and     o.고객번호 = c.고객번호
and     o.주문일자 = '20130414'
and     o.상품코드 = 'A123';

Execution Plan
------------------------------------------------------------
  0       SELECT STATEMENT Optimizer=ALL_ROWS
  1    0    TABLE ACCESS (BY INDEX ROWID) OF '주문' (TABLE)
  2    1      NESTED LOOPS
  3    2        TABLE ACCESS (BY INDEX ROWID) OF '고객' (TABLE)
  4    3          INDEX (RANGE SCAN) OF '고객_X01' (INDEX)
  5    2        INDEX (RANGE SCAN) OF '주문_IDX' (INDEX)
```

① o.고객번호 = c.고객번호
② o.주문일자 = '20130414'
③ o.주문일자 = '20130414' and o.고객번호 = c.고객번호
④ o.주문일자 = '20130414' and o.고객번호 = c.고객번호 and o.상품코드 = 'A123'

52 SQL 트레이스를 수집한 결과 Row Source Operation이 아래와 같았다. 튜닝을 위해 가장 우선적으로 검토할 사항으로 가장 적절한 것은? (단, 한 달간 주문 건수는 평균 50만 건이다.)

아 래

```
select c.고객명, c.연령, c.전화번호, o.주문일자, o.주문총금액
    , o.배송지주소
from   고객 c, 주문 o
where  o.고객번호 = c.고객번호
and    c.고객등급 = 'A'
and    c.연령 between 51 and 60
and    o.주문일자 between '20101201' and '20101231'

Rows          Row Source Operation
-------------------------------------------------------------
   10         NESTED LOOPS
   23            TABLE ACCESS BY INDEX ROWID 고객
 2978              INDEX RANGE SCAN 고객_IDX
   10            TABLE ACCESS BY INDEX ROWID 주문
   28              INDEX RANGE SCAN 주문_IDX
```

① 고객_IDX 인덱스 칼럼 순서를 조정한다.
② 고객_IDX 인덱스에 칼럼을 추가한다.
③ 주문_IDX 인덱스에 칼럼을 추가한다.
④ 테이블 조인 순서를 변경한다.

53 고객 테이블의 구성이 아래와 같을 때, INDEX RANGE SCAN으로 데이터를 액세스할 수 있는 SQL로 가장 적절한 것은?

아 래

```
[칼럼 리스트]
고객 ID : NOT NULL, VARCHAR2(10)
고객명  : NOT NULL, VARCHAR2(20)
직업코드 : ULLABLE, VARCHAR2(3)

[인덱스 구성]
고객_PK : 고객ID
고객_X01 :직업코드, 고객명
```

① SELECT * FROM 고객 WHERE SUBSTR(고객ID,1,3) = '100'
② SELECT * FROM 고객 WHERE 고객명 = '김시험'
③ SELECT * FROM 고객 WHERE 직업코드 IS NULL
④ SELECT * FROM 고객 WHERE 고객ID = 1000000009

SQL

Professional·developer

조인 튜닝

• **핵심정리** •

Sort Merge Join은 조인 칼럼을 기준으로 데이터를 정렬하여 조인을 수행한다. **NL Join**은 주로 랜덤 액세스 방식으로 데이터를 읽는 반면 **Sort Merge Join**은 주로 스캔 방식으로 데이터를 읽는다. Sort Merge Join은 랜덤 액세스로 NL Join에서 부담이 되던 넓은 범위의 데이터를 처리할 때 이용되던 조인 기법이다. 그러나 Sort Merge Join은 정렬할 데이터가 많아 메모리에서 모든 정렬 작업을 수행하기 어려운 경우에는 임시 영역(디스크)을 사용하기 때문에 성능이 떨어질 수 있다.

54 Sort Merge Join에 대한 설명으로 가장 적절한 것은?

① 양쪽 집합을 정렬하고 조인하며, 인덱스에 의해 이미 정렬된 집합은 정렬 없이 곧바로 조인에 참여하기도 한다.

② 먼저 액세스한 테이블의 처리 범위에 따라 전체 일의 양이 결정된다.

③ 오라클에서는 조인 연결고리에 Equi Join 조건이 하나라도 있어야 한다.

④ 테이블별 검색조건은 전체 일의 양에 영향을 미치지 않는다.

55 TAB1과 TAB2 테이블이 동일한 기준으로 파티셔닝 되어있을 때, Full Partition Wise Join으로 유도하기 위해 추가한 힌트 문법으로 가장 적절한 것은?

> **아 래**

```
SELECT /*+ PARALLEL(8) ORDERED USE_HASH(B) */
*
FROM    TAB1 A, TAB2 B
WHERE   A.COL1 = B.COL1
```

① /*+ PQ_DISTIBUTE (B, NONE, NONE) */

② /*+ PQ_DISTIBUTE (B, PARTITION, NONE) */

③ /*+ PQ_DISTIBUTE (B, NONE, PARTITION) */

④ /*+ PQ_DISTIBUTE (B, PARTITION, PARTITION) */

56 Hash Join에 대한 설명으로 가장 적절한 것은?

① Hash Join은 둘 중 작은 집합(Build Input)을 읽어 Sort Area에 해시 테이블을 생성한다.

② Hash Join하는 양쪽 테이블 모두 전체 범위를 읽으므로 양쪽 모두 부분범위처리가 불가능하다.

③ Build Input 해시(Hash) 키 값에 중복이 많을수록 Hash Join의 성능은 좋아진다.

④ Build Input 집합을 Hash Area에서 탐색할 때는 래치(Latch) 획득 과정이 없어서 빠르다.

57 Nested Loop Join에 대한 설명으로 가장 적절한 것은?

① 빠르게 결과를 조회할 수 있지만 조인 횟수가 많을수록 다른 조인 방법에 비해 성능 저하가 나타날 수 있다.

② 3개 테이블이 NL 조인 시 선행 2개 테이블 조인 결과에 대한 부분집합을 생성 후 3번째 테이블과 조인을 시도한다.

③ PGA를 통해 조인하기 때문에 래치(Latch)에 대한 경합이 없다.

④ Driving Table은 반드시 인덱스를 통해 검색해야 한다.

58 아래와 같은 SQL에서 나타날 수 있는 Join 기법으로 가장 적절한 것은?

아래

```
[DEPT 테이블 INDEX 정보]
PK_DEPT : DEPTNO

[EMP 테이블 INDEX 정보]
PK_EMP : EMPNO
IDX_EMP_01 : DEPTNO

[SQL]
SELECT *
FROM DEPT D
WHERE D.DEPTNO = 'A001'
AND EXISTS (SELECT 'X' FROM EMP E WHERE D.DEPTNO =
           E.DEPTNO)
```

---

① HASH ANTI JOIN

② HASH SEMI JOIN

③ NESTED LOOP ANTI JOIN

④ NESTED LOOP SEMI JOIN

59 Sort Merge Join에 대한 설명으로 가장 적절하지 <u>않은</u> 것은?

① 조인 칼럼에 적당한 인덱스가 없어서 NL 조인(Nested Loops)이 비효율적일 때 사용할 수 있다.
② Driving Table의 개념이 중요하지 않은 조인 방식이다.
③ 조인 조건의 인덱스 유무에 영향을 받지 않는다.
④ EQUI(=) 조인 조건에서만 동작한다.

60 Hash Join이 더 효과적일 수 있는 조건으로 가장 적절하지 <u>않은</u> 것은?

① 조인 칼럼에 적당한 인덱스가 없어서 자연조인(Natural Join)이 비효율적일 때
② 자연조인(Natural Join) 시 드라이빙(Driving) 집합 쪽으로 조인 액세스 양이 많아 Random 액세스 부하가 심할 때
③ 소트 머지 조인(Sort Merge Join)을 하기에는 두 테이블이 너무 커서 소트(Sort) 부하가 심할 때
④ 유니크 인덱스를 활용하여 수행시간이 적게 걸리는 소량 테이블을 온라인 조회하는 경우

61 조인(Join) 방식 중에서 Hash Join을 선택하는 기준으로 가장 적절한 것은?

① 소량의 데이터를 주로 처리하며, 부분 범위 처리가 극대화되어야 한다.
② 쿼리의 조인 조건식이 범위 조건이다.
③ 쿼리 수행 시간이 짧고 수행 빈도가 높다.
④ 조인 칼럼에 적당한 인덱스가 없고, 조인 대상 테이블 중 한쪽 테이블의 크기가 작다.

62 TAB1, TAB2 순으로 NL 조인하도록 유도하려고 할 때, 빈칸 ㉠에 들어갈
힌트로 가장 적절한 것은? (단, DBMS는 오라클로 가정)

> **아 래**
>
> SELECT /*+ (㉠   ) */ …
> FROM TAB1 A, TAB2 B
> WHERE A.KEY = B.KEY

① ORDERED(A B) USE_NL(B)
② ORDERED USE_NL(TAB2)
③ LEADING(A) USE_NL(B)
④ DRIVING_SITE(A) USE_NL(B)

63 Hash Join에 대한 설명으로 가장 적절한 것은?

① 조인 연결고리에 오직 Equi Join 조건만 있을 때 작동한다.
② 일반적으로, 큰 집합으로 해시 테이블을 생성 후 작은 집합을 읽으면서
이 해시 테이블을 탐색하는 것이 유리하다.
③ 먼저 양쪽 집합을 정렬하고 조인을 하므로 조인 키에 인덱스가 없어도
된다.
④ Build Input으로 선택된 집합의 조인 칼럼에는 중복 값이 거의 없어야
효과적이다.

64 스칼라 서브쿼리의 특징을 설명한 것으로 가장 적절하지 <u>않은</u> 것은?

① 스칼라 서브쿼리를 이용한 조인은 NL 조인처럼 한 레코드씩 순차적으로
진행한다.
② 메인 쿼리의 레코드마다 스칼라 서브쿼리를 통해 하나의 레코드, 하나의
값만 리턴한다.
③ 조인에 실패할 경우, NULL을 리턴한다.
④ 입력 값(=조인 칼럼)과 출력 값(=리턴 값)을 Shared Pool에 있는
Result Cache에 캐싱했다가 같은 입력 값에 대해서는 캐싱된 값을
리턴하여 조인 부하를 줄여준다.

· 핵심정리 ·

65 아래 SQL1과 SQL2의 실행계획에 대한 설명으로 가장 적절하지 <u>않은</u> 것은?

아 래

```
[SQL1]
SELECT   /*+ LEADING(A) USE_NL(B) */
         b.상품분류코드, a.기준일자
       , SUM (a.판매금액) AS 판매금액
       , SUM (a.판매수량) AS 판매수량
FROM 일별매출 a, 상품 b
WHERE a.기준일자 BETWEEN TO_DATE (:v_시작기준일자, 'YYYYMMDD')
                   AND TO_DATE (:v_종료기준일자, 'YYYYMMDD')
AND b.상품코드 = a.상품코드
AND b.판매시작일자 )= TO_DATE (:v_판매시작일자, 'YYYYMMDD')
GROUP BY b.상품분류코드, a.기준일자;
```

Id	Operation	Name
0	SELECT STATEMENT	
1	HASH GROUP BY	
* 2	FILTER	
3	NESTED LOOPS	
4	NESTED LOOPS	
5	PARTITION RANGE ITERATOR	
6	TABLE ACCESS BY LOCAL INDEX ROWID	일별매출
* 7	INDEX RANGE SCAN	일별매출_X1
* 8	INDEX RANGE SCAN	상품_PK
* 9	TABLE ACCESS BY INDEX ROWID	상품

```
[SQL2]
SELECT   /*+ LEADING(A) USE_NL(B) */
         b.상품분류코드, a.기준일자
       , SUM (a.판매금액) AS 판매금액
       , SUM (a.판매수량) AS 판매수량
FROM (SELECT   a.기준일자
            , a.상품코드
            , SUM (a.판매금액) AS 판매금액
            , SUM (a.판매수량) AS 판매수량
      FROM 일별매출 a
      WHERE a.기준일자 BETWEEN TO_DATE (:v_시작기준일자, 'YYYYMMDD')
                         AND TO_DATE (:v_종료기준일자, 'YYYYMMDD')
      GROUP BY a.기준일자, a.상품코드) a
    , 상품 b
WHERE b.상품코드 = a.상품코드
AND b.판매시작일자 )= TO_DATE (:v_판매시작일자, 'YYYYMMDD')
GROUP BY b.상품분류코드, a.기준일자;
```

Id	Operation	Name
0	SELECT STATEMENT	
1	HASH GROUP BY	
2	NESTED LOOPS	
3	NESTED LOOPS	
4	VIEW	
5	HASH GROUP BY	
* 6	FILTER	
7	PARTITION RANGE ITERATOR	
8	TABLE ACCESS BY LOCAL INDEX ROWID	일별매출
* 9	INDEX RANGE SCAN	일별매출_X1
* 10	INDEX UNIQUE SCAN	상품_PK
* 11	TABLE ACCESS BY INDEX ROWID	상품

[테이블]
CREATE TABLE 상품 (
    상품코드   VARCHAR2(10) NOT NULL
, 상품명   VARCHAR2(100) NOT NULL
, 상품분류코드 VARCHAR2(5)   NOT NULL
, 판매시작일자 DATE   NOT NULL
, 판매종료일자 DATE   NULL);

CREATE UNIQUE INDEX 상품_PK ON 상품 (상품코드);
CREATE INDEX 상품_X1 ON 상품 (판매시작일자);

CREATE TABLE 일별매출 (
    기준일자 DATE   NOT NULL
, 상품코드 VARCHAR2(10) NOT NULL
, 판매금액 NUMBER(10)   NOT NULL
, 판매수량 NUMBER(10)   NOT NULL);

CREATE UNIQUE INDEX 일별매출_PK ON 일별매출 (상품코드, 기준일자);
CREATE INDEX 일별매출_X1 ON 일별매출 (기준일자);

- 단, 상품 테이블은 판매시작일자별 상품 수가 비슷한 것으로 가정한다.
- 단, 일별매출 테이블은 기준일자로 파티셔닝되어 있다고 가정한다.

① SQL1은 조인 과정에서 과도한 I/O가 발생할 수 있다.
② SQL1은 판매시작일자 조건을 만족하는 상품 건수가 적다면, 조인 순서 변경만으로 성능이 개선될 가능성이 높다.
③ SQL2는 v_판매시작일자 변수에 오래된 과거일자를 입력할 때보다 최근일자를 입력할 때 비효율이 더 적다.
④ Query Transformer는 쿼리변환을 수행하여 SQL1에 대해 SQL2와 유사한 실행계획을 수립하기도 한다.

66 아래 SQL에서 가능한 조인 방법을 모두 나열한 것은?

아 래

```
SELECT emp.ename, salgrade.grade
  FROM emp t1, salgrade t2
 WHERE t1.sal BETWEEN t2.losal AND t2.hisal
```

① Nested Loop Join
② Nested Loop Join, Sort Merge Join
③ Sort Merge Join, Hash Join
④ Nested Loop Join, Sort Merge Join, Hash Join

67

아래와 같이 고객 테이블과 2개의 변경이력 테이블이 있다. 두 변경이력 테이블에 있는 시작일자, 종료일자는 선분이력으로 관리된다. 즉, 시작일자에는 이력 레코드 생성일자가 입력되고, 종료일자에는 처음에 '99991231'로 입력되었다가 다음 번 새 이력 레코드가 생성되는 순간 바로 전 일자로 갱신된다. 이 세 테이블에서 이름이 '홍길동'인 고객의 1998년 5월 29일자 고객등급과 전화번호를 조회하려고 한다. 아래 빈칸 ㉠에 들어갈 SQL로 가장 적절한 것은? (단, 고객번호와 변경순번을 제외한 나머지 속성은 모두 문자형으로 가정)

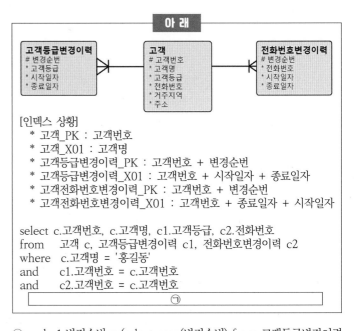

[인덱스 상황]
* 고객_PK : 고객번호
* 고객_X01 : 고객명
* 고객등급변경이력_PK : 고객번호 + 변경순번
* 고객등급변경이력_X01 : 고객번호 + 시작일자 + 종료일자
* 고객전화번호변경이력_PK : 고객번호 + 변경순번
* 고객전화번호변경이력_X01 : 고객번호 + 종료일자 + 시작일자

```
select  c.고객번호, c.고객명, c1.고객등급, c2.전화번호
from    고객 c, 고객등급변경이력 c1, 전화번호변경이력 c2
where   c.고객명 = '홍길동'
and     c1.고객번호 = c.고객번호
and     c2.고객번호 = c.고객번호
```
㉠

① and c1.변경순번 = (select max(변경순번) from 고객등급변경이력
            where 시작일자 <= '19980529')
   and c2.변경순번 = (select max(변경순번) from 전화번호변경이력
            where 시작일자 <= '19980529')
② and c1.변경순번 = (select 변경순번 from 고객등급변경이력
            where '19980529' between 시작일자 and 종료일자)
   and c2.변경순번 = (select 변경순번 from 전화번호변경이력
            where '19980529' between 시작일자 and 종료일자)
③ and   '19980529' between c1.시작일자 and c1.종료일자
   and   '19980529' between c2.시작일자 and c2.종료일자
④ and   '19980529' between c1.시작일자 and c1.종료일자
   and   c1.종료일자 >= c2.시작일자
   and   c1.시작일자 <= c2.종요일자

SQL
Professional·developer

SQL 옵티마이저

68 아래 빈칸 ㉠에 들어갈 내용으로 가장 적절한 것은?

> **아 래**
>
> 테이블 및 인덱스 등의 통계 정보를 활용하여 SQL문을 실행하는데 드는 처리시간 및 CPU, I/O 자원량 등을 계산하여 가장 효율적일 것으로 예상되는 실행계획을 선택하는 옵티마이저를 [㉠] 라 한다.

① Time Based Optimizer
② Rule Based Optimizer
③ Statistics Based Optimizer
④ Cost Based Optimizer

69 DB 인스턴스를 실행한 직후, 아래 SQL을 포함하는 프로그램을 사원A와 B가 아래와 같이 각각 4회씩 연속적으로 수행하였다. 이 SQL에 대한 Hard Parsing 발생 횟수는?

> **아 래**
>
> ```
> select 고객명, 전화번호, 주소, 최종방문일시
> from   고객
> where 고객번호 = :custno
> ```

시점	사원 A	사원 B
t1	:custno에 1000 입력 후 조회	
t2		:custno에 2000 입력 후 조회
t3	:custno에 2000 입력 후 조회	
t4		:custno에 3000 입력 후 조회
t5	:custno에 3000 입력 후 조회	
t6		:custno에 3000 입력 후 조회
t7	:custno에 2000 입력 후 조회	
t8		:custno에 7000 입력 후 조회

① 1회   ② 4회
③ 6회   ④ 8회

70 SQL*Plus나 TOAD 같은 쿼리 툴로 오라클 데이터베이스 ORDER 계정에 접속해서 아래 SQL을 각각 한 번씩 순차적으로 실행했다. SQL 파싱에 대한 설명으로 가장 적절한 것은?

> **아 래**
>
> (1) select 고객번호, 고객명, 휴대폰번호 from 고객 where
>   고객명 like '010%';
> (2) SELECT 고객번호, 고객명, 휴대폰번호 FROM 고객 WHERE
>   고객명 LIKE '010%';
> (3) SELECT /* 고객조회 */ 고객번호, 고객명, 휴대폰번호 FROM 고객
>   WHERE 고객명 LIKE '010%';

① 첫 번째 수행될 때 각각 하드파싱을 일으키고, 다른 캐시 공간을 사용할 것이다.
② 1번과 3번 SQL은 하드파싱이 일어나지만, 2번은 하드파싱이 일어나지 않는다. 즉, 1번 SQL과 공유된다.
③ 1번과 2번 SQL은 하드파싱이 일어나지만, 3번은 하드파싱이 일어나지 않는다. 즉, 2번 SQL과 공유된다.
④ 실행계획이 서로 다를 수 있다.

바인드 변수
(Bind Variable) :
파라미터 Driven
방식으로 SQL을 작성하는
방법이 제공되는데 SQL과
실행계획을 여러 개
캐싱하지 않고 하나를
반복 재사용하므로 파싱
소요시간과 메모리
사용량을 줄여준다.

71 바인드 변수보다 Literal 상수 조건을 사용하는 것이 더 효율적인 경우로 가장 적절하지 **않은** 것은?

① 수행빈도가 낮고 한 번 수행할 때 수십 초 이상 수행되는 SQL일 때
② 조건절 칼럼의 값 종류(Distinct Value)가 소수이고, 값 분포가 균일하지 않을 때
③ 사용자가 선택적으로 입력할 수 있는 조회 항목이 다양해서 조건절이 동적으로 바뀔 때
④ 사용자가 입력할 수 있는 조회 항목이 아니어서 해당 조건절이 불변일 때

72 아래와 같이 작성된 프로그램의 문제점으로 가장 적절하지 <u>않은</u> 것은?

아 래

```
create function get_count(p_table varchar2, p_column varchar2,
                          p_value varchar2)
return number
is
  l_sql varchar2(4000);
  l_count number;
begin
  l_sql := 'select count(*) from ' || p_table ;

  if p_column is not null and p_value is not null then
    l_sql := l_sql || ' where ' || p_column || ' = :1';
    execute immediate l_sql
            into l_count        -- 쿼리 결과 값을 저장한다.
            using p_value;      -- 바인드 변수(:1)에 값을 입력한다.
  else
    execute immediate l_sql into l_count;
  end if;

  return l_count;

end get_count;
```

① 불필요한 하드파싱을 많이 일으킨다.
② 테이블과 함수가 서로 종속적이지 않다.
③ 인덱스 전략 수립이 어렵다.
④ 실행계획을 제어하기 어렵다.

73 SQL 작성 방식에 대해 설명으로 가장 적절하지 <u>않은</u> 것은?

① Static SQL이란, String형 변수에 담지 않고 코드 사이에 직접 기술한 SQL문을 말한다.
② Dynamic SQL이란, String형 변수에 담아서 실행하는 SQL문을 말한다.
③ Static SQL을 지원하는 개발환경에선 가급적 Static SQL로 작성하는 것이 바람직하다.
④ 루프 내에서 반복적으로 수행되는 SQL에 Dynamic SQL을 사용하면, 공유 메모리에 캐싱된 SQL을 공유하지 못해 하드파싱이 반복적으로 일어난다.

· 핵심정리 ·

74 비용기반 옵티마이저(CBO)는 쿼리 최적화 과정에 비용(Cost)을 계산한다. 비용(Cost)으로 가장 적절하지 <u>않은</u> 것은?

① 비용이란 기본적으로 SQL 수행 과정에 수반될 것으로 예상되는 I/O 일양을 계산한 것이다.
② 데이터베이스 Call 발생량도 옵티마이저의 중요한 비용 요소다.
③ 옵티마이저가 비용을 계산할 때, CPU 속도, 디스크 I/O 속도 등도 고려할 수 있다.
④ 최신 옵티마이저는 I/O에 CPU 연산 비용을 더해서 비용을 계산한다.

75 규칙기반 옵티마이저(RBO)가 사용하는 규칙으로 가장 적절하지 <u>않은</u> 것은?

① 고객유형코드에 인덱스가 있으면, 아래 SQL에 인덱스를 사용한다.
　　select * from 고객 where 고객유형코드 = 'CC0123'
② 고객명에 인덱스가 있으면, 아래 SQL에 인덱스를 사용해 order by 소트 연산을 대체한다.
　　select * from 고객 order by 고객명
③ 연령과 연봉에 인덱스가 하나씩 있으면 between 조건(닫힌 조건)이 부등호 조건(열린 조건)보다 스캔 범위가 작을 가능성이 높으므로 아래 SQL에 연봉 인덱스를 사용한다.
　　select * from 사원 where 연령 >= 60 and 연봉 between 3000 and 6000
④ 직급에 인덱스가 있고, 직급의 종류 개수가 5개 이상이면 인덱스를 사용한다.
　　select * from 사원 where 직급 = '대리'

규칙기반 옵티마이저 (Rule-Based Optimizer, 이하 RBO)는 다른 말로 '휴리스틱(Heuristic) 옵티마이저'라고 불리며, 미리 정해 놓은 규칙에 따라 액세스 경로를 평가하고 실행계획을 선택한다. 여기서 규칙이란 액세스 경로별 우선순위로서, 인덱스 구조, 연산자, 조건절 형태가 순위를 결정짓는 주요인이다.

76 전체범위 최적화(ALL_ROWS) 방식의 옵티마이저 모드에 대한 설명으로 가장 적절하지 <u>않은</u> 것은?

① 쿼리의 최종 결과 집합을 끝까지 Fetch하는 것을 전제로, 시스템 리소스를 가장 적게 사용하는 실행계획을 선택한다.

② 부분범위 최적화(FIRST_ROWS)와 비교할 때, Index Scan보다 Table Full Scan하는 실행계획을 더 많이 생성한다.

③ DML 문장은 옵티마이저 모드와 상관없이 항상 전체범위 최적화 방식으로 최적화된다.

④ 가장 빠른 응답속도(Response Time)를 목표로 한다.

77 아래 설명에 해당하는 옵티마이저(Optimizer) 모드로 가장 적절한 것은?

아 래

쿼리 최종 결과집합을 끝까지 Fetch하는 것을 전제로, 시스템 리소스를 가장 적게 사용하는 실행계획을 선택하는 옵티마이저 모드

① RULE
② FIRST_ROWS
③ FIRST_ROWS_N
④ ALL_ROWS

78 통계정보 수집 시 고려해야 할 사항으로 가장 적절하지 <u>않은</u> 것은?

① 시간/주기 : 부하가 없는 시간대에 가능한 한 빠르게 수집을 완료해야 함

② 표본(Sample) 크기 : 가능한 한 많은 양의 데이터를 읽도록 해야 함

③ 정확성 : 표본(Sample) 검사하더라도 전수 검사할 때의 통계치에 근접해야 함

④ 안정성 : 데이터에 큰 변화가 없는데도 매번 통계치가 바뀌지 않아야 함

79 가장 효율적인 SQL로 가장 적절한 것은? (단, ItemAmtFunc는 저장형 함수이고, 상품 테이블의 PK는 상품코드임)

① SELECT 상품코드,
        ItemAmtFunc(상품코드, SYSDATE) 당일매출,
        ItemAmtFunc(상품코드, SYSDATE-1) 전일매출,
        (ItemAmtFunc(상품코드, SYSDATE) -
        ItemAmtFunc(상품코드, SYSDATE-1))*100 /
            ItemAmtFunc(상품코드, SYSDATE) 증감율
  FROM   상품
  WHERE 상품분류코드='110'

② SELECT 상품코드, 당일매출, 전일매출,
      (당일매출-전일매출) * 100/당일매출 증감율
  FROM (SELECT ROWNUM, 상품코드,
            ItemAmtFunc(상품코드, SYSDATE) 당일매출,
            ItemAmtFunc(상품코드, SYSDATE-1) 전일매출,
      FROM   상품
      WHERE 상품분류코드='110')

③ SELECT 상품코드, 당일매출, 전일매출,
      (당일매출-전일매출) * 100 / 당일매출 증감율
  FROM (SELECT 상품코드,
            ItemAmtFunc(상품코드, SYSDATE) 당일매출,
            ItemAmtFunc(상품코드, SYSDATE-1) 전일매출,
      FROM   상품
      WHERE 상품분류코드='110')

④ SELECT 상품코드,
      (SELECT ItemAmtFunc(상품코드, SYSDATE)
      FROM DUAL) 당일매출,
      (SELECT ItemAmtFunc(상품코드, SYSDATE-1)
      FROM DUAL) 전일매출,
      (SELECT (ItemAmtFunc(상품코드, SYSDATE) -
           ItemAmtFunc(상품코드, SYSDATE-1))*100/
           ItemAmtFunc(상품코드, SYSDATE)
      FROM DUAL) 증감율
  FROM   상품
  WHERE 상품분류코드 = '110'

· 핵심정리 ·

80 뷰 머징(View Merging) 쿼리변환이 발생하지 않도록 빈칸 ㉠에 들어갈 옵티마이저 힌트로 가장 적절한 것은? (단, DBMS는 오라클로 가정)

```
┌─────────────── 아 래 ───────────────┐

SELECT  A.DEPTNO, A.DNAME, B.SAL
FROM    DEPT A,
        (SELECT /*+ [   ㉠   ] */
                DEPTNO, SUM(SAL) SAL
         FROM   EMP
         GROUP  BY DEPTNO
        ) B
WHERE   A.DEPTNO = B.DEPTNO


------------------------------------------------------
| Id | Operation                    | Name    |
------------------------------------------------------
|  0 | SELECT STATEMENT             |         |
|  1 |  NESTED LOOPS                |         |
|  2 |   NESTED LOOPS               |         |
|  3 |    VIEW                      |         |
|  4 |     HASH GROUP BY            |         |
|  5 |      TABLE ACCESS FULL       | EMP     |
|* 6 |    INDEX UNIQUE SCAN         | DEPT_PK |
|  7 |   TABLE ACCESS BY INDEX ROWID| DEPT    |
------------------------------------------------------
```

① NO_PUSH_PRED
② NO_UNNEST
③ NO_MERGE
④ NO_REWRITE

힌트를 사용하지 않고 뷰 머징(View Merging)을 방지하는 방법
- 집합(SET) 연산자 (UNION, UNION ALL, INTERSECT, MINUS)
- CONNECT BY절
- ROWNUM PSEUDO 칼럼
- SELECT-LIST에 집계 함수(AVG, COUNT, MAX, MIN, SUM) 사용
- 분석 함수(Analytic Function)

81 뷰 머징(View Merging)이 가능한 경우로 가장 적절한 것은?

① 뷰 안에 ROWNUM을 사용한 경우
② 뷰 안에 GROUP BY를 사용한 경우
③ 뷰 안에 윈도우 함수(Window Function)를 사용한 경우
④ 뷰 안에 UNION 연산자를 사용한 경우

82 아래 SQL에 대한 설명으로 가장 적절한 것은? (단, 쿼리변환(Query Transformation)이 동작하는 것으로 가정함)

아 래

```
select *
from   (select deptno, empno, ename, job, sal, sal * 1.1 sal2, hiredate
        from   emp
        where  job = 'CLERK'
        union all
        select deptno, empno, ename, job, sal, sal * 1.2 sal2, hiredate
        from   emp
        where  job = 'SALESMAN' ) v
where v.deptno = 30
```

① emp 테이블에 job + deptno로 구성된 인덱스를 만들면, job 조건만 인덱스 액세스 조건으로 사용되고, deptno 조건은 필터로 처리된다.

② emp 테이블 job에 단일 칼럼 인덱스를 만들면, 이 인덱스를 정상적으로 사용할 수 없다. 즉, Index Range Scan할 수 없다.

③ emp 테이블에 deptno + job으로 구성된 인덱스를 만들면, job과 deptno에 대한 조건 모두를 인덱스 액세스 조건으로 사용할 수 있다.

④ emp 테이블 deptno에 단일 칼럼 인덱스를 만들면, 이 인덱스를 정상적으로 사용할 수 없다. 즉, Index Range Scan할 수 없다.

83 아래 SQL을 처리할 때 옵티마이저가 선택할 수 있는 옵션으로 가장 적절하지 <u>않은</u> 것은?

아 래

```
alter table 과금 add constraint 과금_pk primary key(고객번호, 과금월);
alter table 수납 add constraint 수납_pk primary key(고객번호, 수납일자);

select e1.고객번호, e1.과금액, e2.수납액, e1.과금액-e2.수납액 미수금액
from  (select 고객번호, sum(과금액) 과금액 from 과금 group by 고객번호) e1
      ,(select 고객번호, sum(수납액) 수납액
        from    수납
        where   고객번호 = 10
        group by 고객번호) e2
where e1.고객번호 = e2.고객번호
and   e2.수납액 > 0
```

① 두 인라인 뷰(Inline View)를 풀어(View Merging) 고객번호 조인을 먼저 처리한 후에, 고객번호로 group by하면서 과금액과 수납액을 구한다.

② 인라인 뷰 e2에 있는 '고객번호 = 10' 조건을 e1에 전달해 줌으로써 과금_pk 인덱스를 사용해 처리한다.

③ 메인 쿼리에 있는 '수납액 > 0' 조건을 인라인 뷰 e2에 제공함으로써 조인 연산 전에 필터링이 일어나도록 한다.

④ 사용자가 작성한 SQL 형태 그대로 각 인라인 뷰를 따로 최적화한 후에 조인한다.

84 뷰 머징(View Merging)이 가능한 SQL로 가장 적절한 것은?

① SELECT A.DNAME, B.JOB
  FROM DEPT A, (SELECT /*+ MERGE */
                          B.DEPTNO, B.JOB
                  FROM EMP B
                  INTERSECT
                  SELECT B.DEPTNO, B.JOB
                  FROM EMP B
) B
  WHERE B.DEPTNO = A.DEPTNO;

② SELECT A.DNAME, B.JOB
  FROM DEPT A, (SELECT /*+ MERGE */
                          B.DEPTNO, MAX(B.JOB) AS JOB
                  FROM EMP B
                  GROUP BY B.DEPTNO
) B
  WHERE B.DEPTNO = A.DEPTNO;

③ SELECT A.DNAME, B.JOB
  FROM DEPT A, (SELECT /*+ MERGE */
                          B.DEPTNO, B.JOB
                  FROM EMP B
                  START WITH B.MGR IS NULL
                  CONNECT BY PRIOR B.EMPNO = B.MGR
) B
  WHERE B.DEPTNO = A.DEPTNO;

④ SELECT A.DNAME, B.JOB
  FROM DEPT A, (SELECT /*+ MERGE */
                          B.DEPTNO, B.JOB
                  FROM EMP B
                  WHERE ROWNUM <= 3
) B
  WHERE B.DEPTNO = A.DEPTNO;

고급 SQL 튜닝

· 핵심정리 ·

85 아래 빈칸 ㉠에 들어갈 내용으로 가장 적절한 것은?

> **아 래**
>
> 하나의 테이블에 많은 양의 데이터가 저장되면 인덱스를 추가하고 테이블을 몇 개로 쪼개도 성능이 저하되는 경우가 있다. 이때 논리적으로는 하나의 테이블이지만 물리적으로는 여러 개의 테이블로 분리하여 데이터 액세스 성능도 향상시키고, 데이터 관리방법도 개선할 수 있도록 테이블에 적용하는 기법을 ⟦ ㉠ ⟧이라고 한다.

① 파티셔닝(Partitionning)
② 테이블 압축(Compression)
③ 클러스터(Cluster)
④ 인덱스 구성 테이블(Index-organized table)

SQL 커서에 대한
작업 요청에 따른
데이터베이스
Call의 구분
• Parse Call : SQL 파싱을
  요청하는 Call
• Execute Call :
  SQL 실행을
  요청하는 Call
• Fetch Call :
  SELECT문의 결과
  데이터 전송을
  요청하는 Call

86 데이터베이스 Call은 SQL 커서에 대한 작업 요청에 따른 구분과 Call 발생 위치에 따른 구분으로 나누어진다. DBMS 외부에서 발생하는 Call을 줄이기 위한 기술요소로 가장 적절한 것은?

① 효과적인 화면 페이지 처리
② 사용자 정의함수 내에서 SQL 수행
③ SQL 파싱과 최적화 과정에서 발생하는 데이터 딕셔너리 조회
④ 프로시저 내에서의 SQL 수행

87 아래 SQL 트레이스에서 유추할 수 있는 ArraySize는?

> **아 래**

call	count	cpu	elapsed	disk	query	current	rows
Parse	1	0.00	0.00	0	0	0	0
Execute	1	0.00	0.02	2	2	0	0
Fetch	301	0.14	0.18	9	315	0	30000
total	303	0.14	0.20	11	317	0	30000

① 30000
② 303
③ 100
④ 301

88 데이터베이스 Call 부하를 줄이는 방안으로 가장 적절하지 <u>않은</u> 것은?

① Array Size를 늘린다.
② 페이징 처리 방식으로 데이터를 출력한다.
③ 한번에 여러 SQL을 일괄 수행하는 기능을 AP 서버 서비스 대신 PL/SQL 함수 또는 프로시저로 구현한다.
④ 코드로 입력한 데이터에 대한 코드명을 가져올 때 PL/SQL 사용자 정의 함수를 사용한다.

사용자 정의 함수/프로시저는
내장함수처럼 Native 코드로 완전히 컴파일된 형태가 아니어서 가상머신(Virtual Machine) 같은 별도의 실행엔진을 통해 실행된다. 실행될 때마다 컨텍스트 스위칭(Context Switching)이 일어나며, 이 때문에 내장함수(Built-In)를 호출할 때와 비교해 성능을 상당히 떨어뜨린다.

89 DB 저장형 사용자 정의 함수를 포함한 아래 SQL에 대한 설명으로 가장 적절하지 <u>않은</u> 것은?

> **아 래**
>
> ```
> select empno, ename, job, sal,
>        sf_deptnm(deptno)  deptnm,
>        sf_sal_avg(deptno) sal_avg
> from   emp
> where  sal > :sal
> ```

① WHERE 조건절을 만족하는 모든 레코드 수만큼 함수를 반복 호출한다.
② 스칼라 서브쿼리를 활용하면 함수 호출 횟수를 줄일 수 있다.
③ 쿼리가 실행되는 도중에 함수 내부에서 참조하는 레코드가 다른 트랜잭션에 의해 수정되면(커밋까지 완료) 이를 무시하고 캐시에 저장된 값을 반환한다.
④ 함수 내에 다른 SQL 문장이 포함되면 Recursive Call이 발생한다.

90 아래와 같이 SELECT절에서 이름을 반환하는 목적으로 사용자 정의 함수를 이용하여 작성한 SQL에 대한 설명으로 가장 적절하지 <u>않은</u> 것은?

아 래

```
select  empno, ename, job,
        func_dname(deptno) dname,              - (가)
(select func_dname(deptno) from dual ) dname2  - (나)
from    emp
where   hiredate >= trunc(sysdate, 'yy');
```

① (가)는 WHERE 절의 조건을 만족하는 레코드 수만큼 사용자 정의 함수가 반복 실행된다.

② 사용자 정의 함수 사용 시 SQL 엔진과 PL/SQL 엔진 간의 문맥전환(Context Switching)으로 인한 부하가 발생한다.

③ 부서번호(deptno) 값의 종류가 매우 많다면 (나)와 같이 사용자 정의 함수를 스칼라 서브쿼리 내에서 호출되도록 하는 것이 효과적이다.

④ 쿼리가 실행되는 동안 사용자 정의 함수 func_dname() 내에서 참조된 테이블의 값이 변경된다면, 같은 부서번호(deptno)에 대해 다른 결과 값을 반환하는 레코드가 있을 수 있다.

Local 파티션 인덱스

테이블 파티션과 1:1로 대응되도록 파티셔닝한 인덱스이다.

인덱스 파티션 키를 사용자가 따로 지정하지 않으며, 테이블과 1:1 관계를 유지하도록 DBMS가 자동으로 관리해 준다.

SQL Server에선 '정렬된(Aligned) 파티션 인덱스'라고 부른다.

91 Local 파티션 인덱스의 특징으로 가장 적절하지 <u>않은</u> 것은?

① 테이블 파티션과 1:1 대응 관계이다.

② 테이블에 파티션 ADD/DROP/SPLIT/EXCHANGE 작업 시, 인덱스 파티션도 자동 관리된다.

③ Local 파티션 인덱스의 경우, 테이블 파티션 키(=인덱스 파티션 키)가 인덱스 키 선두 칼럼에 위치해야 한다. 예를 들어 테이블과 인덱스 파티션 키가 '주문일자'이면, Local 파티션 인덱스 키는 '주문일자'로 시작해야 한다.

④ 테이블 파티션 키가 SQL 조건절에 없을 때, 인덱스 사용 시 비효율이 발생한다.

92 우리가 개발하고자 하는 시스템은 업무적으로 7~9월에 매출이 집중돼 있다. 아래 월별매출집계 테이블(보관주기 3년)을 파티셔닝하고, 매출연월 기준으로 각 파티션에 데이터를 고르게 분산 저장하고자 할 때, 사용할 수 있는 파티션 전략을 모두 고른 것은?

아 래

월별매출집계
\# 매출연월
\# 고객번호
\# 판매지점코드
\# 상품구분코드
* 판매금액
* ......
* ......

(가) Range 파티션, (나) List 파티션, (다) Hash 파티션

---

① (가), (나)
② (가), (다)
③ (나), (다)
④ (가), (나), (다)

Oracle이 지원하는 파티션 유형

1) Range 파티셔닝
■ 파티션 키 값의 범위(Range)로 분할
■ 파티셔닝의 가장 일반적인 형태이며, 주로 날짜 칼럼을 기준으로 함
  예) 판매 데이터를 월별로 분할

2) Hash 파티셔닝
■ 파티션 키 값에 해시 함수를 적용하고, 거기서 반환된 값으로 파티션 매핑
■ 데이터가 모든 파티션에 고르게 분산되도록 DBMS가 관리
  → 각 로우의 저장 위치 예측 불가
■ 파티션 키의 데이터 분포가 고른 칼럼이어야 효과적
  예) 고객번호, 주문일련번호 등
■ 병렬처리 시 성능효과 극대화
■ DML 경합 분산에 효과적

3) List 파티셔닝
■ 불연속적인 값의 목록을 각 파티션에 지정
■ 순서와 상관없이, 사용자가 미리 정한 그룹핑 기준에 따라 데이터를 분할 저장
  예) 판매 데이터를 지역별로 분할

4) Composite 파티셔닝
■ Range나 List 파티션 내에 또 다른 서브 파티션(Range, Hash, List) 구성
  예) Range + List 또는 List + Hash 등
■ Range나 List 파티션이 갖는 이점 + 각 서브 파티션 구성의 이점

·핵심정리·

소트와 관련된
오퍼레이션 유형

- **Sort Aggregate :**
  전체 로우를 대상으로
  집계를 수행할 때
  나타나며, 오라클
  실행계획에 sort라는
  표현이 사용됐지만
  실제 소트가 발생하진
  않는다.
- **Sort Order By :**
  정렬된 결과집합을
  얻고자 할 때 나타난다.
- **Sort Group By :**
  Sorting 알고리즘을
  사용해 그룹별 집계를
  수행할 때 나타난다.
- **Sort Unique :**
  선택된 결과집합에서
  중복 레코드를
  제거하고자 할 때
  나타난다. Union
  연산자나 아래와 같이
  Distinct 연산자를
  사용할 때가 대표적이다.
- **Sort Join :**
  Sort Merge Join을
  수행할 때 나타난다.
- **Window Sort :**
  윈도우 함수를 수행할 때
  나타난다.

---

93 아래 실행계획과 보기의 SQL을 서로 연결할 때, 보기 SQL 중 실행계획이 **없는** 것은?

아 래

```
--------------------------------        --------------------------------
| Id | Operation           |        | Id | Operation           |
--------------------------------        --------------------------------
|  0 | SELECT STATEMENT    |        |  0 | SELECT STATEMENT    |
|  1 | SORT AGGREGATE      |        |  1 | SORT ORDER BY       |
|  2 |  TABLE ACCESS FULL  |        |  2 |  TABLE ACCESS FULL  |
--------------------------------        --------------------------------

--------------------------------        --------------------------------
| Id | Operation           |        | Id | Operation           |
--------------------------------        --------------------------------
|  0 | SELECT STATEMENT    |        |  0 | SELECT STATEMENT    |
|  1 | SORT UNIQUE         |        |  1 | SORT GROUP BY       |
|  2 |  TABLE ACCESS FULL  |        |  2 |  TABLE ACCESS FULL  |
--------------------------------        --------------------------------
```

① select * from emp order by deptno;

② select distinct deptno from emp;

③ select deptno, count(*) from emp group by deptno;

④ select empno, ename, sal, avg(sal) over (partition by deptno) from emp;

---

94 정렬(Sort) 오퍼레이션을 포함하지 **않는** SQL은?

① select * from emp order by ename

② select * from emp where deptno = 20
  union all
  select * from emp where deptno = 30

③ select empno, ename, rank() over (partition by deptno order
  by sal desc) from emp

④ select * from dept d, emp e where d.deptno = e.deptno
  option(force order, merge join)

· 핵심정리 ·

95 아래 ERD와 Dictionary 조회 결과를 고려할 때, 보기 중 union 대신 union all을 사용해도 가능한 것으로 가장 적절한 것은?

아 래

```
EMP
# EMPNO
* ENAME
* DEPTNO
o JOB
o MGR
o SAL
```

```
SQL〉 select column_name, num_distinct
  2  from   user_tab_columns
  3  where  table_name = 'EMP';

COLUMN_NAME       NUM_DISTINCT
-----------------------------
EMPNO                       14
ENAME                       14
DEPTNO                       3
JOB                         5
MGR                         6
SAL                        12
```

① select deptno, job, mgr from emp where empno = 7499
  union
  select deptno, job, mgr from emp where empno = 7654;
② select job, mgr from emp where deptno = 10
  union
  select job, mgr from emp where deptno = 20;
③ select deptno, job, mgr from emp where deptno = 10
  union
  select deptno, job, mgr from emp where deptno = 20;
④ select empno, job, mgr from emp where deptno = 10
  union
  select empno, job, mgr from emp where deptno = 20;

96 아래 SQL의 수행빈도가 가장 높아 시스템에 미치는 영향이 크다고 할 때, 고려할 튜닝 방안으로 가장 적절하지 않은 것은?

> **아 래**
>
> ```
> create index 게시판_idx on 게시판(작성일시, 게시판구분);
>
> select *
> from (
>   select *
>   from    게시판
>   where   게시판구분 = :gubun
>   and     작성일시 >= trunc(sysdate) - 1
>   order by 작성일시, 작성자명
> )
> where rownum <= 100;
> ```

① rownum 조건을 인라인 뷰 안에 사용한다.

② 게시판 구분의 데이터 분포(선택도)를 고려해 인덱스를 '작성일시 + 작성자명' 순으로 변경할지 검토한다. 최종 결정 시 다른 SQL에 미치는 영향도도 검토해야 한다.

③ 게시판 구분의 데이터 분포(선택도)를 고려해 인덱스를 '게시판구분 + 작성일시' 순으로 변경할지 검토한다. 최종 결정 시 다른 SQL에 미치는 영향도도 검토해야 한다.

④ 작성자명이 데이터 정렬 순서로서 의미 있는 것인지 현업 사용자에게 문의한 후, 불필요하다면 제거한다.

97 아래의 실행계획을 참고할 때 양쪽 테이블을 동적으로 파티셔닝 하도록 유도하는 힌트로 가장 적절한 것은?

아 래

[실행계획]
EXECUTION PLAN

```
0       SELECT STATEMENT OPTIMIZER=ALL_ROWS
1    0  PX COORDINATOR
2    1    PX SEND (QC (RANDOM)) OF 'SYS.:TQ10001'
3    2      HASH JOIN (COST=5 CARD=6 BYTES=192)
4    3        PX RECEIVE (COST=2 CARD=5 BYTES=65)
5    4          PX SEND (BROADCAST) OF 'SYS.:TQ10000'
6    5            PX BLOCK (ITERATOR) (COST=2 CARD=5 BYTES=65)
7    6              TABLE ACCESS (FULL) OF '상품' (TABLE)
8    3        PX BLOCK (ITERATOR) (COST=2 CARD=6 BYTES=114)
9    8          TABLE ACCESS (FULL) OF '주문내역' (TABLE)
```

① PQ_DISTRIBUTE(주문내역 NONE NONE)
② PQ_DISTRIBUTE(주문내역 BROADCAST NONE)
③ PQ_DISTRIBUTE(주문내역 NONE BROADCAST)
④ PQ_DISTRIBUTE(주문내역 HASH HASH)

98 오라클에서 아래와 같이 nologging 옵션과 append 힌트를 사용하여 대용량 데이터를 INSERT할 때 극적인 성능개선 효과를 가져오는 원리를 설명한 것으로 가장 적절하지 <u>않은</u> 것은?

> **아 래**
>
> ```
> alter table 수납 nologging;
>
> insert /*+ append */ into 수납
> select * from 수납_임시
> where 수납일시 between '20131204120000' and '20131204235959'
> ```

① Lock을 사용하지 않고 빠르게 입력한다.
② Redo와 Undo 발생량을 최소화한다.
③ 데이터 입력이 가능한 빈 블록을 찾기 위해 Freelist를 조회하지 않아도 된다.
④ 버퍼 캐시를 거치지 않고 데이터를 세그먼트 HWM 뒤쪽에 순차적으로 입력한다.

99 DML 튜닝방안으로 가장 적절하지 <u>않은</u> 것은?

① 대량 데이터에 대해 작업할 경우 인덱스를 Unusable 상태로 변경하고 작업한 후에 인덱스를 재생성하는 것이 빠를 수 있다.
② 대량의 데이터를 빠르게 UPDATE하기 위해 테이블을 nologging 모드로 변경하고 작업을 시작한다.
③ 대량 데이터를 INSERT하기 위해 Append Hint를 사용하면 데이터 입력이 가능한 빈 블록을 찾기 위해 Freelist를 조회하지 않아 빠르다.
④ 대량 데이터에 대한 UPDATE나 DELETE의 경우 기존 데이터를 임시 테이블에 저장하고 테이블을 TRUNCATE한 후 임시 테이블을 이용해 다시 입력하는 것이 빠르다.

100 아래 두 SQL에 대한 설명으로 가장 적절하지 <u>않은</u> 것은?

아 래

```
(가)
UPDATE 급여지급 T
SET T.월급여 = (
                SELECT  S.월급여
                FROM  사원 S
                WHERE  S.사원번호 = T.사원번호
                )
WHERE T.급여월 = '201101'
AND EXISTS (
                SELECT  1
                FROM  사원 S
                WHERE  S.사원번호 = T.사원번호
                AND  S.부서코드 = '30'
                ) ;

(나)
MERGE INTO 급여지급 T
USING (
        SELECT  S.사원번호, S.월급여
        FROM  사원 S
        WHERE  S.부서코드 = '30'
        ) S
ON (T.급여월 = '201101' AND T.사원번호 = S.사원번호)
WHEN MATCHED THEN
UPDATE SET T.월급여 = S.월급여 ;
```

① (가)와 (나)의 수정되는 데이터 건수는 같다.
② 둘 다 NL 방식으로 조인한다면, (가)가 (나)보다 사원 테이블의 반복
  액세스가 많아 발생하는 I/O도 많다.
③ 둘 다 HASH JOIN 방식으로 조인한다면, 처리량이 많아도 발생하는
  I/O는 동일하다.
④ (나)는 INSERT 처리도 같이 하도록 문장을 재구성할 수 있다.

· 핵심정리 ·

101 야간에 단독으로 DML을 수행하는 대용량 배치 프로그램 속도를 향상 시키려고 할 때, 고려할 만한 튜닝 방안으로 가장 적절하지 <u>않은</u> 것은?

① 인덱스를 제거했다가 작업 완료 후 다시 생성한다.
② 수정 가능 조인 뷰(Updatable Join View)나 Merge문을 활용한다.
③ 오라클이라면 UPDATE문을 수행하기 전에 테이블을 nologging 모드로 변경한다.
④ SQL Server라면 최소 로깅(minimal logging) 모드 INSERT 기능을 활용한다.

파티셔닝이 필요한 이유
• **관리적 측면 :**
  파티션 단위 백업, 추가, 삭제, 변경
• **성능적 측면 :**
  파티션 단위 조회 및 DML 수행, 경합 및 부하 분산

102 테이블 또는 인덱스를 파티셔닝하는 이유로 가장 적절하지 <u>않은</u> 것은?

① 가용성 향상
② 저장효율 개선
③ 조회성능 개선
④ 경합 분산

103 파티션에 대한 설명으로 가장 적절하지 <u>않은</u> 것은?

① 파티션은 애플리케이션에 투명하다. 즉, 파티션되지 않은 테이블을 새롭게 파티셔닝하더라도 쿼리는 수정하지 않아도 된다.
② 기존에 사용되던 인덱스를 파티셔닝하면 그 인덱스를 액세스하던 일부 SQL 성능이 오히려 느려질 수 있다.
③ 파티션 칼럼에 대한 검색조건을 변수가 아닌 상수 값으로 제공해야 Partition Pruning이 작동한다.
④ 파티션 단위로 인덱스를 재생성할 수 있다.

104 아래와 같이 주문 테이블을 생성하고 주문 데이터가 월평균 100만 건이라고 가정할 때, 보기 중 블록 I/O 측면에서 비효율이 없는 SQL로 가장 적절한 것은? (단, ④번 항목 일자 테이블에 대한 블록 I/O는 소량이므로 무시하기로 함)

아 래

```
create table 주문 (
    고객번호 varchar2(12),
    주문일자 varchar2(8),
    주문시각 varchar2(6),
    ... , ...
)
partition by range(주문일자) (
  partition m201101 values less than('20110201')
, partition m201102 values less than('20110301')
, partition m201103 values less than('20110401')
, partition m201104 values less than('20110501')
, partition m201105 values less than('20110601')
, partition m201106 values less than('20110701')
, partition mmaxval values less than(maxvalue)
);
```

① select * from 주문 where 주문일자 between 20110101 and 20110331

② select * from 주문 where 주문일자 between '20110101' and '20110131'
   union all
   select * from 주문 where 주문일자 between '20110201' and '20110228'
   union all
   select * from 주문 where 주문일자 between '20110301' and '20110331'

③ select * from 주문 where substr(주문일자, 1, 6) in ('201101', '201102', '201103')

④ select /*+ ordered use_nl(b) */ b.*
   from   일자 a, 주문 b
   where   a.일자 between '20110101' and '20110331'
   and   b.주문일자 = a.일자

105 거래 테이블이 아래와 같을 때, LOCAL PREFIXED 파티션 인덱스로 가장 적절한 것은?

> **아 래**
>
> ```
> create table 거래 ( 고객번호 varchar2(10), 종목코드 varchar2(20),
> 거래일시 date, … )
> partition by range (거래일시) (
>  partition p2010 values less than(to_date('20110101', 'yyyymmdd'))
> , partition p2011 values less than(to_date('20120101', 'yyyymmdd'))
> , partition p2012 values less than(to_date('20130101', 'yyyymmdd'))
> , partition p2013 values less than(to_date('20140101', 'yyyymmdd'))
> , partition pmax values less than(maxvalue)
> ) ;
> ```

① create index 거래_N1 on 거래(거래일시) local;
② create index 거래_N2 on 거래(고객번호) local;
③ create index 거래_N3 on 거래(종목코드) local;
④ create index 거래_N4 on 거래(종목코드, 거래일시) local;

106 아래를 참고할 때 거래_IDX1 인덱스에 해당하는 가장 적절한 파티션 인덱스는?

> **아 래**
>
> ```
> create table 거래 (
>    계좌번호 number,
>    상품번호 varchar2(6),
>    거래일자 varchar2(8),
>    거래량 number,
>    거래금액 number)
> partition by range(거래일자) (
>    partition p1 values less than('20110101')
> , partition p2 values less than('20120101')
> , partition px values less than( maxvalue )
> );
>
> create index 거래_idx2 on 거래(계좌번호, 거래일자) LOCAL;
> ```

① Global Prefixed
② Global Nonprefixed
③ Local Prefixed
④ Local Nonprefixed

107 배치(Batch) 프로그램 튜닝 방안으로 가장 적절하지 **않은** 것은?

① 시스템 사용자의 업무시간이 종료되자마자, 동시에 수행 가능한 모든
   배치 프로그램을 집중적으로 수행하여 총 소요시간을 단축한다.
② 개별 프로그램 측면에서도 최초 응답속도보다는 전체 처리속도 최적화를
   목표로 설정해야 한다.
③ 파티션과 병렬처리를 적절히 활용한다.
④ 여러 배치 프로그램에서 공통적으로 사용하는 집합을 정의해 이를
   임시 테이블로 생성한다.

108 오라클 병렬 프로세싱에 대한 설명으로 가장 적절하지 **않은** 것은?

① 일련의 처리 과정이 모두 병렬로 진행되도록 해야 병렬 효과를 극대화
   할 수 있다.
② 옵티마이저는 병렬 프로세스 간 통신량을 최소화하려고 노력한다.
③ 병렬 DML 시, Exclusive 모드 TM Lock이 걸려 해당 테이블을 갱신
   하는 다른 트랜잭션이 모두 블록킹되므로 주의해야 한다.
④ 병렬 Update는 Redo Log를 생성하지 않는다.

109 주문 테이블은 주문일자 기준으로 Range 파티셔닝, 고객번호 기준으로 Hash 서브 파티셔닝 되어 있는 상태다. 고객 테이블은 비파티션(Non-partitioned) 테이블이다. 등록된 고객 수는 100만 명이고, 월 평균 주문 레코드는 2,000만 건이다. 이 상태에서 두 테이블을 조인하는 병렬 쿼리를 수행했더니 평소보다 3배 이상 오래 걸렸고, 실행계획을 확인해 보니 아래와 같았다. 오라클에서 이 병렬 쿼리의 속도를 향상시키기 위해 추가해야 할 힌트로 가장 적절한 것은?

아래

```
select /*+ ordered use_hash(o) parallel(c 2) parallel(o 2) */
       o.고객번호, sum(o.주문금액), min(c.등급코드)
from   고객 c, 주문 o
where  o.고객번호 = c.고객번호
and    o.주문일자 between '20100901' and '20100930'
group by o.고객번호
```

Id	Operation	Name	Pstart	Pstop	TQ	IN-OUT
0	SELECT STATEMENT					
1	PX COORDINATOR					
2	PX SEND QC (RANDOM)	:TQ10003			Q1,03	P-)S
3	SORT GROUP BY				Q1,03	PCWP
4	PX RECEIVE				Q1,03	PCWP
5	PX SEND HASH	:TQ10002			Q1,02	P-)P
6	SORT GROUP BY				Q1,02	PCWP
7	HASH JOIN				Q1,02	PCWP
8	PX RECEIVE				Q1,02	PCWP
9	PX SEND HASH	:TQ10000			Q1,00	P-)P
10	PX BLOCK ITERATOR				Q1,00	PCWC
11	TABLE ACCESS FULL	고객			Q1,00	PCWP
12	PX RECEIVE				Q1,02	PCWP
13	PX SEND HASH	:TQ10001			Q1,01	P-)P
14	PX BLOCK ITERATOR		1	8	Q1,01	PCWC
15	TABLE ACCESS FULL	주문	1	8	Q1,01	PCWP

① pq_distribute(o none none)
② pq_distribute(o none broadcast)
③ pq_distribute(o partition none)
④ pq_distribute(o hash hash)

SQL

Professional·developer

제7장

Lock과 트랜잭션 동시성 제어

110 Lock 경합에 의한 성능 저하를 최소화하기 위한 가이드라인으로 가장 적절하지 <u>않은</u> 것은?

① 트랜잭션의 원자성을 훼손하지 않는 선에서 트랜잭션을 가능한 짧게 정의할 것
② 같은 데이터를 갱신하는 프로그램이 가급적 동시에 수행되지 않도록 트랜잭션을 설계할 것
③ select 문장에 for update 문장을 사용하지 말 것
④ 온라인 트랜잭션을 처리하는 DML 문장을 1순위로 튜닝하여 조건절에 맞는 최적의 인덱스를 제공할 것

111 MS-SQL Server에서 아래 UPDATE문과 블록킹 없이 동시 수행이 가능한 SQL로 가장 적절한 것은? (단, Transaction Isolation Level을 조정하지 않았고, Snapshot 관련 데이터베이스 설정도 초기값 그대로인 상황이다.)

아 래

[EMP]

EMPNO (PK)	ENAME	DEPTNO	SAL
7788	김철수	10	3000
7900	이정훈	20	5000
7903	정명훈	20	2000
8012	홍길동	30	6000

update emp set sal = sal * 1.1 where deptno = 20

① select * from emp where empno = 7900
② update emp set sal = sal * 1.1 where empno = 7900
③ delete from emp where empno = 7903
④ insert into emp(empno, ename, deptno, sal)
   values(8014, '이정훈', 40, 4000)

SQL Server의 공유 Lock은
트랜잭션이나 쿼리 수행이
완료될 때까지 유지되는 것이
아니라 다음 레코드가 읽히면
곧바로 해제된다. 단, 기본
트랜잭션 격리성 수준(Read
Committed)에서만 그렇다.
격리성 수준을 변경하지
않고도 트랜잭션 내에서
공유 Lock이 유지되도록
하려면 **테이블 힌트로
holdlock**을 지정하면 된다.
또한, 두 트랜잭션은
상대편 트랜잭션에 의한
공유 Lock이 해제되기 만을
기다리는 교착상태를
방지하려고 SQL Server는
갱신(Update) Lock을
두게 되었고, 이 기능을
사용하려면 updlock
힌트를 지정하면 된다.

**테이블 Lock 종류로는
아래 5가지가 있다.**
- Row Share(RS)
- Row Exclusive(RX)
- Share(S)
- Share Row
  Exclusive(SRX)
- Exclusive(X)

---

112 오라클 PL/SQL로 작성한 아래 프로그램을 MS-SQL Server T-SQL 구문으로 변환하고자 한다. 아래 FOR UPDATE 구문을 대신하기 위해 사용할 SQL Server 힌트로 가장 적절한 것은?

아 래

```
select  적립포인트, 구매실적, 방문횟수, 최근방문일자
into v_적립포인트, v_구매실적, v_방문횟수, v_최근방문일자
from    고객
where   고객번호 = 100
FOR UPDATE;

-- do anything ...

update 고객 set 적립포인트 = v_적립포인트 where 고객번호 = 100;
commit;
```

① from 고객 WITH (HOLDLOCK)
② from 고객 WITH (FORCESEEK)
③ from 고객 WITH (READPAST)
④ from 고객 WITH (TABLOCK)

113 아래와 같은 락(Lock) 모니터링 결과가 발생할 수 있는 SQL로 가장 적절한 것은?

아 래

```
SELECT a.SESSION_ID, a.LOCK_TYPE, a.MODE_HELD,
       a.MODE_REQUESTED, a.LOCK_ID1, a.LOCK_ID2
FROM   DBA_LOCK a, V$SESSION b
WHERE a.SESSION_ID = b.SID
AND    a.LOCK_TYPE IN ( 'Transaction', 'DML')
AND    b.USERNAME = USER;
```

SESSION_ID	LOCK_TYPE	MODE_HELD	MODE_REQUESTED	LOCK_ID1	LOCK_ID2
135	Transaction	Exclusive	None	131074	3098
135	DML	Exclusive	None	92614	0

① INSERT INTO EMP (EMPNO, ENAME) VALUES (1000, 'SQLP');
② UPDATE EMP SET SAL = 1000 WHERE EMPNO = 7369;
③ INSERT /*+ APPEND */ INTO EMP SELECT * FROM SCOTT.EMP;
④ SELECT * FROM EMP WHERE EMPNO = 7369 FOR UPDATE;

낮은 단계의 격리성
수준에서 발생할 수 있는
현상들

- **Dirty Read:**
  다른 트랜잭션에 의해
  수정됐지만 아직
  커밋되지 않은 데이터를
  읽는 것을 말한다.
- **Non-Repeatable Read :**
  한 트랜잭션 내에서 같은
  쿼리를 두 번 수행했는데,
  그 사이에 다른
  트랜잭션이 값을 수정
  또는 삭제하여 두 쿼리
  결과가 다르게 나타나는
  현상을 말한다.
- **Phantom Read :**
  한 트랜잭션 내에서 같은
  쿼리를 두 번 수행했는데,
  첫 번째 쿼리에서 없던
  유령(Phantom)
  레코드가 두 번째
  쿼리에서 나타나는
  현상을 말한다.

---

114 아래 쿼리를 수행했을 때 블로킹을 발생시키는 상황으로 적절한 것은?

```
아 래
```

```
[테이블]
CREATE TABLE t1 (
    c1 NUMBER,
    CONSTRAINT t1_pk PRIMARY KEY (c1)
);

[쿼리]
-- 세션1
INSERT INTO t1 VALUES (1);

-- 세션2
INSERT INTO t1 VALUES (1);
```

① 세션1 : TM-RX, 세션2 : TM-RX
② 세션1 : TM-RX, 세션2 : TM-X
③ 세션1 : TX-X , 세션2 : TX-S
④ 세션1 : TX-X , 세션2 : TX-X

---

115 데이터베이스 트랜잭션에 대한 격리성이 낮은 경우 발생할 수 있는 문제점
으로 가장 적절하지 <u>않은</u> 것은?

① Dirty Read : 다른 트랜잭션에 의해 수정되었고 아직 커밋되지 않은
데이터를 읽는 것을 말한다.
② Non-Repeatable Read : 한 트랜잭션 내에서 같은 쿼리를 두 번 수행했는
데, 그 사이에 다른 트랜잭션이 값을 수정 또는 삭제하는 바람에 두
쿼리 결과가 다르게 나타나는 현상을 말한다.
③ Phantom Read: 한 트랜잭션 내에서 같은 쿼리를 두 번 수행했는데,
첫 번째 쿼리에서 없던 유령 레코드가 두 번째 쿼리에서 나타나는
현상을 말한다.
④ Isolation : 트랜잭션이 실행되는 도중에 다른 트랜잭션의 영향을
받아 잘못된 결과를 만들어서는 안된다.

116 오라클에서 아래 저장 프로시저를 두 트랜잭션(TX1, TX2)이 동시에 실행할
때 발생할 수 있는 현상으로 가장 적절하지 <u>않은</u> 것은?

아 래

```
[PK]
예약현황        : 예약번호
예약변경이력 : 예약번호, 예약변경회차

[저장 프로시저]
create or replace procedure p (
   v_rsv_no          varchar2(10);
   v_rsv_seq         number;
IS
   v_max_rsv_seq      number;
begin

   delete
   from    예약변경이력
   where   예약번호 = v_rsv_no
   and     예약변경회차 = v_rsv_seq;

   insert into 예약변경이력 ( 예약번호, 예약변경회차 )
   values ( v_rsv_no, v_rsv_seq );

   select max(예약변경회차)
   into    v_max_rsv_seq
   from    예약변경이력
   where   예약번호 = v_rsv_no;

   merge into 예약현황 a
   using (select v_rsv_no        예약번호,
                 v_max_rsv_seq 최종예약변경회차
            from   dual
          ) b
    on ( a.예약번호 = v_rsv_no )
   when not matched then
        insert ( 예약번호, 최종예약변경회차 )
        values ( v_rsv_no,  v_max_rsv_seq );
   when matched then
        update set 최종예약변경회차 = v_max_rsv_seq;

   commit;
end;

[트랜잭션]
TX1 : exec p('2014000001', 1);
TX2 : exec p('2014000001', 2);
```

① 교착상태(Dead Lock)가 발생할 수 있다.
② 예약현황 테이블의 PK 제약 오류가 발생할 수 있다.
③ 예약현황 테이블의 최종예약변경회차 값이 잘못 입력될 수 있다.
④ 두 트랜잭션 모두 예약현황 테이블에 Row Exclusive(=SX) 모드로
   테이블 Lock(TM Lock)을 획득한다.

· 핵심정리 ·

트랜잭션 격리성 수준

- **Read Uncommitted :**
  트랜잭션에서 처리 중인
  아직 커밋되지 않은
  데이터를 다른
  트랜잭션이 읽는 것을
  허용한다.
- **Read Committed :**
  트랜잭션이 커밋되어
  확정된 데이터만 다른
  트랜잭션이 읽도록
  허용하여 Dirty Read를
  방지해준다.
- **Repeatable Read :**
  트랜잭션 내에서 쿼리를
  두 번 이상 수행할 때, 첫
  번째 쿼리에 있던
  레코드가 사라지거나
  값이 바뀌는 현상을
  방지해 준다.
- **Serializable Read :**
  트랜잭션 내에서 쿼리를
  두 번 이상 수행할 때,
  첫 번째 쿼리에 있던
  레코드가 사라지거나
  값이 바뀌지 않음은 물론
  새로운 레코드가
  나타나지도 않는다.

117 트랜잭션 내에서 쿼리를 두 번 이상 수행할 때 첫 번째 쿼리에 있던 레코드가
사라지거나 값이 바뀌는 현상을 방지해 주는 트랜잭션 격리성 수준 단계로
가장 적절한 것은?

① Read Uncommited
② Read Commited
③ Repeatable Read
④ Serializable Read

118 대부분의 DBMS가 채택하고 있는 기본 트랜잭션 격리성 수준(Transaction
Isolation Level)은?

① Read Uncommitted
② Read Committed
③ Repeatable Read
④ Serializable

119 트랜잭션 동시성 제어에 대한 설명으로 가장 적절하지 <u>않은</u> 것은?

① 비관적 동시성 제어(Pessimistic Concurrency Control)는 두 트랜 잭션이 같은 데이터를 동시에 수정할 것이라고 가정하고 데이터를 읽는 시점에 Lock을 설정하는 방식을 말한다.

② 낙관적 동시성 제어(Optimistic Concurrency Control)는 두 트랜 잭션이 같은 데이터를 동시에 수정하지 않을 것이라고 가정하고 데이 터를 읽는 시점에 Lock을 설정하지 않는 방식을 말한다. 이 방식에선 데이터 를 수정하는 시점에, 앞서 읽은 데이터가 다른 트랜잭션에 의해 변경 되었는지 반드시 확인해야 데이터 정합성을 유지할 수 있다.

③ 트랜잭션 격리성 수준(Transaction Isolation Level)을 Serializable로 상 향 조정하면 일반적으로 동시성과 일관성이 같이 높아진다.

④ 트랜잭션 격리성 수준(Transaction Isolation Level)을 Serializable로 상 향 조정하면 프로그램에서 별도로 동시성 제어를 하지 않아도 DBMS가 트랜 잭션 단위 일관성을 보장해 준다.

120 EMP 테이블 7788번 사원의 SAL 값이 현재 1000인 상황에서 아래 TX1, TX2 두 개의 트랜잭션이 동시에 수행되었다. 양쪽 트랜잭션이 모두 완료된 시점에 오라클과 SQL Server 환경에서의 7788번 사원의 SAL 값을 순서대로 나열한 것은? (단, Transaction Isolation Level을 조정하지 않았고, Snapshot 관련 데이터베이스 설정도 초기값 그대로인 상황이다.)

아래

⟨ TX1 ⟩		⟨ TX2 ⟩
update emp set sal = 2000 where empno = 7788 and sal = 1000 ;	t1	
	t2	update emp set sal = 3000 where empno = 7788 and sal = 2000 ;
commit;	t3	
	t4	commit;

① 2000, 2000

② 3000, 2000

③ 2000, 3000

④ 3000, 3000

121 다중버전 동시성 제어(Multiversion Concurrency Control, 이하 MVCC) 모델을 채택한 DBMS의 읽기 일관성 메커니즘에 대한 설명으로 가장 적절하지 않은 것은?

① 읽기 일관성을 위해 Undo 세그먼트(또는 버전 저장소)에 저장된 Undo(또는 Snapshot) 데이터를 활용한다.

② MVCC 모델은 기본적으로 완벽한 문장 수준 읽기 일관성을 보장한다.

③ MVCC 모델은 기본적으로 완벽한 트랜잭션 수준 읽기 일관성을 보장한다.

④ 트랜잭션 수준 읽기 일관성이란, 트랜잭션이 시작된 시점을 기준으로 일관성 있게 데이터를 읽어들이는 것을 말한다.

SQL

Professional·developer

SQL 전문가 실기문제

실기문제 1

아래 SQL은 주문내역을 집계하는 SQL이다. 주문, 주문상세 테이블은 YYYYMMDD + 8자리 순번 형식의 주문번호 칼럼으로 파티셔닝되어 있다. SQL과 실행계획을 분석하여 집계 성능을 개선하라. (단, 병렬실행은 고려하지 않음)

① 지문의 SQL을 변경하고 힌트를 기술하라. (단, 힌트는 조인방식과 조인순서에 대한 힌트만 기술)

② 병렬실행은 고려하지 않음

아 래

```
[오브젝트]
CREATE TABLE 주문 (
    주문번호      VARCHAR2(16) NOT NULL
  , 주문일시      DATE          NOT NULL
  , 주문유형코드  VARCHAR2(10) NOT NULL
  , CONSTRAINT 주문_PK PRIMARY KEY (주문번호) USING INDEX LOCAL
)
PARTITION BY RANGE (주문번호) (
    ...
  , PARTITION P_202201    VALUES LESS THAN ('20220201')
  , ...
  , PARTITION P_MAXVALUE VALUES LESS THAN (MAXVALUE)
);

CREATE TABLE 주문상세 (
    주문번호      VARCHAR2(16) NOT NULL
  , 주문상품코드  VARCHAR2(10) NOT NULL
  , 주문수량      NUMBER        NOT NULL
  , CONSTRAINT 주문상세_PK PRIMARY KEY (주문번호, 주문상품코드) USING INDEX LOCAL
)
PARTITION BY RANGE (주문번호) (
    ...
  , PARTITION P_202201    VALUES LESS THAN ('20220201')
  , ...
  , PARTITION P_MAXVALUE VALUES LESS THAN (MAXVALUE)
);

CREATE TABLE 상품 (
    상품코드      VARCHAR2(10)  NOT NULL
  , 상품명        VARCHAR2(100) NOT NULL
  , 상품유형코드  VARCHAR2(10)  NOT NULL
  , CONSTRAINT 상품_PK PRIMARY KEY (상품코드)
);

CREATE INDEX 주문_X1 ON 주문 (주문일시, 주문번호) LOCAL;
```

[SQL]
SELECT a.주문일시
      , b.상품명
      , a.주문수량_A01
      , a.주문수량_A02
  FROM (SELECT   TRUNC (a.주문일시) AS 주문일시
              , b.주문상품코드
              , SUM (DECODE (a.주문유형코드, 'A01', NVL (b.주문수량, 0))) AS 주문수량_A01
              , SUM (DECODE (a.주문유형코드, 'A02', NVL (b.주문수량, 0))) AS 주문수량_A02
          FROM 주문 a
             , 주문상세 b
         WHERE a.주문일시 >= TO_DATE ('2022-01-01', 'YYYY-MM-DD')
           AND   a.주문일시 <   TO_DATE ('2022-02-01', 'YYYY-MM-DD')
           AND   b.주문번호 = a.주문번호
         GROUP BY TRUNC (a.주문일시)
                , b.주문상품코드) a
     , 상품 b
 WHERE b.상품코드 = a.주문상품코드
   AND b.상품유형코드 = 'A01';

[실행계획]

```
| Id  | Operation                                | Name      | Pstart| Pstop | A-Rows |
-----------------------------------------------------------------------------------------
|  0  | SELECT STATEMENT                         |           |       |       |  310 |
|  1  |  NESTED LOOPS                            |           |       |       |  310 |
|  2  |   NESTED LOOPS                           |           |       |       |  31K |
|  3  |    VIEW                                  |           |       |       |  31K |
|  4  |     HASH GROUP BY                        |           |       |       |  31K |
|  5  |      NESTED LOOPS                        |           |       |       |  10M |
|  6  |       NESTED LOOPS                       |           |       |       |  10M |
|  7  |        PARTITION RANGE ALL               |           |   1   |  60   | 1000K |
|  8  |         TABLE ACCESS BY LOCAL INDEX ROWID| 주문      |   1   |  60   | 1000K |
|* 9  |          INDEX RANGE SCAN                | 주문_X1   |   1   |  60   | 1000K |
| 10  |        PARTITION RANGE ITERATOR          |           |  KEY  |  KEY  |  10M |
|* 11 |         INDEX RANGE SCAN                 | 주문상세_PK|  KEY  |  KEY  |  10M |
| 12  |       TABLE ACCESS BY LOCAL INDEX ROWID  | 주문상세  |   1   |   1   |  10M |
|* 13 |    INDEX UNIQUE SCAN                     | 상품_PK   |       |       |  31K |
|* 14 | TABLE ACCESS BY INDEX ROWID              | 상품      |       |       |  310 |
-----------------------------------------------------------------------------------------
```

실기문제 2

아래 SQL은 주문내역을 조회하는 SQL이다. SQL과 실행계획을 분석하여 조회 성능을 개선하라.

① 지문의 SQL을 변경하고 힌트를 기술하라. (단, 힌트는 조인방식과 조인순서에 대한 힌트만 기술)

아 래

```
[오브젝트]
CREATE TABLE 주문 (
    주문번호      NUMBER NOT NULL
  , 주문일시      DATE    NOT NULL
  , 주문고객번호 NUMBER NOT NULL
  , CONSTRAINT 주문_PK PRIMARY KEY (주문번호)
);

CREATE TABLE 주문상세 (
    주문번호      NUMBER        NOT NULL
  , 주문상품코드 VARCHAR2(10) NOT NULL
  , 주문수량      NUMBER        NOT NULL
  , CONSTRAINT 주문상세_PK PRIMARY KEY (주문번호, 주문상품코드)
);

CREATE TABLE 고객 (
    고객번호 NUMBER          NOT NULL
  , 고객명    VARCHAR2(100) NOT NULL
  , CONSTRAINT 고객_PK PRIMARY KEY (고객번호)
);

CREATE INDEX 주문_X1 ON 주문 (주문일시, 주문번호);
```

```
아래
```

[SQL]
SELECT *
  FROM (SELECT a.*
               , ROWNUM AS rn
          FROM (SELECT   TO_CHAR (a.주문일시, 'YYYY-MM-DD HH24:MI:SS') AS 주문일시
                       , a.주문번호
                       , b.주문수량
                       , c.고객명
                  FROM 주문 a
                     , 주문상세 b
                     , 고객 c
                 WHERE a.주문일시 >= TO_DATE ('2022-01-01', 'YYYY-MM-DD')
                   AND a.주문일시 < TO_DATE ('2022-01-02', 'YYYY-MM-DD')
                   AND b.주문번호 = a.주문번호
                   AND b.주문상품코드 = 'A01'
                   AND c.고객번호 = a.주문고객번호
                 ORDER BY 1) a)
 WHERE rn BETWEEN 101 AND 200;

[실행계획]
```

```

| Id | Operation | Name | A-Rows |

0	SELECT STATEMENT		100
* 1	VIEW		100
2	COUNT		1000
3	VIEW		1000
4	SORT ORDER BY		1000
5	NESTED LOOPS		1000
6	NESTED LOOPS		1000
7	NESTED LOOPS		100K
8	TABLE ACCESS BY INDEX ROWID BATCHED	주문	10K
* 9	INDEX RANGE SCAN	주문_X1	10K
10	TABLE ACCESS BY INDEX ROWID	주문상세	1000
* 11	INDEX UNIQUE SCAN	주문상세_PK	100K
* 12	INDEX UNIQUE SCAN	고객_PK	1000
13	TABLE ACCESS BY INDEX ROWID	고객	1000

```
```

실기문제 3

아래 UPDATE 문의 성능을 개선하라.

① 성능을 개선하기 위해 지문의 UPDATE 문을 변경하고 조인순서, 조인방식, 서브쿼리와 관련된 힌트를 기술하라.

② t1.c1, t2.c2 칼럼의 카디널리티는 실행계획과 유사하다고 가정

③ 병렬실행은 고려하지 않음

아 래

[오브젝트]
```
CREATE TABLE t1 (c1 NUMBER NOT NULL, c2 VARCHAR2(1) NOT NULL);
CREATE TABLE t2 (c1 NUMBER NOT NULL, c2 VARCHAR2(1) NOT NULL);

CREATE INDEX t1_x1 ON t1 (c1);
CREATE INDEX t2_x1 ON t2 (c2);
```

[UPDATE 문]
```
UPDATE t1
   SET c2 = 'Y'
 WHERE (    c1 = :v1
        OR c1 IN (SELECT c1
                    FROM t2
                   WHERE c2 = :v2));
```

[실행계획]

```
---------------------------------------------------------
| Id | Operation           | Name | Starts | A-Rows |
---------------------------------------------------------
|  0 | UPDATE STATEMENT    |      |     1  |     0  |
|  1 |  UPDATE             | T1   |     1  |     0  |
|* 2 |   FILTER            |      |     1  |   100  |
|  3 |    TABLE ACCESS FULL| T1   |     1  | 1000K  |
|* 4 |    TABLE ACCESS FULL| T2   |  999K  |    99  |
---------------------------------------------------------
```

Predicate Information (identified by operation id):
```
---------------------------------------------------------
   2 - filter(("C1"=:V1 OR   IS NOT NULL))
   4 - filter(("C1"=:B1 AND TO_NUMBER("C2")=:V2))
```

실기문제 4

주문 테이블 구조는 아래와 같으며, 파티셔닝하지 않았다.

COLUMN NAME	IS_PK	Nullable	DATA TYPE
주문번호	Y	NO	NUMBER
고객번호		NO	NUMBER
주문일시		NO	DATE
주문금액		NO	NUMBER
우편번호		NO	VARCHAR2(6)
배송지		NO	VARCHAR2(100)
연락처		YES	VARCHAR2(14)
메모		YES	VARCHAR2(100)

하루 주문 건수는 평균 2만 건이며, 10년치 데이터가 저장돼 있다.

주문 데이터를 조회하는 화면은 아래와 같다. 고객번호는 입력하지 않을 수 있지만, 주문일자는 항상 입력해야 한다. 주문일자로는 보통 3일을 입력하며, 최대 1주일까지 입력할 수 있다.

① 조회 버튼을 누를 때 수행할 최적의 SQL을 작성하시오.

　개발 정책 상, Dynamic SQL은 사용할 수 없다. 주문일시 기준 역순으로 정렬해야 하며, 부분범위처리는 허용되지 않는다. 즉, 조회된 결과 집합 전체를 그리드(Grid)에 출력해야 한다.

② 최적의 인덱스 구성안을 제시하시오.

실기문제 5

데이터 모델은 아래와 같다.

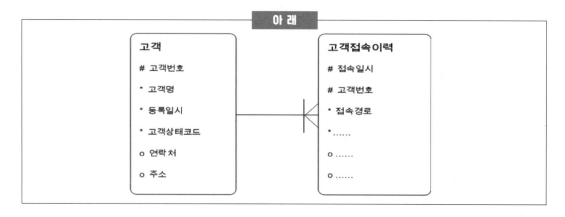

고객상태코드 = 'AC'인 고객을 조회해서 등록일시, 고객번호 순으로 출력하고자 한다. 출력하고자 하는 항목은 아래 그리드(Grid)와 같고, 가장 우측 최근접속일시는 최근 한 달 이내 마지막 접속일시를 의미하며, 접속이력이 없으면 Null을 출력한다.

※ 한달 전 날짜를 구하는 함수 → trunc(add_months(sysdate, -1))

'조회/다음' 버튼을 누르면, 매번 20건씩 데이터를 읽어 그리드 화면에 추가(Append)하는 방식으로 화면 페이징 처리를 구현해야 하고, '파일로 출력' 버튼을 누르면 전체 조회 데이터를 파일로 일괄 저장하도록 구현해야 한다.

두 조회 버튼에 대한 ① 최적의 SQL을 각각 작성하고, ② 최적의 인덱스 구성안을 제시하시오.

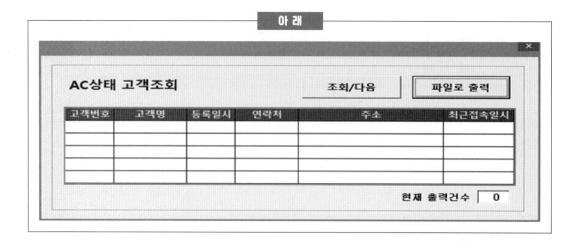

[요건]
1. 각 조회버튼에 대한 성능요건
① 조회/다음 : 응답속도(Response Time)를 빠르게 튜닝하는 것이 가장 중요
② 파일로 출력 : 전체 처리속도와 시스템 리소스 사용량을 최소화하는 것이 가장 중요

2. (조회/다음 버튼 클릭 시) 화면 페이징 처리 요건
① 조회/다음 버튼을 계속 눌러 뒤쪽 페이지로 많이 이동하는 경우가 간혹 있지만, 대개 3페이지 이내만 조회하고 멈추는 업무임(→ 페이지마다 인덱스 스캔 시작점을 찾기 위해 UNION ALL 방식으로 복잡하게 구현하지 않아도 된다는 의미임)
② 페이징 방식으로 조회하는 동안 새로운 데이터가 등록되거나 기존 데이터가 삭제되는 경우를 고려하지 않아도 됨
③ 향후에 혹시 인덱스 구성이 변경되더라도 결과집합은 정확히 보장되도록 구현해야 함

3. View Merging, Join Predicate Pushdown 등 Query Transformation이 작동하지 않는 DBMS 버전을 사용 중임

4. 인덱스 설계 시, 성능에 도움이 안 되는 칼럼을 추가하면 오히려 감점이 될 수 있으므로 주의

5. 병렬처리 불가

[데이터 분포 및 테이블 구성]

고객 테이블
- 비파티션
- 총 고객수 = 10만명
- 고객상태코드 'AC'인 고객수 = 2만명

고객접속이력 테이블
- 총 데이터 건수 : 1,000만건
- 접속일시 기준 월단위 Range 파티션
- 고객접속이력_PK은 Local Partitioned Index

실기문제 6

주문, 배송, 고객 정보를 읽어 주문배송 테이블에 입력하는 야간 배치(Batch) 프로그램을 튜닝하려고 한다. 대상 주문 데이터는 2016년 6월부터 8월까지 3개월치다. 월별 주문건수는 1,000만 건이다. 월별 배송건수는 900만 건이다. 배송은 주문이 완료된 후에 시작된다. 고객 수는 500만 명이다.

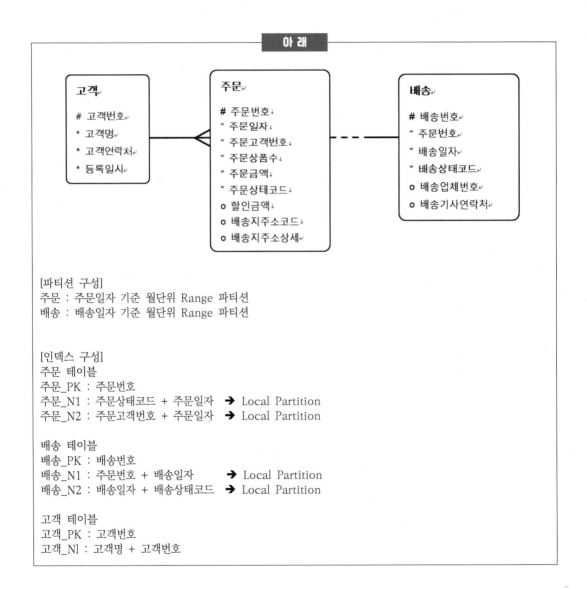

[파티션 구성]
주문 : 주문일자 기준 월단위 Range 파티션
배송 : 배송일자 기준 월단위 Range 파티션

[인덱스 구성]
주문 테이블
주문_PK : 주문번호
주문_N1 : 주문상태코드 + 주문일자   ➔ Local Partition
주문_N2 : 주문고객번호 + 주문일자   ➔ Local Partition

배송 테이블
배송_PK : 배송번호
배송_N1 : 주문번호 + 배송일자   ➔ Local Partition
배송_N2 : 배송일자 + 배송상태코드   ➔ Local Partition

고객 테이블
고객_PK : 고객번호
고객_N1 : 고객명 + 고객번호

아래 병렬 SQL과 예상실행계획을 분석해 가장 빠르게 수행할 수 있도록 SQL을 재작성하시오.

-. 옵티마이저 힌트 변경이 필요하면 SQL문장에 정확히 기술
-. 야간 배치용 SQL이므로 다른 트랜잭션에 의한 동시 DML 없음
-. 세션 파라미터 변경이 필요하면, 설정 값 제시
-. 인덱스 구성 변경이 필요하면, 변경안 제시
-. 파티션 구성은 변경 불가
-. 시스템 운영 정책상 허용된 최대 Parallel Degree = 4

아 래

```
insert into 주문배송 t
select /*+ leading(o) use_nl(d) index(d) full(o) parallel(o 4) */
       o.주문번호, o.주문일자, o.주문상품수, o.주문상태코드, o.주문고객번호
     , (select 고객명 from 고객 where 고객번호 = o.주문고객번호) 고객명
     , d.배송번호, d.배송일자, d.배송상태코드, d.배송업체번호, d.배송기사연락처
from   주문 o, 배송 d
where  o.주문일자 between '20160601' and '20160831'
and    o.주문번호 = d.주문번호
```

```
-------------------------------------------------------------------------------------
| Id  | Operation                              | Name      | Rows | Pstart | Pstop |   TQ  | IN-OUT |
-------------------------------------------------------------------------------------
|   0 | INSERT STATEMENT                       |           | 30M  |        |       |       |        |
|   1 |  LOAD TABLE CONVENTIONAL               | 주문배송   |      |        |       |       |        |
|   2 |   TABLE ACCESS BY INDEX ROWID          | 고객       |  1   |        |       |       |        |
|*  3 |    INDEX UNIQUE SCAN                    | 고객_PK    |  1   |        |       |       |        |
|   4 |   PX COORDINATOR                        |           |      |        |       |       |        |
|   5 |    PX SEND QC (RANDOM)                  | :TQ10000  | 30M  |        |       | Q1,00 | P->S   |
|   6 |     NESTED LOOPS                        |           | 30M  |        |       | Q1,00 | PCWP   |
|   7 |      NESTED LOOPS                       |           | 30M  |        |       | Q1,00 | PCWP   |
|   8 |       PX BLOCK ITERATOR                 |           | 30M  |   62   |  64   | Q1,00 | PCWC   |
|*  9 |        TABLE ACCESS FULL                | 주문       | 30M  |   62   |  64   | Q1,00 | PCWP   |
|  10 |       PARTITION RANGE ALL               |           |  1   |    1   |  65   | Q1,00 | PCWP   |
|* 11 |        INDEX RANGE SCAN                 | 배송_N1    |  1   |    1   |  65   | Q1,00 | PCWP   |
|  12 |       TABLE ACCESS BY LOCAL INDEX ROWID | 배송       |  1   |    1   |   1   | Q1,00 | PCWP   |
-------------------------------------------------------------------------------------

Predicate Information (identified by operation id):
---------------------------------------------------

   3 - access("고객번호"=:B1)
   9 - filter("O"."주문일자"<='20160831')
  11 - access("O"."주문번호"="D"."주문번호")
```

SQL
자격검정
실전문제

정답 및 해설

Kdata 한국데이터산업진흥원

SQL
자격검정
실전문제

정답 및 해설

Kdata 한국데이터산업진흥원

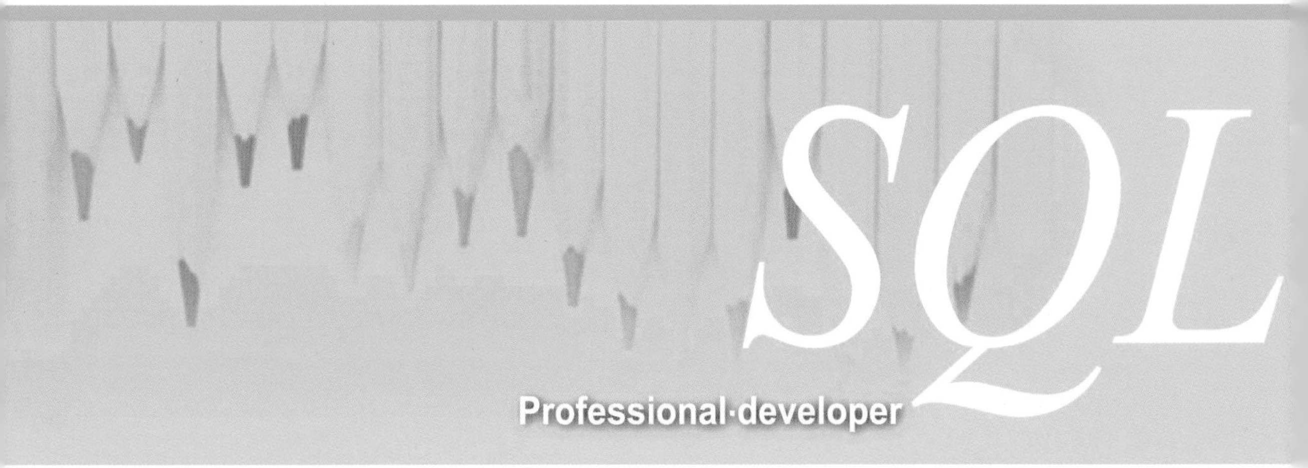
SQL
Professional·developer

SQL 자격검정 실전문제
정답 및 해설

목차

과목 Ⅰ 데이터 모델링의 이해

제1장 데이터 모델링의 이해

1. ②
   해설 : 모델링은 단지 시스템 구현만을 위해 수행하는 태스크가 아니며, 시스템 구현을 포함한 업무분석 및 업무형상화를 하는 목적도 있다.

2. ③
   해설 : 데이터 모델링을 하는 첫 번째 목적은 업무정보를 구성하는 기초 정보들을 일정한 표기법으로 표현하여 정보시스템 구축의 대상이 되는 업무 내용을 정확하게 분석하는 것이다. 두 번째는 분석된 모델로 실제 데이터베이스를 생성하여 개발 및 데이터관리에 사용하기 위한 것이다. 다시 말하면, 데이터 모델링이라는 것은 단지 데이터베이스만을 구축하기 위한 용도로 쓰이는 것이 아니라 데이터 모델링 자체로도 업무를 설명하고 분석하는 부분에서 매우 중요한 의미가 있다고 할 수 있다.

3. ③
   해설 : 데이터 모델링을 할 때 유의할 사항은 중복성, 비유연성, 비일관성 등이다.
   유의사항1 : 중복(Duplication)
   데이터 모델은 같은 데이터를 사용하는 사람, 시간, 그리고 장소를 파악하는 데 도움을 주어 데이터베이스가 여러 장소에 같은 정보를 저장하는 잘못을 하지 않도록 한다.
   유의사항2 : 비유연성(Inflexibility)
   데이터 모델을 어떻게 설계했느냐에 따라 사소한 업무변화에도 데이터 모델이 수시로 변경되어 유지보수의 어려움을 가중시킬 수 있다. 데이터의 정의를 데이터의 사용 프로세스와 분리함으로써 데이터 모델링은 데이터 혹은 프로세스의 작은 변화가 애플리케이션과 데이터베이스에 중대한 변화를 일으킬 수 있는 가능성을 줄인다.
   유의사항3 : 비일관성(Inconsistency)
   데이터 중복이 없더라도 비일관성은 발생할 수 있는데, 예를 들면 신용 상태에 대한 갱신 없이 고객의 납부 이력 정보를 갱신하는 경우이다. 개발자가 서로 연관된 다른 데이터와 모순된다는 고려 없이 일련의 데이터를 수정할 수 있기 때문에 이와 같은 문제가 발생할 수 있다. 데이터 모델링을 할 때 데이터와 데이터 간의 상호 연관 관계에 대해 명확하게 정의한다면 이러한 위험을 사전에 예방하는 데 도움을 줄 수 있다.
   사용자가 처리하는 프로세스 혹은 이와 관련된 프로그램과 테이블의 연계성을 높이는 것은 데이터 모델이 업무 변경에 대해 취약하게 만드는 단점에 해당한다.

4. ②

해설 : 데이터 모델링 시의 유의점에 대한 사항 중 비유연성(Inflexibility)에 대한 설명이다.
데이터 모델을 어떻게 설계했느냐에 따라 사소한 업무변화에도 데이터 모델이 수시로 변경되어 유지보수의 어려움을 가중시킬 수 있다. 데이터의 정의를 데이터의 사용 프로세스와 분리함으로써 데이터 모델링은 데이터 혹은 프로세스의 작은 변화가 애플리케이션과 데이터베이스에 중대한 변화를 일으킬 수 있는 가능성을 줄인다.

5. ③

해설 : 여러 사용자 관점으로 구성하는 것은 외부스키마이다.

6. ②

해설 : 데이터베이스 스키마 구조는 3단계로 구분되고 각각은 상호 독립적인 의미를 가지고 고유한 기능을 가진다. 그중 통합관점의 스키마 구조를 표현한 것을 개념 스키마(Conceptual Schema)라고 하며, 데이터 모델링은 통합관점의 뷰를 가지고 있는 개념 스키마를 만들어가는 과정으로 이해할 수 있다.

7. ④

해설 : 부모 엔터티에 데이터가 입력될 때 자식 엔터티에 해당 값이 존재하는지의 여부와 상관없이 입력될 수 있는 구조로 표현되어 있기 때문에, 고객 엔터티에 새로운 고객번호 데이터를 입력하는 것은 주문 엔터티에 해당 고객번호가 존재하고 있는지의 여부와 상관없이 가능하다.

8. ④

해설 : 엔터티를 어디에 배치하는가에 대한 문제는 필수사항은 아니지만 데이터 모델링 툴 사용 여부와 상관없이 데이터 모델의 가독성 측면에서 중요하다. 일반적으로 사람의 눈은 왼쪽에서 오른쪽, 위쪽에서 아래쪽으로 이동하는 경향이 있기 때문에, 데이터 모델링에서도 가장 중요한 엔터티를 왼쪽 상단에 배치하고, 이것을 중심으로 다른 엔터티를 나열하면서 전개하면 사람의 눈이 따라가기에 편리한 데이터 모델을 작성할 수 있다. 해당 업무에서 가장 중요한 엔터티는 왼쪽 상단에서 조금 아래쪽 중앙에 배치하여 전체 엔터티와 어울릴 수 있도록 하면 향후 관련 엔터티와 관계선을 연결할 때 선이 꼬이지 않고 효과적으로 배치할 수 있게 된다.

9. ②

해설 : 병원은 S병원 1개이므로 엔터티로 성립되지 않으며, 이름, 주소는 엔터티의 속성으로 인식될 수 있다. 엔터티는 2개 이상의 속성과 2개 이상의 인스턴스를 가져 소위 면적으로 표현될 수 있어야 비로소 기본적인 엔터티의 자격을 갖췄다 할 수 있으므로 '여러 명'의 복수 인스턴스와 이름, 주소 등의 복수 속성을 가진 '환자'가 엔터티로 가장 적절하다고 할 수 있다.

10. ③

해설 : 엔터티의 특징은 다음과 같다.

- 첫 번째, 반드시 해당 업무에서 필요하고 관리하고자 하는 정보이어야 한다.
  (예. 환자, 토익의 응시횟수…)
- 두 번째, 유일한 식별자에 의해 식별이 가능해야 한다.
- 세 번째, 영속적으로 존재하는 (두 개 이상의) 인스턴스의 집합이어야 한다.
  ("한 개"가 아니라 "두 개 이상")
- 네 번째, 엔터티는 업무 프로세스에 의해 이용되어야 한다.
- 다섯 번째, 엔터티는 반드시 속성이 있어야 한다.
- 여섯 번째, 엔터티는 다른 엔터티와 최소 한 개 이상의 관계가 있어야 한다.

11. ①

해설 : 엔터티의 중요한 특징의 하나는 다른 엔터티와 관계를 가져야 한다는 것이다. 그러나 공통코드, 통계성 엔터티의 경우는 관계를 생략할 수 있다.

12. ①

해설 : 엔터티의 발생 시점에 따라 기본 엔터티, 중심 엔터티, 행위 엔터티로 구분할 수 있다.

13. ①

해설 : 엔터티를 명명하는 일반적인 기준은 다음과 같다. 용어를 사용하는 모든 표기법이 다 그렇듯이 첫 번째는 가능하면 현업 업무에서 사용하는 용어를 사용한다. 두 번째는 가능하면 약어를 사용하지 않는다. 세 번째는 단수명사를 사용한다. 네 번째는 모든 엔터티를 통틀어서 유일하게 이름이 부여되어야 한다. 다섯 번째는 엔터티 생성의미대로 이름을 부여한다.

14. ②

해설 : 속성이란 사전적인 의미로는 사물(事物)의 성질, 특징 또는 본질적인 성질이다. 그것이 없다면 실체를 생각할 수 없는 것으로 정의할 수 있다. 본질적 속성이란 어떤 사물 또는 개념에 없어서는 안 될 징표(徵表)의 전부이다. 이 징표는 사물이나 개념이 어떤 것인지를 나타내고 그것을 다른 것과 구별하는 성질이라고 할 수 있다. 이런 사전적인 정의 외에 데이터 모델링 관점에서 속성을 정의하자면, "업무에서 필요로 하는 인스턴스에서 관리하고자 하는 의미상 더 분리되지 않는 최소의 데이터 단위" 로 정의할 수 있다. 업무상 관리가 가능한 최소의 의미 단위로 생각할 수 있고, 이것은 엔터티에서 한 분야를 담당하고 있다.

15. ③

해설 : 하나의 인스턴스에서 각각의 속성은 한 개의 속성값을 가져야 한다.

16. ②

해설 : 2차 정규형

  - 1st NF를 만족하고, 모든 Non-key 칼럼은 기본키 전체에 종속되어야 한다.
  - 즉, 기본키에 종속적이지 않거나 기본키 일부 칼럼(들)에만 종속적인 칼럼은 분리되어야 한다.
  - 위 문제는 주문상품 엔터티의 주문상품명은 주문상품 코드에만 종속적이다.

17. ①

해설 : 데이터를 조회할 때 성능을 빠르게 하기 위해 원래 속성의 값을 계산하여 저장할 수 있도록 만든 속성을 파생속성(Derived Attribute)이라 한다.

18. ④

해설 : 각 엔터티(테이블)의 속성에 대해서 어떤 유형의 값이 들어가는지를 정의하는 개념은 도메인(Domain)에 해당한다.

19. ③

해설 : 속성의 명칭은 모호하지 않게, 복합 명사를 사용하여 구체적으로 명명하여 전체 데이터모델에서 유일성을 확보하는 것이 반정규화, 통합 등의 작업을 할 때 혼란을 방지할 수 있는 방법이 된다.

20. ④

해설 : 연관관계는 소스코드에서 멤버변수로 선언하여 사용하게 하고 의존관계는 오퍼레이션에서 파라미터 등으로 이용할 수 있도록 되어 있다.

21. ②

해설 : 관계 표기법은 관계명, 관계차수, 선택성(선택사양)의 3가지 개념으로 표현한다.

22. ②

해설 : 물리적 독립성은 물리 스키마가 변경되어도 논리 스키마에 영향을 주지 않는다. 물리적 독립성은 파일 저장구조의 변경이 논리 스키마와 응용 프로그램에 영향을 주지 않는다.

23. ②

해설 : 관계의 기수성을 나타내는 개념은 관계차수에 해당한다.

24. ③

해설 : ③ '업무기술서, 장표에 관계연결을 가능하게 하는 동사(Verb)가 있는가?' 가 되어야 한다. 동사는 관계를 서술하는 업무기술서의 가장 중요한 사항이다.

25. ④

해설 : 4개의 항목 모두 관계를 정의할 때 점검해야 할 항목이다.

26. ④

해설 : - 주식별자에 의해 엔터티 내에 모든 인스턴스들이 유일하게 구분되어야 한다.
   - 주식별자를 구성하는 속성의 수는 유일성을 만족하는 최소의 수가 되어야 한다.
   - 지정된 주식별자의 값은 자주 변하지 않는 것이어야 한다.
   - 주식별자가 지정이 되면 반드시 값이 들어와야 한다.

27. ④

해설 : 사번은 업무적으로 의미 있는 식별자로 시스템적으로 부여된 인조식별자가 아니라 일반적으로 사원 인스턴스의 탄생과 함께 업무적으로 부여되는 사원 인스턴스의 본질적인 속성에 해당한다 할 수 있기 때문에 본질식별자로 볼 수 있다.

28. ②

해설 : 명칭, 내역 등과 같이 이름으로 기술되는 것들은 주식별자로 지정하기에 적절하지 않다. 특히 사람의 이름은 동명이인이 있을 수 있기 때문에 주식별자로서 더더욱 부적절하다.

29. ②

해설 : 식별자 특징 중 존재성은 주식별자는 반드시 데이터값이 존재함을 의미한다.

30. ③

해설 : SQL 문의 조인관계를 최소화하기 위해 식별자 관계로 연결해야 한다.

31. ③

해설 : 식별자는 대표성 여부에 따라 주식별자와 보조식별자, 스스로 생성 여부에 따라 내부식별자와 외부식별자, 속성의 수에 따라 단일식별자, 복합식별자, 대체여부에 따라 본질식별자, 인조식별자로 구분된다. 위의 문제에서 가)는 주식별자, 나)는 보조식별자, 다)는 본질식별자, 라)는 외부식별자를 설명하고 있다.

32. ②

해설 : 도메인은 속성이 가질 수 있는 값의 범위를 의미하며, 엔터티 내에서 속성에 대한 데이터 타입과 크기, 여러 가지 제약 사항 등을 지정하는 것이다.

33. ①

해설 : 업무분석을 통해 바로 정의한 속성을 기본속성(Basic Attribute), 원래 업무상 존재하지는 않지만 설계를 하면서 도출해 내는 속성을 설계속성(Designed Attribute), 다른 속성으로부터 계산이나 변형이 되어 생성되는 속성을 파생속성(Derived Attribute)이라고 한다. 일반속성은 엔터티 구성방식에 따른 분류 속성으로 엔터티에 포함되어 있고 PK, FK에 포함되지 않은 속성이다.

제2장 데이터 모델과 SQL

34. ③

해설 : ab는 자신인 ab와 cde를 결정하므로 모든 속성을 결정한다. 따라서 후보 키가 된다.
e → b 양쪽에 a를 추가하면 ae → ab 이고 ab → cde 이므로 ae → cde
ae는 모든 속성을 결정한다. 따라서 후보 키가 된다.
d → ab이고, ab → cde이므로 d → cde이다. d는 모든 속성을 결정한다. 따라서 후보 키가 된다.

35. ②

해설 : 제2정규형에서 엔터티의 일반 속성은 주식별자에 함수 종속이다. 주문상세 엔터티(entity)의 주식별자는 (주문번호, 상품번호)이지만, 상품번호→상품명의 함수 종속관계가 존재하므로, 제2정규형에 맞지 않는다.

36. ③

해설 : 함수 종속성의 규칙에 따라 {관서번호} → {관리점번호, 관서명, 상태, 관서등록일자}인 관서번호가 PK인 엔터티가 2차 정규화로 분리되어야 한다.

37. ④

해설 : 정규화로 인해 조회성능이 저하될 수 있다. 이 때문에 반정규화를 고려한다.

38. ④

해설 : 칼럼에 의한 반복적인 속성값을 갖는 형태는 속성의 원자성을 위배한 1차 정규화의 대상이 된다. 이와 같은 반복적인 속성 나열 형태에서는 각 속성에 대해 'or' 연산자로 연결된 조건들이 사용되는데, 이때 어느 하나의 속성이라도 인덱스가 정의되지 않으면 'or'로 연결된 모든 조건절들이 인덱스를 사용하지 않고 한 번의 전체 데이터 스캔으로 처리되게 되어 성능 저하가 나타날 수 있다. 또한 모든 반복 속성에 인덱스를 생성하면 검색 속도는 좋아지겠지만 반대로 너무 많은 인덱스 때문에 입력, 수정, 삭제의 성능이 저하되므로, 1차 정규화로 자연스럽게 문제가 해결될 수 있도록 해야 한다.

39. ③

해설 : 3차 정규화까지 수행하면 학과, 학생, 교수, LAB실이용신청, (도서)대출, 대출도서, 도서 이렇게 총 7개의 엔터티가 도출된다.

40. ③

해설 : 어떤 릴레이션 R이 제2정규형이고, 기본 키에 속하지 않은 속성 모두가 기본 키에 이행적 함수 종속이 아닐 때 제3정규형에 속한다.

41. ①

해설 : 정규화는 논리 데이터 모델 상세화 과정의 대표적인 활동으로, 논리 데이터 모델의 일관성을 확보하고 중복을 제거하여 속성들이 가장 적절한 엔터티에 배치되도록 함으로써 보다 더 신뢰성 있는 데이터구조를 얻는 데 목적이 있다.

42. ②

해설 : 부모의 식별자를 자식의 식별자에 포함하면 식별관계, 부모의 식별자를 자식의 일반속성으로 상속하면 비식별관계라고 할 수 있다.

43. ②

해설 : 제2정규형에 대한 설명이다.

44. ①

해설 : PK에 대해 반복이 되는 그룹(Repeating)이 존재하지 않으므로 1차 정규형이라고 할 수 있으며, 부분 함수종속의 규칙을 가지고 있으므로 2차 정규형이라고 할 수 없음. 2차 정규화의 대상이 되는 엔터티임.

45. ①

해설 : 1정규화로 모든 속성은 반드시 하나의 값만을 가져야 한다.

46. ③

해설 : NULL은 공백문자(Empty String) 혹은 숫자 0과 동일하지 않다.

47. ①

해설 : 해당 작업은 제2정규화을 수행한 것에 해당하며, (B)는 2차 정규형뿐만 아니라 3차 정규형도 만족한다. 또한 정규화를 수행하면 일반적으로 검색 작업의 성능이 저하된다.

48. ②

해설 : A와 B가 하나의 트랜잭션으로 묶여 처리되어야 하므로 커밋은 A와 B를 모두 수행한 다음에 해주어야 한다.

49. ①

해설 : NULL 값과 어떤 숫자를 비교한 결과는 항상 unknown이다. "NULL = NULL" 연산의 결과는 FALSE 또는 unknown이다. 집계 함수를 계산할 때 NULL 값은 0이 아니라 계산에서 제외된다.

50. ④

해설 : 인조식별자는 단점도 존재하므로 꼭 필요한 경우에만 사용하는 것이 바람직하다.

과목 II SQL 기본 및 활용

제1장 SQL 기본

1. ④

    해설 : 데이터 제어어(DCL, Data Control Language)는 데이터베이스에 접근하고 객체들을 사용할 수 있도록
    권한을 부여하거나 회수하는 명령어로 GRANT, REVOKE 등이 있다.

2. ①

    해설 : 데이터의 수정 시 사용하는 DML 구문이다.

3. ③

    해설 : Transaction를 제어하는 명령어는 TCL(Transaction Control Language)이다.

4. ③

    해설 : SELECT , FROM은 필수이므로 생략되면 에러가 발생된다.

5. ①

    해설 : DDL(Data Definition Language) : CREATE, DROP, ALTER, RENAME
    DML(Data Modification Language) : SELECT, INSERT, UPDATE, DELETE
    DCL(Data Control Language): GRANT, REVOKE
    TCL(Transaction Control Language) : COMMIT, ROLLBACK

6. ②

    해설 : 데이터의 구조를 정의하는 명령어는 DDL(데이터 정의어)에 해당하며 CREATE, ALTER, DROP,
    RENAME 이 있다.

7. ①

    해설 : WHERE 절은 SQL을 이용하여 데이터베이스로부터 데이터를 검색할 때 조회되어야 하는 데이터를 필터링
    하는 데 사용된다.

8. ③

    해설 : WHERE 절에는 집계 함수를 사용할 수 없다.

9. ③

    해설 : A. SELECT SUM(COL2) + SUM(COL3) FROM TAB_A;
    첫 번째 행 COL2의 NULL은 SUM 연산 대상에서 제외된다.

B. SELECT SUM(COL2) + SUM(COL3) FROM TAB_A WHERE COL1 > 0;
COL1이 NULL인 두 번째 행은 NULL 연산 제외 조건으로 제외된다.
COL1이 0인 세 번째 행은 COL1 > 0 조건으로 연산 대상에서 제외된다.
C. SELECT SUM(COL2) + SUM(COL3) FROM TAB_A WHERE COL1 IS NOT NULL;
COL1이 NULL인 두 번째 행은 NOT NULL 조건으로 인해 제외된다.
첫 번째 행 COL2의 NULL은 SUM 연산 대상에서 제외된다.

10. ①

해설 : NULL 값을 조건절에서 사용하는 경우 IS NULL, IS NOT NULL이란 키워드를 사용해야 한다.

11. ④

해설 : ① 서비스번호 칼럼의 모든 레코드가 '001'과 같은 숫자형식으로 입력되어 있어야 오류가 발생하지 않는다.
② ⓛ과 같이 데이터를 입력하면 서비스명 칼럼의 데이터에 대해서 오라클에서는 NULL로 입력된다.
③ ⓛ과 같이 데이터가 입력되어있을 때 오라클에서 데이터를 조회하려면 서비스명 IS NULL 조건으로 조회하여야 한다.
④ ⓛ과 같이 데이터가 입력되어 있을 때 SQL Server에서 데이터를 조회하려면 서비스명 = " 로 조회하여야 한다.

12. ④

해설 : LTRIM은 첫 번째 인자 값인 문자열의 왼쪽 첫 문자부터 확인해서 두 번째 인자 값인 지정문자가 나타나면 해당 문자를 제거한다. 다른 문자 사이 또는 오른쪽에 있는 지정 문자는 제거되지 않는다. 따라서, LTRIM('xxYYZZxYZxx','x')의 결과는 'YYZZxYZxx' 이다.

13. ④

해설 : ①, ②, ③번 SQL은 모두 가입이 2014년 12월 01일 00시에 발생했고 서비스 종료일시가 2015년 01월 01일 00시 00분 00초와 2015년 01월 31일 23시 59분 59초 사이에 만료되는 데이터를 찾는 조건이다. ④번 SQL은 가입 조건은 동일하지만, 서비스 종료일시가 2015년 01월 01일 00시 00분 00초에 종료되는 SQL을 찾는 조건이다.

14. ④

해설 : ① 집계 함수의 통계 정보는 NULL 값을 가진 행을 제외하고 수행한다.
② GROUP BY 절에서는 SELECT 절과는 달리 ALIAS 명을 사용할 수 없다.
③ 집계 함수는 WHERE 절에는 올 수 없다. (집계 함수를 사용할 수 있는 GROUP BY 절보다 WHERE 절이 먼저 수행된다)

15. ③

해설 : 라인수를 구하기 위해서 함수를 이용해서 작성한 SQL이다.
LENGTH : 문자열의 길이를 반환하는 함수
CHR : 주어진 ASCII 코드에 대한 문자를 반환하는 함수 (CHR(10) -> 줄바꿈)

REPLACE : 문자열을 치환하는 함수 (REPLACE(C1, CHR(10)) -〉 줄바꿈 제거)

함수 결과 값

ROWNUM	C1	LENGTH(C1)	REPLACE(C1, CHR(10))		LENGTH(REPLACE(C1, CHR(10)))
1	A A	3	변경 전 A A	변경 후 AA	2
2	B B B	5	변경 전 B B B	변경 후 BBB	3

16. ③

해설 : 오라클에서 날짜의 연산은 숫자의 연산과 같다. 특정 날짜에 1을 더하면 하루를 더한 결과와 같으므로 1/24/60 = 1분을 의미한다. 1/24/(60/10) = 10분과 같으므로 2015년 1월 10일 10시에 10분을 더한 결과와 같다.

17. ②

해설 : = 조건만 있는 경우 검색 CASE 표현식을 단순 CASE 표현식으로 변환할 수 있다. 올바른 DECODE 함수의 표기법은 DECODE (LOC, 'NEW YORK', 'EAST', 'ETC') 이다.

18. ④

해설 : ④는 CASE 문장에서 데이터가 없는 경우를 0으로 표시해야(ELSE 0), 다른 3개의 지문과 같은 결과가 나온다.

19. ②

해설 : HAVING은 주로 집계 함수(COUNT,SUM,AVG,MAX..) 결과에 대한 조건을 확인하는 용도로 사용한다.

20. ①

해설 : NULLIF 함수는 EXPR1이 EXPR2와 같으면 NULL을, 같지 않으면 EXPR1을 리턴한다.
특정 값을 NULL로 대체하는 경우에 유용하게 사용할 수 있다.
NULLIF (EXPR1, EXPR2)

21. ④

해설 : 첫 번째 결과 칼럼인 DEPT를 역순 정렬하여 나머지와 결과가 다르다.

22. ①

해설 : ①은 % 위치에 아무런 문자가 들어가지 않을 수도 있다. 따라서 S가 첫 문자가 될 수도 있으므로 옳지 않다.

23. ①

해설 : GROUP BY절 - 데이터들을 작은 그룹으로 분류해 소그룹에 대한 항목별 통계 정보를 얻을 때 사용한다.
DESC - 조회한 테이블을 내림차순으로 정렬한다.

24. ④

해설 : Gangneung Wonju 문자열에서 8번째 문자인 n에서부터 4개 문자를 출력함 'ng W'

25. ②

해설 : 광고게시 테이블에서 광고매체ID별로 광고시작일자가 가장 빠른 데이터를 추출하는 SQL을 작성해야
한다.
①의 경우 연관 서브쿼리를 활용하는 방법이지만, 이를 활용하기 위해서는 WHERE 절에서 사용되어야
한다.(Inline View에서는 사용할 수 없다)
③은 광고ID별로 광고매체ID와 광고시작일자의 최솟값을 출력하므로 틀린 결과이다.
④은 광고게시의 전체데이터에서 광고매체ID의 최솟값과 광고시작일자의 최솟값을 가져오므로 틀린 결과
이다.

26. ④

해설 : 3과 4사이에서 SAVEPOINT A 이후의 모든 트랜잭션을 롤백했기 때문에 2,3번 트랜잭션은 모두
취소된다.

27. ①

해설 : GROUP BY 절은 NULL 데이터도 집계에 포함하므로 COLB 칼럼의 값에 NULL이 있는 행도 결과로
출력된다. MIN, MAX 함수는 NULL 칼럼의 값이 NULL이 아닌 행 중에서의 최소, 최댓값을 추출한다.
NULL과의 사칙연산은 결과가 NULL이므로 COLA 또는 COLB 둘 중 하나에 칼럼의 값이 NULL이라면
NULL을 반환하므로 SUM의 결과에는 포함되지 않는다.

28. ②

해설 : Group By Having한 결과에 대해 정렬 연산을 하는 것이다.
ID 건수가 2개이며, ORDER BY절 CASE문에 의해 999는 0으로 치환되고 그 외는 ID 값으로 정렬된다.

29. ③

해설 : ② SQL 실행 순서에 의하면 SELECT절 이후에 ORDER BY 절이 수행되기 때문에 SELECT 절에
기술되지 않는 '년' 칼럼으로 정렬하는 것은 논리적으로 맞지 않다. 하지만 오라클은 행기반 DATABASE
이므로 데이터를 액세스할 때 행 전체 칼럼을 메모리에 로드한다. 이와 같은 특성으로 인해 SELECT절에
기술되지 않은 칼럼으로도 정렬을 할 수 있다.
단, 아래와 같은 SQL일 경우에는 정렬을 할 수 없다.
　　　SELECT 지역, 매출금액
　　　　FROM (
　　　　　　SELECT 지역, 매출금액
　　　　　　FROM　　지역별매출

)
            ORDER BY 년 ASC;

        이는 IN-LINE VIEW가 먼저 수행됨에 따라 더 이상 SELECT절 외 칼럼을 사용할 수 없기 때문이다.
        ③ GROUP BY를 사용할 경우 GROUP BY 표현식이 아닌 값은 기술될 수 없다.
        ④ GROUP BY 표현식이기에 가능하다.

30. ③
해설 : 오라클에서 날짜의 연산은 숫자의 연산과 같다. 특정 날짜에 1을 더하면 하루를 더한 결과와 같으므로 1/24/60 = 1분을 의미한다. 1/12/(60/30) = 1시간과 같으므로 2019년 02월 25일 00시 00분 00초에 1시간을 더한 결과와 같다.

31. ②
해설 : NULLIF(표현식1, 표현식2) 함수는 표현식1과 표현식2가 같으면 NULL, 아니면 표현식1을 리턴한다.

32. ④
해설 : SELECT 문장의 실행 순서는 FROM - WHERE - GROUP BY - HAVING - SELECT - ORDER BY 이다.

33. ③
해설 : 여러 테이블로부터 원하는 데이터를 조회하기 위해서는 전체 테이블 개수에서 최소 N-1 개 만큼의 JOIN 조건이 필요하다.

34. ④
해설 : 영화명과 배우명은 출연 테이블이 아니라 영화와 배우 테이블에서 가지고 와야 하는 속성이므로 출연 테이블의 영화번호와 영화 테이블의 영화번호 및 출연 테이블의 배우번호와 배우 테이블의 배우번호를 조인하는 SQL을 작성해야 한다.

35. ④
해설 : DBMS 옵티마이저는 FROM 절에 나열된 테이블이 아무리 많아도 항상 2개의 테이블씩 짝을 지어 Join을 수행한다.

36. ③
해설 : LIKE 연산자를 이용한 조인의 이해가 필요하다. SQL의 실행 결과는 다음과 같다.

EMPNO	ENAME	RULE
1000	SMITH	S%
1100	SCOTT	S%
1000	SMITH	%T%
1100	SCOTT	%T%

37. ②

해설 : 순수 관계 연산자에는 SELECT, PROJECT, JOIN, DIVIDE가 있다.

38. ④

해설 : ① NOT EXIST 절의 연관서브쿼리에 X.컨텐츠ID = B.컨텐츠ID가 존재하지 않아 단 하나의 컨텐츠라도
비선호로 등록한 고객에 대해서는 모든 컨텐츠가 추천에서 배제된다.

② 추천컨텐츠를 기준으로 비선호컨텐츠와의 LEFT OUTER JOIN이 수행되고 비선호컨텐츠의 컨텐츠
ID에 대해서 IS NULL 조건이 있다면 정확히 비선호컨텐츠만 필터링할 수 있다. (고객이 비선호로
등록하지 않은 컨텐츠는 추천컨텐츠에만 등록 되어있으므로)

③ 추천컨텐츠를 기준으로 비선호컨텐츠와의 LEFT OUTER JOIN이 수행되고 D.컨텐츠ID에 대해
IS NOT NULL 수행 시, 비선호컨텐츠가 추출된다.

39. ②

해설 : ① 생산제품 엔터티는 WHERE 절에 최소 2번 나타나야 한다.

③ 데이터 모델을 보면 제품과 생산라인 엔터티에는 생산제품과 대응되지 않는 레코드가 있을 수 있다.

④ 특정 생산라인에서 생산되는 제품의 제품명을 알기위해서는 제품과 생산제품까지 2개의 엔터티만을
Inner Join하면 된다.

40. ②

해설 : 구매이력이 있어야 하므로 INNER JOIN이 필요하며, 구매 횟수이므로 COUNT함수를 사용한다.

41. ③

해설 : ① 두 번째 ON 절이 'B.사용시간대 BETWEEN C.시작시간대 AND C.종료시간대' 가 되어야 한다.

② INNER JOIN 구문 오류가 발생한다.

④ BETWEEN JOIN이란 구문은 없다. 구문 오류가 발생한다.

42. ①

해설 : TEAM, STADIUM 두 테이블을 조인하여 사용한다.

① USING 조건절을 이용한 EQUI JOIN에서도 NATURAL JOIN과 마찬가지로 JOIN 칼럼에 대해서는
ALIAS나 테이블 이름과 같은 접두사를 붙일 수 없다. 따라서 SYNTAX 에러가 발생한다.

USING T.STADIUM_ID = S.STADIUM_ID

→ USING (STADIUM_ID)

SELECT T.REGION_NAME, T.TEAM_NAME, T.STADIUM_ID, S.STADIUM_NAME

→ SELECT T.REGION_NAME, T.TEAM_NAME, STADIUM_ID, S.STADIUM_NAME

43. ④

해설 : CROSS JOIN은 일반 집합 연산자의 PRODUCT의 개념으로, 테이블 간 JOIN 조건이 없는 경우 생길
수 있는 모든 데이터의 조합을 말한다. 조건절이 없거나 CROSS JOIN 키워드를 사용할 수 있다.

44. ①

해설 : WHERE 절에 A.고객번호 IN (11000, 12000) 조건을 넣었다면 정답은 ②가 되었을 것이나, ON 절에 A.고객번호 IN (11000, 12000) 조건을 넣었기 때문에 모든 고객에 대해서 출력을 하되 JOIN 대상 데이터가 고객번호 11000과 12000으로 제한되어 ①과 같은 결과가 출력된다.

45. ④

해설 : 보기의 3개의 SQL은 모두 FULL OUTER JOIN과 동일한 결과를 반환한다.

46. ①

해설 : 주키와 외래키는 영향을 미치지 않는다.

LEFT OUTER JOIN

A	B	C	D	E
1	b	w	1	10
3	d	w	1	10
5	y	y		

FULL OUTER JOIN

A	B	C	D	E
1	b	w	1	10
3	d	w	1	10
5	y	y		
		z	4	11
		v	2	22

RIGHT OUTER JOIN

A	B	C	D	E
1	b	w	1	10
3	d	w	1	10
		z	4	11
		v	2	22

47. ①

해설 : LEFT OUTER JOIN은 좌측 테이블이 기준이 되어 결과를 생성한다. 즉, TABLE A와 B가 있을 때(TABLE 'A'가 기준이 된다), A와 B를 비교해서 B의 JOIN 칼럼에서 같은 값이 있을 때 B테이블에서 해당 데이터를 가져오고, B의 JOIN 칼럼에서 같은 값이 없는 경우에는 B 테이블에서 가져오는 칼럼들은 NULL 값으로 채운다. 그리고, LEFT JOIN으로 OUTER 키워드를 생략해서 사용할 수 있다.

48. ②

해설 : 아우터 조인에서 ON절은 조인할 대상을 결정한다. 그러나 기준 테이블은 항상 모두 표시된다. 결과 건에 대한 필터링은 WHERE절에서 수행된다.

49. ①

해설 : 보기는 게시판별 게시글의 개수를 조회하는 SQL이다. 이때 게시글이 존재하지 않는 게시판도 조회되어야
한다. 오라클에서는 OUTER JOIN 구문을 (+) 기호를 사용하여 처리할 수도 있으며, 이를 ANSI 문장으로
변경하기 위해서는 Inner쪽 테이블(게시글)에 조건절을 ON절에 함께 위치시켜야 정상적인 OUTER
JOIN을 수행할 수 있다.
②번의 경우는 Outer 대상이 되는 테이블(게시판)의 조건절이 ON절에 위치하였으므로 원하는 결과가
출력되지 않는다.

50. ③

해설 : 칼럼끼리 연산할 때 NULL을 포함하면 결과는 NULL이다.
레코드끼리 연산할 때 NULL을 포함하면 결과가 NULL이 아니며, 이유는 NULL을 연산에서 제외하기
때문이다.

제2장 SQL 활용

51. ②

해설 : 반환되는 데이터의 형태에 따른 서브쿼리의 분류 중 아래의 설명은 다중 칼럼(Multi Column) 서브쿼리에 대한 설명이다.

52. ②

해설 : ①, ③, ④번 SQL은 모두 COL1 별 합계 값과 전체 합계 값을 구하는 SQL이지만, ②번 SQL은 COL1별 합계 값만을 구하는 SQL이므로 결과 건수가 달라진다. CUBE 함수와 ROLLUP 함수의 인자가 2개 이상일 경우에는 결과가 서로 달라질 수 있지만, 1개일 때의 결과는 동일하다.

53. ②

해설 : SET OPERATOR : 합집합은 UNION, 교집합은 INTERSECT, 차집합은 MINUS/EXCEPT 이다.

54. ④

해설 : 집합(SET) 연산자를 사용한 SQL의 ORDER BY 절은 최종 결과를 정렬하며, 가장 마지막 줄에 한번만 사용할 수 있다.

55. ②

해설 : 수행한 SQL은 이용된 적이 있었던 서비스를 추출하는 SQL이다.

① 이용된 적이 있었던 서비스를 추출하는 것은 동일하나 서비스와 서비스이용은 1:N 관계이므로 서비스이용건수만큼 추출되므로 전체 결과가 다르다. GROUP BY를 수행하면 동일한 결과를 출력할 수 있다.

② 전체 서비스에서 이용된 적이 있었던 서비스를 MINUS하였으므로 이용된 적이 없었던 서비스가 서브쿼리에서 추출된다. 그러므로 NOT EXISTS 구문을 적용하면 이용된 적이 있었던 서비스가 출력된다.(정답)

③ 서비스를 기준으로 OUTER JOIN을 수행하였으므로, 이용된 적이 없었던 서비스만 출력된다. B.서비스ID IS NOT NULL로 변경해야 동일한 결과가 출력된다.

④ 서비스와 서비스이용 테이블의 순서를 변경하고 IN 절을 NOT IN으로 변경하면 동일한 결과를 출력할 수 있다.

56. ①

해설 : 집합 연산자는 SQL에서 위에 정의된 연산자가 먼저 수행된다. 그러므로 UNION이 나중에 수행되므로 결과적으로 중복 데이터가 모두 제거되어 ①과 같은 결과가 도출된다. 만일 UNION과 UNION ALL의 순서를 바꾼다면 ②와 같은 결과가 도출된다.

57. ②

해설 : ②는 총합 값이 반환된다.

58. ④

해설 : ①, ②, ③번의 경우는 결괏값으로 동일한 값이 추출 되는 반면 ④번의 경우는 부서급여합의 결과가 다른 보기와 다르게 집계되기 때문에 결괏값이 다르게 출력된다.

부서코드	사원번호	급여	급여비중
HRD	A004	3500000	1
HRD	A008	3200000	0.48
MKT	A007	4500000	0.52
MKT	A003	2340000	0.56
MKT	A002	1830000	1

59. ③

해설 : ① 1:1, 양쪽 필수 관계를 시스템적으로 보장하므로 두 엔터티 간의 EXCEPT 결과는 항상 공집합이다.
  ② 1:1, 양쪽 필수 관계를 시스템적으로 보장하므로 UNION을 수행한 결과는 회원기본정보의 전체건수와 동일하지만, UNION ALL을 수행하였으므로 결과건수는 회원기본정보의 전체건수에 2배가 된다.
  ④ 1:1, 양쪽 필수 관계를 시스템적으로 보장하므로 연산 수행결과는 같다.

60. ②

해설 : SQL의 실행결과는 다음과 같다.

C3
A
C
B
D

61. ④

해설 : 오라클 계층형 질의에서 루트 노드의 LEVEL 값은 1이다.

62. ①

해설 : CONNECT BY 절에 작성된 조건절은 WHERE 절에 작성된 조건절과 다르다. START WITH 절에서 필터링된 시작 데이터는 결과목록에 포함되며, 이후 CONNECT BY 절에 의해 필터링된다. 그러므로 매니저 사원번호가 NULL인 데이터는 결과목록에 포함되며, 이후 리커시브 조인에 의해 입사일자가 필터링된다.
  ④번은 AND PRIOR 입사일자 BETWEEN '2013-01-01' AND '2013-12-31' 에 대한 결과이다.

63. ④

해설 : ④ 오라클 계층형 질의문에서 PRIOR 키워드는 SELECT, WHERE 절에서도 사용할 수 있다.

64. ①

해설 : 위의 결과는 중간 레벨인 도쿄지점(120)을 시작으로 상위의 전체 노드(역방향 전개)와 하위의 전체 노드(순방향 전개)를 검색하여 매출액을 출력하는 SQL이다. 부서 테이블의 전체 데이터를 보면 LEVLE은 1 ~ 3까지이지만 출력된 데이터의 LEVEL이 1과 2만 추출된 것으로 보면 중간 LEVEL에서 추출된 것을 짐작할 수 있다.

② 최상위 노드인 아시아지부(100)를 시작으로 하위의 모든 부서를 추출(순방향 전개)하므로 아래와 같은 결과가 출력된다.

부서코드	부서명	상위부서코드	매출액	LVL
100	아시아지부	NULL	NULL	1
110	한국지사	100	NULL	2
111	서울지점	110	1000	3
112	부산지점	110	2000	3
120	일본지사	100	NULL	2
121	도쿄지점	120	1500	3
122	오사카지점	120	1000	3
130	중국지사	100	NULL	2
131	베이징지점	130	1500	3
132	상하이지점	130	2000	3

③ 최하위 노드인 도쿄 지점(121)에서 상위의 모든 노드(역방향 전개)를 추출하게 되므로 아래와 같은 결과가 출력된다.

부서코드	부서명	상위부서코드	매출액	LVL
100	아시아지부	NULL	NULL	3
120	일본지사	100	NULL	2
121	도쿄지점	120	1500	1

④ WHERE 절의 서브쿼리를 보면 일본지사(120)를 시작으로 역방향 전개하여 최상위 노드를 추출하여 다시 순방향 전개를 수행하고 있다. 이렇게 되면 ②와 동일한 결과가 출력된다.

65. ③

해설 : 주어진 SQL 및 ①, ②, ④ SQL의 경우, 각 테이블의 NO칼럼 값이 같은 행만 조인에 성공하여 1건의 결과가 나오지만, ③ SQL의 경우 M*N 건의 결과가 나오게 되므로 2건이 된다.

66. ③

해설 : ①는 일자별매출액에 일자별 매출 테이블과 동일하게 출력된다.

②, ④는 작은 날짜쪽에 제일 큰 누적금액이 출력된다.

③은 일자별매출 테이블을 Self Join하여, A Alias 쪽에 먼저 읽혔다고 가정하면 다음처럼 데이터가 생성될 것이다.

1. A가 {2015.11.01. 1000} 일 때 B는 {2015.11.01. 1000}

2. A가 {2015.11.02., 1000} 일 때 B는 {{2015.11.01. 1000}, {2015.11.02. 1000}}

3. A가 {2015.11.03., 1000} 일 때 B는 {{2015.11.01. 1000}, {2015.11.02. 1000}, {2015.11.03. 1000}}

위의 Self Join은 Equi Join이 아닌 Range Join이므로 A의 레코드는 B의 레코드 수만큼 증가한다. (A * B) 그러므로 위의 3번의 경우 A는 B의 레코드 개수와 동일하게 되므로 SUM(매출금액)을 하면 3,000이 된다. 이런 식으로 A Alias의 모든 레코드 개수를 Scan하면 누적 값을 출력하게 된다.

67. ③

해설 : WHERE 절의 단일행 서브쿼리인 (SELECT D FROM DEPT WHERE E = 'i') 에 의해서 DEPT 테이블의 D 칼럼 값이 x인 행이 선택되고, D = (SELECT D FROM DEPT WHERE E = 'i') 조건에 의해 EMP 테이블의 (A=1, B=a), (A=2, B=a) 인 2건이 출력된다. 출력된 결과가 모두 UNIQUE하기 때문에 DISTINCT 연산자는 결과 건수에 영향을 주지 않는다.

68. ②

해설 : (다) 서브쿼리의 결과가 복수 행 결과를 반환하는 경우에는 IN, ALL, ANY 등의 복수 행 비교 연산자와 사용하여야 한다.

(마) 다중 칼럼 서브쿼리는 서브쿼리의 결과로 여러 개의 칼럼이 반환되어 메인 쿼리의 조건과 비교되는데, SQL Server에서는 현재 지원하지 않는 기능이다.

69. ④

해설 : PERCENT_RANK는 파티션별 윈도우에서 제일 먼저 나오는 것을 0으로, 제일 늦게 나오는 것을 1로 하여, 값이 아닌 행의 순서별 백분율을 구하는 함수이다.

DENSE_RANK는 순위를 구하는 함수로 동일한 순위를 하나의 등수로 취급한다.

CUME_DIST는 파티션별 윈도우의 전체건수에서 현재 행보다 작거나 같은 건수에 대한 누적 백분율을 구하는 함수이다.

RANK는 파티션 내의 ORDER BY에 의한 순위를 구하는 함수로, 동일한 순위에 대해서는 동일한 순위를 부여한다.

RATIO_TO_REPORT는 파티션 내의 주어진 칼럼 값의 합계에 대한 행별 백분율을 소수점으로 구하는 함수이다.

NTILE는 파티션별 전체 건수를 주어진 인자로 N 등분한 결과를 반환한다.

문제의 결과를 보면 VAL1은 데이터의 VAL1 값을 GRP별로 합계를 내고 비율을 구한 값임을 알 수 있고, VAL2은 전체 TableB데이터의 VAL2값으로 N등분한 값임을 알 수 있다.

그러므로 RATIO_TO_REPORT, NTILE 함수를 사용한 SQL이 정답이다.

70. ③

해설 : 위의 SQL은 약관항목 중 단 하나라도 동의를 하지 않은 회원을 구하는 SQL이다. HAVING 절에서 동의여부가 N인 데이터가 한 건이라도 존재하는 데이터를 추출한다.

①은 회원 테이블과 동의항목 테이블의 회원번호 칼럼으로 연관 서브쿼리를 수행하여 동의여부 칼럼의 값이 N인 데이터가 한 건이라도 존재하면 회원 데이터를 출력하게 된다.

②는 동의항목 테이블에서 동의여부가 N인 한 건이라도 존재하는 회원을 추출하여 회원테이블과 IN 연산을 수행한다.

③의 회원 테이블과 동의항목 테이블 간에 회원번호 칼럼이 연관 서브쿼리로 처리되어야 정상적으로 처리할 수 있다.

④는 HAVING절로 처리되던 조건을 WHERE절에 위치시켜 더 간편하게 Join으로 처리하였다. 또한 회원과 동의항목은 1:N 관계이므로 JOIN된 결과는 N건으로 발생됨에 따라 GROUP BY를 추가하여 중복을 제거하였다.

71. ③

해설 : 이벤트 시작일자가 '2014.10.01.'과 같거나 큰 이벤트를 기준으로 단 한차례도 이메일 발송이 누락된 회원을 추출하는 SQL문장이다.

ⓛ을 제거하고 ㉠의 EXISTS 연산자를 IN 연산자로 변경하면 회원별로 메일을 발송한 건수를 계산할 수 없으므로 원하는 결과를 추출할 수 없다.

GROUP BY 및 집계 함수를 사용하지 않고 HAVING 절을 사용하였다고 하여 SQL문장이 오류가 발생하지는 않는다.

72. ②

해설 : ① 단일 행 서브쿼리의 비교 연산자로는 =, 〈, 〈=, 〉, 〉=, 〈〉가 되어야 한다. IN, ALL 등의 비교 연산자는 다중 행 서브쿼리의 비교연산자이다.

② 단일 행 서브쿼리의 비교연산자는 다중 행 서브쿼리의 비교 연산자로 사용할 수 없지만, 반대의 경우는 가능하다.

③ 비 연관 서브쿼리가 주로 메인쿼리에 값을 제공하기 위한 목적으로 사용된다.

④ 메인쿼리의 결과가 서브쿼리로 제공될 수도 있고, 서브쿼리의 결과가 메인쿼리로 제공될 수도 있으므로 실행 순서는 상황에 따라 달라진다.

73. ③

해설 : 2014년에 입사한 사원들의 사원, 부서 정보와 부양가족수를 추출하는 SQL이다.

SELECT 절에 사용된 서브쿼리는 단일행 연관 서브쿼리로 JOIN으로도 변경이 가능하며, FROM 절에 사용된 서브쿼리는 Inline View 또는 Dynamic View이고, WHERE 절에 사용된 서브쿼리는 다중행 연관 서브쿼리이다.

③번 보기의 경우 이미 FROM절에 Inline View로 사원 테이블의 입사년도 조건을 명시하였으므로 WHERE 절의 EXISTS 조건은 부서와 사원 테이블 간의 JOIN 조건에 의해 결과에 어떠한 영향도 미치지 못하므로 삭제되어도 무방하다.

74. ②

해설 : ① Inline View D에서 평가결과 엔터티의 특정상품 및 평가항목에 대한 최종 평가회차가 아닌 전체
데이터 중 평가회차가 가장 큰 값을 가지고 JOIN을 수행하므로 원하는 결과가 아니다.
② 연관 서브쿼리를 활용하여 특정 상품, 평가항목별로 최종 평가회차와 Join을 수행하여 원하는 결과를
출력한다.
③ 특정 평가회차에 대한 결과가 아닌, 평가결과 엔터티의 평가회차, 평가등급, 평가일자 속성에 대해서
개별 MAX 값을 구하므로 원하는 결과가 아니다.
④ 특정 평가회차에 대한 결과가 아닌, 상품ID, 평가항목ID별로 개별 MAX값을 구하므로 원하는 결과가
아니다.

75. ②

해설 : ② 뷰의 장점 중 독립성은 테이블 구조가 변경되어도 뷰를 사용하는 응용 프로그램은 변경하지 않아도
된다.

76. ②

해설 : 조회 SQL 실행 시 V_TBL은 뷰 스크립트로 치환되어 수행된다. 뷰 생성 스크립트에서 부여된 조건과
조회 SQL에서 부여된 조건 모두를 만족해야 한다.

77. ②

해설 : COL1 구문은 부서ID별로 연봉의 내림차순으로 유일한 순위를 부여한다.
COL2 구문은 부서ID별로 첫 행부터 현재 행까지의 범위에서 SUM값을 구한다.
COL3 구문은 전체 데이터에서 현재 행부터 현재 행까지의 범위에서 가장 큰 연봉을 구한다.
ROWS CURRENT ROW에서 BETWEEN이 없다면 뒤에 AND CURRENT ROW가 생략된것과 동일
하다. 즉 COL3 구문은 ROWS BETWEEN CURRENT ROW AND CURRENT ROW와 동일하다.

78. ②

해설 : 위의 결과 데이터는 지역에 대해서 월별 이용량 및 소계와 전체 이용량을 출력하였으므로, ROLLUP 함수를 활용할 수 있다. ROLLUP 집계 그룹 함수는 나열된 칼럼에 대해 계층 구조로 집계를 출력하는 함수로서 ROLLUP(A, B)를 수행하면 (A, B)별 집계, A별 집계와 전체 집계를 출력할 수 있다.
①번 보기의 경우 CASE 절의 GROUPING 함수의 사용이 잘못(0이 아닌 1이 되어야 함)되었으며,
③번 보기처럼 CUBE를 사용하면, 결합 가능한 모든 값에 대하여 다차원 집계를 생성한다.
④번 보기처럼 GROUPING SETS를 사용하면 계층구조 없이 지역에 대한 합계와 월별 합계를 각각 생성된다.

79. ①

해설 : 서브쿼리는 단일 행 또는 복수 행 비교 연산자와 함께 사용 가능하다. 단일 행 비교 연산자는 서브쿼리의 결과가 반드시 1건 이하여야 하고, 복수 행 비교 연산자는 서브쿼리의 결과 건수와 상관없다.

80. ①

해설 : 아래의 결과를 반환하려면 ROLLUP (DNAME, JOB) 표현식을 사용해야 한다.

81. ②

해설 : SQL의 결과를 보면 설비ID와 에너지코드의 모든 조합에 대하여 사용량합계를 추출하고 있다. CUBE 함수는 인수로 나열된 항목의 가능한 모든 조합에 대하여 GROUPING을 수행한다. 또한 GROUPING SETS은 사용자가 원하는 다양한 조합을 인수로 사용할 수 있다. 위 문제에서 ②번은 CUBE를 사용하였으므로 CUBE절에 나열된 칼럼의 모든 조합 즉, ((설비ID), (에너지코드), (설비ID, 에너지코드), ())에 대해 SUB TOTAL을 만들게 된다. ①, ③, ④의 보기별 결과는 아래와 같다.

①

설비ID	에너지코드	사용량
1	바람	300
1	바람	300
1	바람	300
1	바람	300
1	바람	300
1	용수	200
1	용수	200
1	용수	200
1	용수	200
1	용수	200
1	전기	100
1	전기	100
1	전기	100
1	전기	100
1	전기	100
1	〈NULL〉	600
2	용수	300
2	용수	300
2	용수	300
2	용수	300
2	용수	300
2	전기	200
2	전기	200
2	전기	200
2	전기	200
2	전기	200
2	〈NULL〉	500
3	전기	300
3	전기	300
3	전기	300
3	전기	300
3	전기	300
3	〈NULL〉	300
〈NULL〉	바람	300
〈NULL〉	용수	500
〈NULL〉	전기	600
〈NULL〉	〈NULL〉	1400

③

설비ID	에너지코드	사용량
1	바람	300
1	용수	200
1	전기	100
1	〈NULL〉	600
2	용수	300
2	전기	200
2	〈NULL〉	500
3	전기	300
3	〈NULL〉	300

④

설비ID	에너지코드	사용량
1	바람	300
1	용수	200
1	전기	100
1	〈NULL〉	600
2	용수	300
2	전기	200
2	〈NULL〉	500
3	전기	300
3	〈NULL〉	300
〈NULL〉	바람	300
〈NULL〉	용수	500
〈NULL〉	전기	600

82. ②

해설 : (JOB, DEPTNO), ()에 대한 평균을 계산해야 하므로 ROLLUP ((JOB, DEPTNO)) 표현식을 사용해야
한다.

83. ②

해설 : GROUPING SETS 함수는 표시된 인수들에 대한 개별 집계를 구하는 기능을 하며, 위의 SQL은 (상품ID,
월)별 집계 데이터를 출력한다. 각 보기별 SQL은 아래와 같다.

① GROUPING SETS에 괄호를 사용하지 않아 월별과 상품ID별로 각각 집계되었다.

SELECT   상품ID, 월, SUM(매출액) AS 매출액

FROM   월별매출

WHERE   월 BETWEEN '2014.10' AND '2014.12'

GROUP BY GROUPING SETS(월, 상품ID);

③ GROUPING SETS에 월별, 상품ID별과 전체가 각각 집계되었다.

SELECT   상품ID, 월, SUM(매출액) AS 매출액

FROM   월별매출

WHERE   월 BETWEEN '2014.10' AND '2014.12'

GROUP BY GROUPING SETS(월, 상품ID, ());

④ GROUPING SETS에 (월, 상품ID)별, 월별로 집계되었다.

SELECT   상품ID, 월, SUM(매출액) AS 매출액

FROM   월별매출

WHERE   월 BETWEEN '2014.10' AND '2014.12'

GROUP BY GROUPING SETS((월, 상품ID), 월);

84. ③

해설 : 윈도우 함수는 결과에 대한 함수처리이기 때문에 결과 건수는 줄지 않는다.

85. ①

해설 : 위의 SQL은 고객별 매출액과 매출 순위를 구하되 동일 순위일 경우 중간 순위를 비워둔 데이터를
추출한다. 순위를 구하는 함수로는 RANK, DENSE_RANK, ROW_NUMBER 함수가 있다. RANK
WINDOW FUNCTION은 동일 값에 대해서는 동일 순위를 부여하고 중간 순위는 비워 두지만,
DENSE_RANK 함수는 동일 순위를 부여하되 중간 순위를 비우지 않는다. ROW_NUMBER 함수는
동일 값에 대해서도 유일한 순위를 부여한다.

86. ④

해설 : 동순위를 부여하며, 이후 차순위를 나타내는 것은 DENSE_RANK의 특징이다.

87. ③

해설 : ROW_NUMBER 함수는 ORDER BY절에 의해 정렬된 데이터에 동일 값이 존재하더라도 유일한 순위를 부여하는 함수로서 데이터 그룹 내에 유일한 순위를 추출할 때 사용할 수 있는 함수이다.

문제의 SQL은 추천경로별(PARTITION BY 추천경로)로 추천점수가 가장 높은(ORDER BY 추천점수 DESC) 데이터를 한 건씩만 출력하지만,

①은 전체 데이터를 그대로 출력하였으며

②는 전체에서 추천점수가 가장 높은 데이터 한 건만을 출력하였고

④은 추천경로별로 추천점수가 가장 낮은 데이터를 각 한 건씩 출력하였다.

88. ③

해설 : GROUP BY 절의 집합을 원본으로 하는 데이터를 WINDOW FUNCTION과 함께 사용한다면 GROUP BY 절과 함께 WINDOW FUNCTION을 사용한다고 하더라도 오류가 발생하지 않는다. 유사개수 칼럼은 상품분류코드로 GROUPING된 집합을 원본집합으로 하여 상품분류코드별 평균상품가격을 서로 비교하여 현재 읽힌 상품분류코드의 평균가격 대비 -10000 ~ +10000사이에 존재하는 상품분류코드의 개수를 구한 것이다.

89. ①

해설 : 안쪽 IN-LINE VIEW에 의해 아래와 같이 사원ID와 부서별 최고연봉이 결과로 생성되며

사원ID	최고연봉
001	3000
002	3000
003	4500
004	4500
005	4500
006	4500
007	4500

이를 다시 사원 테이블과 사원ID = 사원ID AND 최고연봉 = 연봉으로 JOIN을 하면 부서별 최고연봉의 사원이 출력된다. 아래의 SQL로도 동일한 결과를 얻을 수 있다.

```
SELECT 사원ID, 사원명, 부서ID, 연봉
FROM   (SELECT 사원ID, 사원명, 부서ID, 연봉
               ,MAX(연봉) OVER(PARTITION BY 부서ID) AS 최고연봉
        FROM   사원)
WHERE 연봉 = 최고연봉
```

90. ④

해설 : LAG 함수를 이용해 파티션별 윈도우에서 이전 몇 번째 행의 값을 가져올 수 있다. 해당 문제에서 사용된 LAG 함수는 인자 값이 하나이므로, 이전 1번째 행(default)의 값을 가져온다.

91. ③

해설 : REVOKE 문을 사용하여 권한을 취소하면 권한을 취소당한 사용자가 WITH GRANT OPTION을 통해서 다른 사용자에게 허가했던 권한들도 모두 연쇄적으로 취소된다.

92. ④

해설 : 권한을 부여하는 명령어는 GRANT이며, WHERE 조건의 데이터를 찾기 위한 SELECT 권한과 데이터 변경을 위한 UPDATE 권한이 필요하다.

93. ③

해설 : RESTRICT는 스키마가 공백인 경우에만 삭제된다.

94. ①

해설 : 1. Lee: GRANT SELECT, INSERT, DELETE ON R TO Kim WITH GRANT OPTION;
　　　　　→ Kim에게 테이블 R에 SELECT, INSERT, DELETE 권한을 주면서, Kim 이 다른 유저에게 테이블 R에 동일한 권한을 줄 수 있다.
　　　 2. Kim: GRANT SELECT, INSERT, DELETE ON R TO Park;
　　　　　→ Kim이 테이블 R에 Lee에게 받은 권한을 Park에게 준다.
　　　 3. Lee: REVOKE DELETE ON R FROM Kim CASCADE;
　　　　　→ Kim과 Park에서 DELETE 권한을 취소한다. WITH GRANT OPTION으로 Kim으로부터 받은 Park의 권한은 CASCADE 명령어로 받은 권한을 취소할 수 있다.
　　　 4. Lee: REVOKE INSERT ON R FROM Kim CASCADE;
　　　　　→ Kim과 Park에서 INSERT 권한을 취소한다. WITH GRANT OPTION으로 Kim으로부터 받은 Park의 권한은 CASCADE 명령어로 받은 권한을 취소할 수 있다.

95. ②

해설 : CUBE 그룹함수는 인수에 나열된 모든 칼럼의 가능한 조합에 대해서 소계를 함께 도출한다. CUBE는 GROUPING SETS 그룹함수를 이용하여 동일한 결과를 도출할 수 있다. 위의 SQL과 동일한 결과를 도출하기 위해서는 GROUPING SETS((X.keyb, Y.col1), (X.keyb), (Y.col1), ())를 이용하면 된다. ④번의 경우 전체 합계 하나만 더 추가되면 동일한 결과를 도출할 수 있다.

96. ③

해설 : INTERSECT에 대한 설명은 ③이다.

97. ③

해설 : LAG 함수는 3개인 인자까지 사용할 수 있는데, 두 번째 인자는 몇 번째 앞의 행을 가져올지를 지정한다. 생략할 경우, 기본 값은 1이다. 이 예제에서는 2번째 앞의 행을 가져오므로 생략할 수 없고 반드시 2라고 적어야 한다.

98. ②

해설 : RANK 함수는 동일한 순위를 별개의 건수로 취급한다.

제3장 관리 구문

99. ④

해설 : ①은 PK를 지정하는 ALTER TABLE 문장에 문법 오류가 존재하고, 올바른 문법이 사용된 문장은 다음과 같다.

　　　(오류 발생) ALTER TABLE PRODUCT ADD PRIMARY KEY PRODUCT_PK ON (PROD_ID);
　　　(오류 수정) ALTER TABLE PRODUCT ADD CONSTRAINT PRODUCT_PK PRIMARY KEY
　　　　(PROD_ID);

②는 PROD_NM NOT NULL 칼럼에 대해서 NOT NULL 제약조건을 지정하지 않았다.

③은 테이블을 생성할 때 PK를 지정하는 문장에 문법 오류가 존재한다.

100. ④

해설 : ①, ② SQL Server에서 여러개의 칼럼을 ALTER COLUMN으로 동시에 수정하는 구문은 지원하지 않으므로 오류가 발생한다. 또한 괄호를 사용하지 않는다.

③ 분류명을 수정할 때 NOT NULL 구문을 지정하지 않으면, 기존의 NOT NULL 제약조건이 NULL로 변경되므로 NOT NULL 요건을 만족하지 않는다.

101. ③

해설 : 트랜잭션의 특성 중 고립성(Isolation)은 어떤 트랜잭션이 수행 중일 때 다른 트랜잭션의 영향을 받아 잘못된 결과를 도출하는 경우가 발생하는 것을 방지하는 것이다. 문제에서 TX1이 변경한 col2의 내용이 TX2에 의해서 잘못 반영되는 문제가 발생하였으므로 고립성에 문제가 발생하였음을 알 수 있다.

102. ②

해설 : DELETE FROM T; 이후 데이터 현황
　　　- T 테이블 : 두건 모두 삭제됨
　　　- S 테이블 (Cascade 옵션) : 두건 모두 삭제됨
　　　- R 테이블 (Set Null 옵션) : Child 해당 필드(FK: B칼럼) 값이 Null로 변경됨

103. ③

해설 : 트랜잭션 처리에서 SAVEPOINT를 정의하면 ROLLBACK 시에 특정 위치까지 수행된 변경내용만을 ROLLBACK할 수 있다. 위의 문제에서는 SAVEPOINT sp1을 지정하고 keya = 2에 해당하는 데이터를 1건 삭제한 후 SAVEPOINT sp2를 지정하고 col1 = 'A'이 행과 col2 = 3인 행을 지워 전체 데이터를 삭제하였으나, ROLLBACK TRANSACTION sp2문장에 의해 col1 = 'A' 행과 col2 = 3인 행이 삭제되기 이전 상태로 복귀하였다. 최종 commit 한 시점에는 keya = 2인 데이터만 삭제된 상태로 남게 되므로 전체 건수는 4건이 된다.

104. ④

해설 : 중복된 데이터를 출력하지 않으려면 DISTINCT를 사용한다.

105. ③

　해설 : 테이블명은 객체를 의미할 수 있는 적절한 이름을 사용하고 가능한 단수형을 권고한다. 또한 한 테이블 내에서는 칼럼명을 중복되게 지정할 수 없으며 벤더에서 사전에 정의한 예약어(Reserved word)를 사용할 수 없다.

106. ②

　해설 : SMITH가 삭제되고, ADAMS가 삽입되어 최종 건수는 2건이 된다.

107. ③

　해설 : 학번 칼럼이 PK 이기 때문에 NULL 값이 없다. count(*)와 COUNT(학번)의 결과는 항상 같다.

108. ②

　해설 : ① 테이블 생성 시 설정할 수 있다.
　　　　② 외래키 값은 널 값을 가질 수 없다. → 있다
　　　　③ 한 테이블에 하나 이상 생성할 수 있다.
　　　　④ 외래키 값은 참조 무결성 제약을 받을 수 있다.

109. ③

　해설 : 기본키가 설정되어 있고 RepName 속성이 UNIQUE로 지정되어 후보키이다.

110. ①

　해설 : Table 스키마 변경 시 사용하는 SQL문은 DDL(Data Definition Language)로, 칼럼 삭제 시 활용되는 문장은 다음과 같다.
　　　　ALTER TABLE 테이블명 DROP COLUMN 칼럼명;

111. ②

　해설 : SELECT 절에 DISTINCT 키워드를 사용하면, 중복된 데이터는 1건으로 처리하여 출력한다. 다만, SELECT 절의 DISTINCT 키워드 뒤에 여러 개의 칼럼이 올 경우, 주어진 칼럼 값이 모두 동일한 행들만 중복 건으로 처리된다.

112. ①

　해설 : Text 형태의 데이터 타입은 Char, VarChar2 타입을 사용한다.

113. ④

　해설 : - Delete(/Modify) Action : Cascade, Set Null, Set Default, Restrict (부서-사원)
　　　　　1) Cascade 　　　: Master 삭제 시 Child 같이 삭제
　　　　　2) Set Null 　　　: Master 삭제 시 Child 해당 필드 Null
　　　　　3) Set Default 　: Master 삭제 시 Child 해당 필드 Default 값으로 설정
　　　　　4) Restrict 　　　: Child 테이블에 PK 값이 없는 경우만 Master 삭제 허용

5) No Action　　: 참조무결성을 위반하는 삭제/수정 액션을 취하지 않음

- Insert Action : Automatic, Set Null, Set Default, Dependent (부서-사원)
  1) Automatic　　: Master 테이블에 PK가 없는 경우 Master PK를 생성 후 Child 입력
  2) Set Null　　 : Master 테이블에 PK가 없는 경우 Child 외부키를 Null 값으로 처리
  3) Set Default　: Master 테이블에 PK가 없는 경우 Child 외부키를 지정된 기본값으로 입력
  4) Dependent　 : Master 테이블에 PK가 존재할 때만 Child 입력 허용
  5) No Action　 : 참조무결성을 위반하는 입력 액션을 취하지 않음

114. ④
　해설 : (가) : 삽입 칼럼을 명시하지 않았을 경우 모든 칼럼을 삽입해야 한다.
　　　　(나) : DEGREE 칼럼의 길이는 VARCHAR2(1)이다. 'AB'는 칼럼 길이를 초과한다.
　　　　(다) : Not Null 칼럼인 AMT 칼럼을 명시하지 않았다.

115. ②
　해설 : ②번 SQL은 REG_DATE 칼럼에 NOT NULL 제약조건이 있지만 INSERT INTO 구문에는 REG_DATE 칼럼이 대입되지 않아 NULL로 입력되므로 오류가 발생한다.

116. ④
　해설 : ④에서 DATE 타입에 숫자값은 입력하지 못하고 에러를 발생시킨다.

117. ③
　해설 : 산술 연산자의 우선순위는 수학에서와 같이 (), *, /, +, - 의 우선순위를 가진다.

118. ③
　해설 : CASCADE 명령어로 부모 테이블에서 행을 삭제할 경우 연결된 자식 테이블의 행이 함께 삭제되도록 할 수 있다.

119. ①

해설 :

DROP	TRUNCATE	DELETE
DDL	DDL (일부 DML 성격 가짐)	DML
Rollback 불가능	Rollback 불가능	Commit 이전 Rollback 가능
Auto Commit	Auto Commit	사용자 Commit
테이블이 사용했던 Storage를 모두 Release	테이블이 사용했던 Storage 중 최초 테이블 생성시 할당된 Storage만 남기고 Release	데이터를 모두 Delete해도 사용했던 Storage는 Release되지 않음
테이블의 정의 자체를 완전히 삭제함	테이블을 최초 생성된 초기상태로 만듦	데이터만 삭제

120. ④

해설 : 데이터베이스 트랜잭션의 4가지 특성 : 지속성의 설명이 잘못되었다.

특성	설명
원자성 (Atomicity)	트랜잭션에서 정의된 연산들은 모두 성공적으로 실행되든지 아니면 전혀 실행되지 않은 상태로 남아 있어야 한다. (All or Nothing)
일관성 (Consistency)	트랜잭션이 실행 되기 전의 데이터베이스 내용이 잘못되어 있지 않다면 트랜잭션이 실행된 이후에도 데이터베이스의 내용에 잘못이 있으면 안 된다.
고립성 (Isolation)	트랜잭션이 실행되는 도중에 다른 트랜잭션의 영향을 받아 잘못된 결과를 만들어서는 안 된다.
지속성 (Durability)	트랜잭션이 성공적으로 수행되면 그 트랜잭션이 갱신한 데이터베이스의 내용은 영구적으로 저장된다.

121. ③

해설 : ① 오라클에서는 DDL 문장 수행 후 자동으로 COMMIT을 수행한다.

② SQL Server에서는 DDL 문장 수행 후 자동으로 COMMIT을 수행하지 않는다.

③ 오라클에서 DDL 문장의 수행은 내부적으로 트랜잭션을 종료시키므로 B 테이블은 생성된다.

④ SQL Server에서는 CREATE TABLE 문장도 TRANSACTION의 범주에 포함된다. 그러므로 ROLLBACK 문장에 의해서 최종적으로 B 테이블은 생성되지 않는다.

122. ②

해설 : 데이터베이스의 논리적 연산 단위를 가리키는 용어는 트랜잭션이다.

123. ③

해설 : ROLLBACK 구문은 COMMIT되지 않은 상위의 모든 TRANSACTION을 모두 Rollback한다.

124. ②

해설 : ROLLBACK TRANSACTION SP2 문장에 의해 UPDATE 상품 SET 상품명 = '평면-TV' WHERE
상품ID = '001' 이 ROLLBACK 되었고, 첫 번째 UPDATE 문장만 유효한 상태에서 COMMIT 되었으므로
첫 번째 UPDATE한 내역만 반영된다. 그러므로 LCD-TV가 된다.

125. ④

해설 : SQL Server의 TOP N 질의문에서 N에 해당하는 값이 동일한 경우 함께 출력되도록 하는 WITH TIES
옵션을 ORDER BY 절과 함께 사용하여야 한다.

126. ③

해설 : ① 연관 서브쿼리를 활용한 UPDATE에서 WHERE 절은 UPDATE 대상이 되는 데이터의 범위를 결정하
는데, WHERE 절이 누락되어 부서의 모든 데이터가 UPDATE 대상이 되므로 부서코드 A007, A008을
제외한 모든 데이터가 NULL 값으로 변경된다.
② WHERE 절 조건이 부서임시가 아닌 부서 테이블이므로 A007, A008을 제외한 모든 데이터가 NULL
값으로 변경된다.
④ ①과 같은 사유로 부서코드 A007, A008을 제외한 모든 데이터가 NULL 값으로 변경된다. 또한
변경일자를 하드 코딩하는 것은 답이 될 수 없다.

과목 Ⅲ SQL 고급활용 및 튜닝

제1장 SQL 수행 구조

1. ④

해설 : 실행계획은 예상 정보이다. 실제 처리 건수는 트레이스 정보로 알 수 있다.

2. ③

해설 : 오라클에서 모든 I/O의 최소단위는 블록(BLOCK)이다.

3. ③

해설 : 조인 순서, 방법, 인덱스 선택 등과 같이 실행방법에 따라 SQL 출력순서는 변경될 수 있다.

4. ④

해설 : 버퍼에 캐시된 이후 변경이 발생했지만, 아직 디스크에 기록되지 않아 데이터 파일 블록과 동기화가 필요한 상태의 버퍼 블록을 더티 버퍼라 한다. 이 상태의 버퍼 블록을 재사용하기 위해 디스크에 기록하는 순간 이 버퍼는 프리 버퍼가 된다. 리사이클, 킵은 멀티 버퍼 풀을 구성하는 영역 중 하나이다.

5. ②

해설 : NL Join은 데이터를 집계하는 업무보다는 OLTP의 목록 처리 업무에 많이 사용된다. DW 등의 데이터 집계 업무에서 많이 사용되는 Join 기법은 Hash Join 또는 Sort Merge Join이다.

6. ②

해설 : 액세스 패턴을 분석한 효율적인 인덱스는 꼭 필요하지만, 불필요한 인덱스는 지양해야한다.

7. ①

해설 : 다중 사용자 환경에서 서버와 모든 클라이언트 간 연결상태를 지속하면 서버 자원을 낭비하게 된다. 그렇다고 SQL을 수행할 때마다 연결 요청을 반복하면 서버 프로세스(또는 쓰레드)의 생성과 해제도 반복하므로 성능에 좋지 않다. 따라서 OLTP성 애플리케이션에선 Connection Pooling 기법의 활용이 필수적이다.

8. ③

해설 : 익스텐트 내 블록들은 서로 인접하지만, 익스텐트끼리 서로 인접하지는 않는다.

9. ①

해설 : Log Force at commit은, 로그 버퍼를 주기적으로 로그 파일에 기록하되 늦어도 커밋 시점에는 반드시 기록해야 함을 뜻한다.

Fast Commit은, 사용자의 갱신 내용이 메모리상의 버퍼 블록에만 기록된 채 아직 디스크에 기록되지 않았지만 Redo 로그를 믿고 빠르게 커밋을 완료하는 것을 말한다.

Delayed Block Cleanout은 오라클만의 독특한 메커니즘으로서, 변경된 블록을 커밋 시점에 바로 Cleanout(로우 Lock 정보 해제, 커밋 정보 기록)하지 않고 그대로 두었다가 나중에 해당 블록을 처음 읽는 세션에 의해 정리되도록 하는 것을 말한다.

10. ④

해설 : Table Full Scan한 데이터 블록은 LRU end에 위치하기 때문에 버퍼 캐시에 오래 머물지 않는다.

11. ①

해설 : I/O 튜닝의 핵심 원리는 Sequential 액세스에 의한 선택 비중을 높이고 Random 액세스 발생량을 줄이는 것이다.

12. ①

해설 : ② Multimlock I/O는 한 Extent에 속한 블록을 가져온다.

③ 테이블의 크기와는 무관하다.

④ I/O는 Block 단위로 진행한다.

13. ①

해설 : BCHR = (캐시에서 곧바로 찾은 블록 수 / 총 읽은 블록 수) * 100

= (논리적 블록읽기 − 물리적 블록읽기) / 논리적 블록읽기) * 100

= ((900000+100000)-50000)/(900000+100000) * 100 = 95%

14. ①

해설 : ② 기존보다 더 효율적인 인덱스 생성 및 사용으로 어느 정도 db file sequential read 부하를 줄일 수는 있으나 가장 적절한 방식이라고 볼 수는 없다.

③ 배치쿼리는 FULL SCAN + HASH JOIN 방식으로 유도하는 게 좋다.

④ log file sync 이벤트가 4번째로 랭크되어 있기는 하지만 전체 비중은 3%에 불과하므로 가장 필요한 조치라고 볼 수는 없다.

15. ④

해설 : 가입일자, 고객명을 선두로 갖는 인덱스를 사용한다면 (가) SQL은 인덱스만 읽고 처리를 완료하므로 블록 I/O가 더 적게 발생한다.

① (나) SQL을 수행하면 조건절을 만족하는 모든 칼럼을 클라이언트에게 전송해야 하므로 네트워크 트래픽이 더 많이 발생한다.

② (가) SQL은 소트 공간에 고객명만 저장하면 되지만, (나) SQL은 모든 칼럼을 저장해야 하므로 더 많은 소트 공간을 사용한다.

③ 가입일자만으로 구성된 단일 칼럼 인덱스를 사용한다면 두 SQL 모두 테이블 액세스가 불가피하므로 블록 I/O는 똑같다.

16. ③

해설 : 변경이 거의 없는 테이블까지 매일 통계정보를 수집할 필요는 없다.

17. ②

해설 : Direct Path I/O는 일반적으로 병렬쿼리로 Full Scan을 수행할 때 발생한다.

18. ④

해설 : Multiblock I/O 방식으로 읽더라도 Extent 범위를 넘어서까지 읽지는 않는다. 따라서 작은 Extent로 구성된 테이블을 Full Table Scan하면 I/O Call이 더 많이 발생한다.
반면, 인덱스를 통한 테이블 액세스 시에는 Single Block I/O 방식을 사용하므로 Extent 크기가 I/O Call 횟수에 영향을 미치지 않는다.

19. ③

해설 : Sequential I/O 방식은 테이블이나 인덱스를 스캔할 때 사용한다. Random I/O 방식은 인덱스를 스캔하면서 테이블을 액세스할 때 사용한다.

제2장 SQL 분석 도구

20. ①

해설 : 'Service Time'은 프로세스가 정상적으로 동작하며 일을 수행한 시간을 말하며, 'CPU Time'이라고도 한다. 'Wait Time'은 프로세스가 어떤 이유에서건 잠시 수행을 멈추고 대기한 시간을 말하며, 'Queue Time'이라고도 한다.

21. ①

해설 : Response Time = Service Time + Wait Time = CPU Time + Queue Time

22. ②

해설 : DBMS_XPLAN.DISPLAY_CURSOR 함수를 통해 캐싱된 커서가 실제 수행하면서 사용했던 실행계획을 간편하게 조회할 수 있다.

23. ③

해설 : 다른 명령문들은 모두 오라클에서 사용되는 명령문이다.

24. ④

해설 : ④는 SQL은 수행하지 않고 실행계획만을 출력한다.

25. ③

해설 : ①, ②, ④는 해당 용도로 사용하지만 ③은 scheduling function 및 procedure들을 모아놓은 패키지이다.

26. ③

해설 : 개발자도 사용가능한 SQL이다.

27. ④

해설 : TKPROF 유틸리티는 ①, ②, ③을 report하지만 트레이스 파일의 commit과 rollback 정보는 report하지 않는다.

28. ④

해설 : statistics profile, statistics io, statistics time 옵션은 on으로 설정하고, showplan_text 및 showplan_all 옵션은 off로 설정해야 한다.

29. ③

해설 : 오라클에서 수행 중인 SQL이 참조하는 오브젝트에 다른 사용자가 DDL 문장을 수행할 때 나타나는 대기 이벤트로는 library cache lock과 library cache pin이 있다.

30. ①

해설 : AWR 리포트는 누적 대기 시간이 가장 컸던 대기 이벤트들을 보여준다.

제3장 인덱스 튜닝

31. ④

해설 : 주문일시는 범위를 넓게 만들어 인덱스 선두칼럼으로 적절하지 않지만 마지막 칼럼으로는 효율을 발휘한다.

32. ②

해설 : 전제에 따르면 임의의 학번을 검색조건으로 사용하는 경우가 빈번할 것이므로 수강 엔터티의 식별자 속성 선두가 학번인 경우 인덱스 사용 효율이 가장 좋다.

33. ②

해설 : 엔터티 간에 논리적 관계가 있을 경우 즉, 엔터티 간에 관계(Relationship)를 정의하여 관련 엔터티 상호 간에 업무적인 연관성이 있음을 표현한 경우에는, 이 데이터들이 업무적으로 밀접하게 연결되어 상호 간에 조인이 자주 발생한다는 것을 의미한다. 따라서 데이터베이스 상에서 DBMS가 제공하는 FK Constraints를 생성했는지 여부와 상관없이 조인 성능을 향상하기 위한 인덱스를 생성해주는 것이 좋다. 그러므로 수강신청테이블의 학사기준번호에 인덱스가 필요하다.

데이터베이스에 생성하는 FK Constraints는 데이터 모델상에 표현된 논리적 관계에 따라 관련 인스턴스 간에 일관성을 보장하기 위해 설계된 제약조건을 구현할 수 있도록 DBMS가 제공해 주는 하나의 '지원 기능'으로 이해될 수 있다.

수강신청의 학사기준번호를 주식별자로 변경(강의번호+학번+학사기준번호)하는 것은 인덱스 생성을 최소화하는 측면에서는 효과가 있지만 조인 시 '강의번호, 학번' 조건절이 없다면 인덱스 검색 때 효율적 이지 않다.

34. ④

해설 : 인덱스는 BETWEEN과 〉 같은 범위검색에도 사용이 가능하다.

35. ③

해설 : 테이블의 대부분의 데이터를 찾을 때는 한 블록씩 읽는 인덱스 검색보다 한 번에 여러 블록을 읽는 전체 테이블 스캔 방식이 유리할 수 있다. 리프 블록은 트리의 가장 아래 단계로 레코드 식별자를 가지고 있다.

36. ②

37. ③

해설 : ① 인덱스를 생성할 때 정렬 순서를 내림차순으로 하면 내림차순으로 정렬된다.
② 비용기반 옵티마이저는 SQL을 수행하는데 드는 비용을 계산하여 실행계획을 생성하므로 인덱스가 존재하더라도 전체 테이블 스캔이 유리하다고 판단할 수도 있다.
④ 인덱스 범위 스캔은 결과 건수만큼 반환하지만, 결과가 없으면 한 건도 반환하지 않을 수 있다.

38. ③

해설 : ① REGIST_DATE 조건의 범위가 넓을수록 인덱스 검색효율이 저하된다.

② REGIST_DATE 조건이 범위 조건이고 DEPTNO 칼럼이 후행 칼럼이므로 효율적인 조건 검색을 할 수 없다.

④ b*tree index는 일반적으로 테이블 내의 데이터 중 10% 이하의 데이터를 검색할 때 유리하다.

39. ④

해설 : 인덱스를 스캔하여 테이블로 데이터를 찾아가는 방식이 랜덤 엑세스인데, 이러한 랜덤 엑세스의 부하가 크기 때문에 매우 많은 양의 데이터를 읽을 경우에는 인덱스 스캔보다 테이블 전체 스캔이 유리할 수도 있다.

40. ②

해설 : 대량의 데이터를 조회하는 경우 인덱스를 이용한 조회보다는 테이블 전체 스캔 방식으로 조회하는 것이 더 빠를 수도 있으며, 인덱스를 구성하는 칼럼들의 순서는 데이터 조회 시 성능적인 관점에서 매우 중요한 역할을 한다. 또한 인덱스를 구성하는 칼럼 이외의 데이터가 UPDATE될 때는 인덱스로 인한 부하가 발생하지 않는다.

41. ②

해설 : 인덱스 정렬 순서상 deptno = 20 and sal = 2000 조건을 만족하는 첫 번째 레코드에서부터 수평적 탐색을 시작한다. comm 조건이 less than or equal인 점에 주목하자.

comm 조건이 more than or equal 이면, deptno = 20 and sal = 2000 and comm = 100 조건을 만족하는 첫 번째 레코드에서부터 스캔을 시작한다.

42. ④

해설 : Index Range Scan이 가능하려면 인덱스 선두 칼럼이 조건절에 사용되어야 한다.

43. ①

해설 : LIKE는 문자열 함수이기에 숫자형인 EMPNO가 가공되어 정상적인 인덱스 활용이 불가능하다.

44. ②

해설 : 인덱스는 해당 칼럼이 가공되면 활용할 수 없다.

② 다중 IN절의 경우는 칼럼의 가공으로 보지 않는다. Index Range Scan 가능

④ OR절로 인하여 Index Full Scan 가능

45. ④

해설 : Index Unique Scan은 단일, 결합 칼럼으로 생성된 Unique Index의 칼럼을 모두 '=' 조건으로 검색할 때 사용된다.

46. ②

해설 : 계좌번호 = , 주문일자 between 조건만으로도 충분히 스캔범위를 줄일 수 있다.

47. ③

해설 : 배송상태 = 'ING' 조건절이 없더라도 고객ID, 연락처, 고객등급을 읽기 위해 테이블을 액세스해야 한다.

48. ④

해설 : ①과 같은 인덱스 구성에서 SQL을 오른쪽과 같이 변환하면 인덱스에서 가입일자 like 조건에 해당하는
범위를 2번 스캔하게 된다. 고객등급을 테이블에서 필터링하므로 테이블 Random 액세스양도 2배
증가한다.

②와 같은 인덱스 구성에서는 SQL을 변환하기 전후 블록 I/O 발생량이 거의 동일하다.

③과 같은 인덱스 구성에서는 고객등급을 인덱스에서 필터링하므로 테이블 Random 액세스양은 늘지
않지만, 인덱스에서 같은 범위를 2번 스캔하므로 블록 I/O가 오히려 늘어난다.

④와 같은 인덱스 구성에서는 SQL을 변환한 후 블록 I/O 발생량이 크게 줄어든다.

49. ②

해설 : TAB1_X01 인덱스의 클러스터링 팩터는 매우 나쁜 상태다. 테이블 액세스 횟수만큼 블록 I/O가 발생한
것으로 이를 알 수 있다.

511개 인덱스 블록을 스캔했는데, 이것은 인덱스 스캔 과정에서 얻는 266,476개 레코드 수에 비하면
그리 큰 수치가 아니다. 비효율이 크지 않다는 뜻이다. TAB1_X01 인덱스 칼럼 순서를 조정하면 블록
I/O가 약간 감소할 수 있을지 모르지만, 전체 성능에 미치는 영향은 크지 않을 것이다.

CPU Time과 Elapsed Time 간 39초 가량 차이가 발생한 이유는, 27,000여 개 디스크 블록을 읽기
위한 I/O Call 과정에 발생한 대기 현상 때문일 가능성이 가장 높다.

50. ③

해설 : 인덱스를 설계하는 가장 중요한 선택 기준은, 조건절에 항상 또는 자주 사용되는지 여부와 '=' 조건으로
자주 조회되는지 여부다. 인덱스 선두 칼럼이 일단 조건절에 사용돼야 해당 인덱스가 사용될 수 있으므로
전자가 특히 중요하다.

51. ③

해설 : 상품코드는 인덱스 구성칼럼이 아니므로 주문 테이블 액세스(ID=1) 단계의 필터조건이다.

52. ②

해설 : 고객_IDX가 연령+고객등급 구성이라면 순서를 바꿨을 때 액세스양 개선이 가능하다.
한 달간 주문 건수는 평균 50만 건이므로 조인 순서 변경은 성능에 도움이 되지 않는다.

53. ③

해설 : 직업코드 조건으로 인덱스를 Range Scan하려면 직업코드를 선두로 갖는 인덱스여야 한다. 고객_X01
인덱스가 여기에 해당한다.

인덱스 구성칼럼 중 하나라도 NOT NULL 칼럼이면, IS NULL 조회에 인덱스를 사용할 수 있다. 따라서
직업코드 IS NULL 조회에 고객_X01 인덱스를 사용할 수 있다.

제4장 조인 튜닝

54. ①

해설 : 먼저 액세스한 테이블의 처리 범위에 따라 전체 일의 양이 결정되는 것은 NL Join의 특징이며, Merge Join은 각 테이블의 검색조건에 의해 전체 일의 양이 결정된다.

55. ①

해설 : Full Partition Wise Join으로 유도하기 위한 방법은 ①번이며, ②, ③번은 Partial-Partition Wise Join으로 유도하는 방법이다.

56. ④

해설 : Hash Join 시 Build Input되는 집합은 PGA 메모리에 할당되는 Hash Area 영역에 저장된다. Build Input되는 테이블은 전체 범위 처리를 해야 하지만 Probe Input된 테이블에 대한 부분 범위 처리는 가능하다. Hash Join의 성능을 높이기 위해서는 Build Input 해시 키 칼럼에 중복 값이 거의 없어야 한다.

57. ①

해설 : NL 조인의 경우 랜덤 액세스 위주 방식이므로 인덱스 구조가 완벽하더라도 대량의 데이터를 조인할 때 매우 비효율적이다.

58. ④

해설 : EXISTS절은 실행계획상에 주로 SEMI JOIN으로 나타난다. NESTED LOOP, HASH, SORT MERGE의 SEMI JOIN이 모두 나타날 수 있지만, 위의 인덱스 정보와 SQL을 볼 때 HASH SEMI JOIN보다는 NESTED LOOP SEMI JOIN이 나타날 가능성이 가장 크다.

59. ④

해설 : EQUI JOIN에서만 동작하는 Join 방식은 Hash Join이다. Sort Merge Join은 Non-EQUI JOIN 조건에서도 사용할 수 있다.

60. ④

해설 : 유니크 인덱스를 활용하여 수행시간이 적게 걸리는 소량 테이블을 조인할 때는 NL 조인이 적합하다.

61. ④

　해설 : 해시 조인은 수행 빈도가 낮고, 쿼리 수행시간이 오래 걸리는 대용량 테이블을 조인할 때 사용하는 것이 좋다. 또한, 한쪽 테이블이 가용 메모리에 담길 정도로 충분히 작아야 성능 효과가 높다. 만약, 수행시간이 짧으면서 수행 빈도가 매우 높은 OLTP 성 쿼리를 Hash Join으로 처리한다면 CPU와 메모리 사용률이 증가하여 전체 시스템 성능에 오히려 좋지 않은 영향을 줄 수 있다.

62. ③

　해설 : 테이블 Alias가 있는 상황에선 반드시 Alias를 사용해야 한다. ORDERED는 FROM절의 테이블 순서대로 조인을 진행하는 Hint이다. DRIVING_SITE는 분산환경(DBLINK)에서 쿼리의 실행이 Oracle에 의해 선택된 Site가 아닌 다른 Site에서 일어나게 유도하는 힌트다.

63. ④

　해설 : 조인 조건 중 equi-join 조건이 하나라도 있다면 Hash Join을 사용할 수 있다, 단, Build Input으로 선택된 집합의 조인 칼럼에는 중복 값이 거의 없어야 효과적이다. 먼저 Build Input을 선택된 집합을 PGA에 Hash Table을 생성 후 Probe Input 테이블이 Hash Table을 탐색하기 때문에 정렬이 필요하지 않는다.

64. ④

　해설 : Result Cache가 아니라 PGA에 캐싱한다.

65. ③

　해설 : 대량 집합을 기준으로 NL 조인하면 많은 랜덤 I/O가 발생한다.
　　　　SQL1에서 판매시작일자 조건을 만족하는 상품 건수가 적다면, 일별매출보다 상품 테이블을 먼저 드라이빙하는 것이 유리할 수 있다.
　　　　SQL2에서 v_판매시작일자 변수에 최근일자를 입력하면 판매시작일자 조건을 만족하는 상품 건수가 적어지므로 그만큼 비효율이 커진다. 기준일자 Between 조건에 해당하는 많은 일별매출 데이터를 읽고 Group By 처리까지 마쳤는데, 상품 테이블과 조인하는 과정에 많은 데이터가 필터링되기 때문이다.

66. ②

　해설 : Hash 조인은 "=" 조인이 하나라도 있어야 사용 가능함

67. ③

　해설 : 선분이력 각각을 between으로 조회하면 된다.

제5장 SQL 옵티마이저

68. ④

해설 : CBO(Cost Based Optimizer)에 대한 설명이다.

69. ①

해설 : SQL 커서의 공유와 재사용성에 관한 문제다. 캐싱된 SQL 커서는 반복하여 재사용할 수 있을 뿐만 아니라 여러 세션 간에 공유될 수 있다.

70. ①

해설 : 캐시에서 SQL과 실행계획을 식별하는 식별자는 SQL 문장 그 자체다. 따라서 옵티마이저는 문자 하나만 달라도 서로 다른 SQL로 인식해 각각 하드파싱을 일으키고 다른 캐시 공간을 사용한다.

1~3번 SQL은 SQL Text가 서로 다르다. SQL Text가 달라 하드파싱은 각각 일어나지만, 의미상 전혀 차이가 없으므로 실행계획은 같다.

71. ③

해설 : 사용자의 입력 조건이 다양해서 조건절을 동적으로 구성하더라도 조건절 비교 값만큼은 바인드 변수를 사용하려고 노력해야 한다.

72. ①

해설 : Dynamic SQL 방식으로 코딩했지만, 바인드 변수를 사용했으므로 불필요한 하드파싱을 많이 일으킨다고 말하기는 어렵다.

함수 내 선언된 SQL은 NDS(Native Dynamic SQL)로 호출 시 권한 및 문법 체크를 하므로 테이블의 DDL에 영향을 받지 않는다.

바인드 변수를 사용했으므로 칼럼 히스토그램은 활용하지 못하지만, 레코드 건수, 칼럼 값의 종류(NDV), Null 값 개수 등을 활용해 실행계획을 수립한다.

73. ④

해설 : 바인드 변수를 사용하기만 하면 루프 내에서 반복 수행되는 SQL이더라도 캐싱된 SQL을 공유할 수 있다. 조건절을 바꾸지 않고 반복 수행하는 경우도 있으므로 ④는 옳지 않다.

Static SQL은 PreCompile 과정을 거치므로 런타임 시 안정적인 프로그램 Build가 가능하다. 그리고 Dynamic SQL을 사용하면 애플리케이션 커서 캐싱이 작동하지 않는 경우가 있다. 따라서 Static SQL을 지원하는 개발환경에선 가급적 이 방식을 사용하는 것이 좋다.

74. ②

해설 : 데이터베이스 Call은 옵티마이저가 수립한 실행계획에 따라 SQL을 수행하는 과정에, 또는 옵티마이저 에게 실행계획을 수립해 달라고 요청하는 과정에 발생한다.

①은 전통적인 I/O 비용 모델에서 사용하는 비용 개념이다.

3번과 4번은 최신의 CPU 비용 모델에서 사용하는 비용 개념이다. CPU 비용 모델에서도 I/O는 가장 중요한 비용 요소다.

75. ④

해설 : 직급의 종류 개수(NDV, Number Of Distinct Value)는 CBO가 사용하는 가장 대표적인 통계정보다.

76. ④

해설 : 전체범위 최적화는 빠른 Response Time보다 Throughput 중심으로 최적화를 시행한다.

77. ④

해설 : 옵티마이저 모드 중 ALL_ROWS는 쿼리 최종 결과집합을 끝까지 Fetch 하는 것을 전제로 하는 옵티마이저 모드이다.

78. ②

해설 : 통계정보 수집 시 시스템에 많은 부하를 주므로 대용량 테이블에는 흔히 표본 검사 방식을 사용한다. 표본 검사 시, 가능한 한 적은 양의 데이터를 읽고도 전수 검사할 때의 통계치에 근접하도록 해야 한다.

79. ②

해설 : ③은 View Merging이 발생하기 때문에 함수호출 횟수가 1번과 같다.
④는 스칼라 서브쿼리의 캐싱효과를 이용해 함수호출 횟수를 줄이려 했지만, 상품 테이블에서 상품코드는 Unique하기 때문에 캐싱 효과가 없고 오히려 캐시를 탐색하는 비용만 추가된다.
②는 ROWNUM을 이용해 View Merging을 방지했으므로 성능 개선에 도움이 된다.

80. ③

해설 : 뷰 머징 쿼리변환이 발생하지 않도록 제어하는 옵티마이저 힌트는 NO_MERGE이다.
NO_PUSH_PRED : 조인조건 Pushdown을 방지
NO_UNNEST : 서브쿼리를 FILTER 필터 방식으로 최적화
NO_REWIRTE : 구체화 뷰의 쿼리 재작성 기능을 방지

81. ②

해설 : GROUP BY를 포함한 뷰는 자주 Merging이 발생한다.

82. ③

해설 : deptno 조건이 인라인 뷰 안으로 파고 들어간다. 따라서 다음과 같은 SQL을 기준으로 문제를 풀면 쉽다.

```
select   deptno, empno, ename, job, sal, sal * 1.1 sal2, hiredate
from     emp
where    job = 'CLERK'
and      deptno = 30
union    all
select   deptno, empno, ename, job, sal, sal * 1.2 sal2, hiredate
from     emp
where    job = 'SALESMAN'
and      deptno = 30
```

83. ①

해설 : ①번 방식으로 처리할 경우, Cartesian Product가 발생해 결과가 틀릴 수 있다.

84. ②

해설 : ① 집합 연산자가 포함된 뷰는 Merging이 불가능하다.
③ CONNECT BY절이 포함된 뷰는 Merging이 불가능하다.
④ ROWNUM pseudo 칼럼이 포함된 뷰는 Merging이 불가능하다.

제6장 고급 SQL 튜닝

85. ①

해설 : 테이블 압축 : Disk 스토리지 공간 절약을 위해 블록을 압축

클러스터 : 물리적으로 다른 영역에 있지만 항상 같이 읽히는 데이터들을 같이 저장하기 위해 사용

인덱스 구성 테이블 : 테이블을 인덱스 구조로 정렬하여 생성

86. ①

해설 : 효과적인 화면 페이지 처리는 DBMS 외부로부터 요청되는 Call이다. ②, ③, ④는 DBMS 내부에서 발생하는 Call이다.

87. ③

해설 : 30,000 / (301-1) = 100

88. ④

해설 : Array Size를 늘리고 페이징 처리 방식으로 데이터를 출력하면 Fetch Call을 줄여준다. 한번에 여러 SQL을 일괄 수행하는 기능을 PL/SQL로 구현하면 User Call이 Recursive Call로 전환되므로 데이터베이스 Call 부하를 모두 줄일 수 있다. 코드명 조회에 조인을 사용하지 않고 PL/SQL 함수를 사용하면 데이터베이스 Call 발생 횟수를 늘린다.

89. ③

해설 : 사용자 정의 함수 내에서 다른 테이블을 참조하여 값을 반환하는 경우 읽기 일관성이 보장되지 않는다.

90. ③

해설 : 스칼라서브쿼리는 입력 값(=조인 칼럼)과 출력 값(=리턴 값)을 PGA에 저장하여 값의 종류가 적을 때 효과적이다.

91. ③

해설 : 인덱스 파티션 키가 인덱스 선두 칼럼이어야 한다는 제약은 Global 파티션 인덱스에 해당한다. Local 파티션이든 Global 파티션이든, 인덱스 파티션 키가 조건절에 없으면 인덱스 사용 시 비효율이 발생한다. 문제를 풀 때, Local 파티션 인덱스의 경우, 테이블 파티션 키가 인덱스 파티션 키가 된다는 점에 주의하기 바란다.

92. ①

해설 : List 파티셔닝과 Range 파티셔닝 모두 가능하다. Range 파티셔닝의 경우, 예를 들어, 매년 1~3, 4~6, 7, 8, 9, 10~12월 6개로 파티셔닝하면 된다.

Hash 파티셔닝은 정해진 파티션 개수로 파티션 키 값에 따라 DBMS가 기계적으로 분할 저장하기 때문에 월별 매출 특성을 고려한 파티셔닝을 하기가 곤란하다.

93. ④

해설 : 윈도우 함수가 사용된 SQL 실행계획에는 WINDOW SORT 오퍼레이션이 나타난다.

94. ②

해설 : union all은 정렬 오퍼레이션을 발생시키지 않는다.

④번 option 구문은 오라클 ordered use_merge에 해당하는 MS-SQL Server 힌트다. Sort Merge 조인이므로 정렬 오퍼레이션이 발생한다.

95. ④

해설 : union을 union all로 대체하려면 각 집합이 서로 배타적이고 중복 값이 없어야 한다.

①은 위아래 두 집합이 서로 배타적이어야 한다.

②는 위아래 각 집합에 중복 값이 없어야 한다.

③은 위아래 두 집합이 서로 배타적이지만, 각 집합에 중복 값이 있을 수 있다.

④는 PK 칼럼을 포함하기 때문에 모든 레코드가 완전 배타적이다.

96. ①

해설 : ①번 방식으로 처리할 경우, 결과가 틀릴 수 있다.

97. ④

해설 : 조인 키 칼럼에 해시 함수를 적용해 양쪽 테이블을 동적 파티셔닝하는 것은 hash hash 이다.

98. ①

해설 : Append 모드로 INSERT하면 Exclusive 모드 테이블 Lock이 걸린다.

99. ②

해설 : nologging 모드는 INSERT문일 때만 기능이 작동한다.

100. ③

해설 : (가)의 서브쿼리를 세미조인 방식으로 변경해도 조인에 참여하는 테이블이 더 많으므로 (나)보다 I/O가 더 많이 발생한다.

101. ③

해설 : 오라클에서 nologging 기능은 INSERT 문장에서만 효과가 있다.

102. ②

해설 : 테이블이나 인덱스를 파티셔닝하면 저장 효율은 오히려 나빠질 수 있다.

103. ③

해설 : 파티션 칼럼에 대한 검색조건을 바인드 변수로 제공하더라도 Partition Pruning은 작동한다.

104. ②

　해설 : ①은 주문일자를 숫자 Type으로 비교 시 주문일자 칼럼은 묵시적 형변환이 발생하게 된다. 따라서 모든
파티션을 Full Scan하게 된다.

　　　　③은 파티션 키 칼럼을 가공했으므로 모든 파티션을 Full Scan하게 된다.

　　　　④는 주문 테이블이 월단위로 파티션돼 있는데 일 단위로 조회 조건을 제공하므로 각 월에 속한 일자
개수만큼 파티션 Full Scan을 반복하게 된다.

105. ①

　해설 : Local Prefixed 파티션 인덱스는 인덱스 선두 칼럼이 파티션 키인 경우를 말한다.

　　　　거래일시 기준으로 파티셔닝된 테이블에 인덱스를 Local 파티셔닝한다면 인덱스 파티션 키도 거래일시가
된다.

106. ④

　해설 : 파티션 키가 인덱스 선두 칼럼이 아니므로 Nonprefixed 파티션이다.

107. ①

　해설 : 같은 시간대에 수많은 프로그램이 집중적으로 수행되면 총 수행시간이 더 늘어난다. 자원(CPU, Memory,
Disk 등)과 Lock(Latch와 같은 내부 Lock까지 포함)에 대한 경합이 발생하면서 프로세스가 실제 일한
시간보다 대기하는 시간이 더 많아지기 때문이다.

108. ④

　해설 : 테이블을 nologging 모드로 바꾸면 Redo Log가 생성되지 않도록 할 수 있지만, 이 기능은 append
또는 parallel 힌트를 사용해 Direct Load Insert할 때만 작동한다.

109. ③

　해설 : 주문 테이블이 고객번호 기준으로 Hash 서브 파티셔닝 돼 있으므로 Partial Partition Wise Join을
활용하는 것이 유리하다.

제7장 Lock과 트랜잭션 동시성 제어

110. ③

해설 : for update 구문을 반드시 사용해야 할 경우가 많은데, 성능을 이유로 이를 사용 못하게 하면 데이터 정합성을 해칠 수 있다. 성능보다 중요한 것은 데이터 정합성이다.

nowait이나 wait 옵션을 잘 활용하면 select for update 문장을 통해 오히려 동시성을 높일 수도 있다.

111. ④

해설 : SQL Server에서 Share Lock과 Exclusive Lock은 호환되지 않으므로 1번 SELECT문에는 블록킹이 발생할 수 있다.

4번 INSERT문은 문제의 UPDATE문과 DEPTNO가 서로 다르고 PK 중복도 없으므로 블록킹 없이 진행된다.

112. ①

해설 : FORCESEEK은 테이블 또는 뷰의 데이터에 대한 액세스 경로로 Index Seek 연산만 사용하도록 지정하는 힌트다.

READPAST는 Lock이 걸린 행은 읽지 않고 건너뛰도록 하는 힌트다.

TABLOCK은 테이블 레벨 Lock을 설정하고자 할 때 사용하는 힌트다.

113. ③

해설 : 테이블 Lock(=TM Lock)이 Exclusive 모드이므로 Append 모드로 입력한 ③번 SQL 실행 후 Lock 발생현황을 모니터링한 결과이다.

114. ③

해설 : 세션1은 TX-X를 획득하고 있고 세션2는 PK 제약조건에 의해 TX-S를 요청하면서 블로킹됨

115. ④

해설 : ④ Isolation(트랜잭션이 실행되는 도중에 다른 트랜잭션의 영향을 받아 잘못된 결과를 만들어서는 안된다) 은 데이터베이스 트랜잭션의 4가지 특성중 하나로 문제점이 아니고 목표라고 할 수 있다.

116. ①

해설 : 예약번호가 신규일 때 동시에 실행된다면 PK제약 오류가 발생할 수 있고, TX2가 TX1보다 늦게 시작하여 먼저 종료한 경우 잘못된 값이 입력될 수 있다. 일반 DML 문은 TM 테이블 Lock 을 Row Exclusive 모드로 획득하고, 서로 자원을 획득한 채 선행 트랜잭션을 대기하지는 않으므로 교착상태는 발생하지 않는다.

117. ③

해설 : Read Uncommited : 트랜잭션에서 처리 중인 아직 커밋되지 않은 데이터를 다른 트랜잭션이 읽는 것을 허용한다.

Read Commited: 트랜잭션이 커밋되어 확정된 데이터만 다른 트랜잭션이 읽도록 허용하여 dirty read 방지한다.

Repeatable Read: 트랜잭션 내에서 쿼리를 두 번 이상 수행할 때 첫 번째 쿼리에 있던 레코드가 사라지거나 값이 바뀌는 현상을 방지한다.

Serializable Read: 트랜잭션 내에서 쿼리를 두 번 이상 수행할 때 첫 번째 쿼리에 있던 레코드가 사라지거나 값이 바뀌지 않으며 새로운 레코드가 나타나지 않는다.

118. ②

해설 : 대부분의 DBMS가 Read Committed를 기본 트랜잭션 격리성 수준으로 채택하고 있으므로 Dirty Read가 발생할까 걱정하지 않아도 되지만, Non-Repeatable Read, Phantom Read 현상에 대해선 세심한 주의가 필요하다.

119. ③

해설 : 트랜잭션 격리성 수준(Transaction Isolation Level)을 상향 조정할수록 일관성은 높아지지만 동시성은 낮아진다.

120. ③

해설 : 오라클은 Update 문장이 시작되는 시작을 기준으로 갱신 대상 레코드를 식별하므로 TX2 트랜잭션의 update는 실패한다. 따라서 TX1 트랜잭션의 결과가 7788 사원의 최종 결과가 된다.

SQL Server에서 TX2 트랜잭션은 TX1 트랜잭션이 완료될 때까지 기다린다. TX1이 끝났을 때 7788 사원의 sal 값은 2000이므로 TX2 트랜잭션이 정상적으로 진행돼 값을 3000으로 바꾼다.

121. ③

해설 : MVCC 모델은 문장 수준의 읽기 일관성을 완벽히 보장하지만, 트랜잭션 수준의 읽기 일관성을 보장하지는 않는다.

SQL 전문가 실기문제 정답 및 해설

```
SELECT 주문일자
     , 상품코드
     , 상품명
     , NVL (SUM (DECODE (주문유형코드, 'A01', 주문수량)), 0) AS 주문수량_A01
     , NVL (SUM (DECODE (주문유형코드, 'A02', 주문수량)), 0) AS 주문수량_A02
  FROM (SELECT    /*+ LEADING(A B C) USE_HASH(A B C) */
               TRUNC (c.주문일시) AS 주문일자
             , c.주문유형코드
             , a.상품코드
             , a.상품명
             , SUM (b.주문수량) AS 주문수량
          FROM 상품 a
             , 주문상세 b
             , 주문 c
         WHERE a.상품유형코드 = 'A01'
           AND b.주문상품코드 = a.상품코드
           AND b.주문번호 >= '20220101'
           AND b.주문번호 <  '20220201'
           AND c.주문번호 = b.주문번호
         GROUP BY TRUNC (c.주문일시)
             , c.주문유형코드
             , a.상품코드
             , a.상품명)
 GROUP BY 주문일자
     , 상품코드
     , 상품명;
```

```
-------------------------------------------------------------------------------
| Id   | Operation                | Name     | Pstart| Pstop | A-Rows |
-------------------------------------------------------------------------------
|  0   | SELECT STATEMENT         |          |       |       |   310 |
|  1   |  HASH GROUP BY           |          |       |       |   310 |
|  2   |   VIEW                   |          |       |       |   620 |
|  3   |    HASH GROUP BY         |          |       |       |   620 |
|* 4   |     HASH JOIN            |          |       |       |  100K |
|* 5   |      HASH JOIN           |          |       |       |  100K |
|* 6   |       TABLE ACCESS FULL  | 상품     |       |       |   10K |
|  7   |       PARTITION RANGE SINGLE |      |    1  |    1  |   10M |
|* 8   |        TABLE ACCESS FULL | 주문상세 |    1  |    1  |   10M |
|  9   |       PARTITION RANGE SINGLE |      |    1  |    1  | 1000K |
|* 10  |        TABLE ACCESS FULL | 주문     |    1  |    1  | 1000K |
-------------------------------------------------------------------------------
```

실기문제 1 - 해설

먼저 파티션 Pruning을 위해 주문일시 조건을 주문번호로 변경해야 한다.

그리고 그룹핑 전에 상품 테이블을 조인하여 그룹핑 대상을 감소시켜 성능을 개선한다.

아울러 TRUNC (c.주문일시), c.주문유형코드, a.상품코드, a.상품명로 그룹핑을 먼저 수행하여 NVL, DECODE 함수의 수행 횟수를 감소시켜 성능을 개선한다.

마지막으로 SUM 함수 내부에 사용한 NVL 함수를 집계가 끝난 후 1번만 수행할 수 있게 사용 위치를 변경한다.

실기문제 2 - 정답

```
SELECT    /*+ LEADING(A B) USE_NL(A B) */
         a.*
     , b.주문수량
     , c.고객명
   FROM (SELECT a.*
            , ROWNUM AS rn
          FROM (SELECT    /*+ LEADING(A B) USE_NL(A B) */
                      TO_CHAR (a.주문일시, 'YYYY-MM-DD HH24:MI:SS') AS 주문일시
                    , a.주문고객번호
                    , b.ROWID AS rid
                FROM 주문 a
                   , 주문상세 b
               WHERE a.주문일시 >= TO_DATE ('2022-01-01', 'YYYY-MM-DD')
                 AND a.주문일시 <  TO_DATE ('2022-01-02', 'YYYY-MM-DD')
                 AND b.주문번호 = a.주문번호
                 AND b.주문상품코드 = 'A01'
               ORDER BY a.주문일시) a
          WHERE ROWNUM <= 200) a
      , 주문상세 b
      , 고객 c
  WHERE rn >= 101
    AND b.ROWID = a.rid
    AND c.고객번호 = a.주문고객번호
ORDER BY a.주문일시;
```

```
-----------------------------------------------------------------
| Id  | Operation                        | Name      | A-Rows |
-----------------------------------------------------------------
|   0 | SELECT STATEMENT                 |           |   100 |
|   1 |  NESTED LOOPS                    |           |   100 |
|   2 |   NESTED LOOPS                   |           |   100 |
|   3 |    NESTED LOOPS                  |           |   100 |
|*  4 |     VIEW                         |           |   100 |
|*  5 |      COUNT STOPKEY               |           |   200 |
|   6 |       VIEW                       |           |   200 |
|   7 |        NESTED LOOPS              |           |   200 |
|   8 |         TABLE ACCESS BY INDEX ROWID | 주문    |   200 |
|*  9 |          INDEX RANGE SCAN        | 주문_X1   |   200 |
|* 10 |         INDEX UNIQUE SCAN        | 주문상세_PK |   200 |
|  11 |    TABLE ACCESS BY USER ROWID    | 주문상세  |   100 |
|* 12 |    INDEX UNIQUE SCAN             | 고객_PK   |   100 |
|  13 |   TABLE ACCESS BY INDEX ROWID    | 고객      |   100 |
-----------------------------------------------------------------
```

실기문제 2 - 해설

ORDER BY 1에 의해 TO_CHAR (a.주문일시, 'YYYY-MM-DD HH24:MI:SS') 표현식으로 데이터를 정렬하여 소트에 인덱스를 활용할 수 없으므로 ORDER BY 절을 ORDER BY a.주문일시로 변경해야 한다.

그리고 ROWNUM 슈도 칼럼을 직접 기술하지 않아 부분 범위 처리가 불가능하므로 ROWNUM <= 200 조건절을 추가한다.

고객 테이블의 조인 횟수를 감소시키지 위해 Top-N 처리 후 고객 테이블을 조인하는 편이 바람직하다.

이어서 주문상세 테이블은 Top-N 처리에서는 인덱스만 액세스하고 Top-N 처리 후 셀프 조인을 통해 나머지 칼럼을 조회함으로써 I/O를 감소시킨다.

```
UPDATE /*+ ORDERED USE_NL(T1) */
       t1
   SET c2 = 'Y'
 WHERE c1 IN (SELECT /*+ UNNEST */
                    :v1
                FROM DUAL
              UNION
              SELECT c1
                FROM t2
               WHERE c2 = TO_CHAR (:v2))
   AND c2 != 'Y';
```

```
-----------------------------------------------------------------
| Id  | Operation                          | Name    | Starts | A-Rows|
-----------------------------------------------------------------
|   0 | UPDATE STATEMENT                   |         |   1 |     0 |
|   1 |  UPDATE                            | T1      |   1 |     0 |
|   2 |   NESTED LOOPS                     |         |   1 |     0 |
|   3 |    NESTED LOOPS                    |         |   1 |   100 |
|   4 |     VIEW                           | VW_NSO_1|   1 |   100 |
|   5 |      SORT UNIQUE                   |         |   1 |   100 |
|   6 |       UNION-ALL                    |         |   1 |   101 |
|   7 |        FAST DUAL                   |         |   1 |     1 |
|   8 |        TABLE ACCESS BY INDEX ROWID | T2      |   1 |   100 |
|*  9 |         INDEX RANGE SCAN           | T2_X1   |   1 |   100 |
|* 10 |     INDEX RANGE SCAN               | T1_X1   | 100 |   100 |
|* 11 |    TABLE ACCESS BY INDEX ROWID     | T1      | 100 |     0 |
-----------------------------------------------------------------
```

먼저 OR 조건에 서브쿼리를 사용하면 서브쿼리 UNNEST가 불가능하므로 UNION ALL 연산자를 사용한 서브쿼리로 OR 조건을 제거한다.

조인 순서와 조인 방식을 지시하기 위해 UPDATE 절은 ORDERED USE_NL(T1) 힌트, 서브쿼리 UNNEST를 위해 서브 쿼리에 UNNEST 힌트를 기술한다.

t2 테이블의 c2 칼럼은 암시적 데이터 변환으로 인해 인덱스를 사용하지 못하므로 c2 = TO_CHAR (:v2) 으로 조건절을 변경한다.

조건에 해당하는 로우의 c2를 'Y'로 갱신하므로 c2 != 'Y' 조건을 추가하여 불필요한 갱신을 감소시킨다.

실기문제 4 – 정답

[SQL 모범 답안1]

```
select 고객번호, 주문일시, 주문금액, 우편번호, 배송지
from    주문
where   고객번호 = nvl(:cust_no, 고객번호)
and     주문일시 >= to_date(:ord_dt1, 'yyyymmdd')
and     주문일시 <  to_date(:ord_dt2, 'yyyymmdd') + 1
order by 주문일시 desc
```

[SQL 모범 답안2]

```
select 고객번호, 주문일시, 주문금액, 우편번호, 배송지
from    주문
where   고객번호 = decode(:cust_no, null, 고객번호, :cust_no)
and     주문일시 >= to_date(:ord_dt1, 'yyyymmdd')
and     주문일시 <  to_date(:ord_dt2, 'yyyymmdd') + 1
order by 주문일시 desc
```

[SQL 모범 답안3]

```
select 고객번호, 주문일시, 주문금액, 우편번호, 배송지
from    주문
where   :cust_no is not null
and     고객번호 = :cust_no
and     주문일시 >= to_date(:ord_dt1, 'yyyymmdd')
and     주문일시 <  to_date(:ord_dt2, 'yyyymmdd') + 1
union all
select 고객번호, 주문일시, 주문금액, 우편번호, 배송지
from    주문
where   :cust_no is null
and     주문일시 >= to_date(:ord_dt1, 'yyyymmdd')
and     주문일시 <  to_date(:ord_dt2, 'yyyymmdd') + 1
order by 2 desc
```

[인덱스 구성안]

```
X01 : 고객번호 + 주문일시
X02 : 주문일시
```

실기문제 4 - 해설

옵션조건에 대한 최적 SQL 작성능력을 확인하는 문제다.

고객번호처럼 조회조건 포함 여부를 사용자가 선택할 수 있는 옵션조건을 처리할 때 모범답안 3처럼 UNION ALL을 사용하면 가장 확실한 성능을 보장할 수 있다. 오라클의 경우, NVL 또는 DECODE를 사용하면 옵티마이저가 UNION ALL 방식으로 자동 변환해 준다.

오라클도 모든 NVL/DECODE를 UNION ALL로 변환해 주지는 않는다. 또한, 조건절 칼럼이 Null 허용칼럼일 때 NVL/DECODE를 사용하면 결과집합에 오류가 발생한다. 대개 옵션조건이 여러 개이고 그 중 Null 허용 칼럼을 포함할 수 있으므로 실무적으로 NVL/DECODE와 UNION ALL을 적절히 혼용해야 SQL을 최적화할 수 있다.

다행히 본 문제에서는 옵션조건이 단 하나뿐이고 Not Null 칼럼이므로 NVL/DECODE 사용이 가장 효과적이다.

프로그램 사용자가 고객번호를 입력할 때 가장 최적으로 수행하려면 인덱스를 고객번호 + 주문일시 순으로 구성해야 한다. 고객번호를 입력하지 않을 때는 주문일시만으로 조회하므로 인덱스를 주문일시 단일칼럼으로 구성하면 최적이다.

인덱스를 주문일시 + 고객번호 순으로 구성하면 2가지 케이스를 모두 처리할 수 있다. 하지만, 특정 고객을 조회하고자 할 때마다 인덱스에서 평균적으로 60,000건을 스캔해야 하므로 매우 비효율적이다. 주문일자에 최대 1주일까지 입력할 수 있다고 했으므로 이때는 140,000건을 스캔해야 한다.

실무적으로 많이 사용하는 옵션조건 처리방안이 2가지 더 있다.

첫째, 아래와 같이 OR 조건을 사용하는 방법이다. 문제는, OR 조건을 사용했으므로 고객번호를 인덱스 조건으로 사용할 수 없다는 점이다. 인덱스를 사용하려면 주문일시 인덱스를 사용해야 하므로 사용자가 고객번호를 입력하더라도 주문일시 조건에 해당하는 데이터를 모두 액세스하게 된다. 따라서 고객번호처럼 변별력이 좋아 인덱스 활용성이 높은 칼럼에 OR 조건을 사용해선 안 된다.

```
select 고객번호, 주문일시, 주문금액, 우편번호, 배송지
from   주문
where  (고객번호 = :cust_no or :cust_no is null)
and    주문일시 >= to_date(:ord_dt1, 'yyyymmdd')
and    주문일시 <  to_date(:ord_dt2, 'yyyymmdd') + 1
order by 주문일시 desc
```

둘째, 아래와 같이 LIKE 조건을 사용하는 방법이다. 문제는, 고객번호가 Number 형인 상황에서 LIKE 조건을 사용하면 묵시적 형변환이 발생한다는 점이다. 따라서 고객번호를 선두로 갖는 인덱스로는 Index Range Scan이 불가능해진다. Index Range Scan이 가능하게 하려면 주문일시 + 고객번호 순으로 인덱스를 만들어야 하므로, 인덱스 스캔 과정에 많은 비효율이 발생한다.

```
select   고객번호, 주문일시, 주문금액, 우편번호, 배송지
from     주문
where    고객번호 like :cust_no || '%'
and      주문일시 >= to_date(:ord_dt1, 'yyyymmdd')
and      주문일시 <  to_date(:ord_dt2, 'yyyymmdd') + 1
order by 주문일시 desc
```

실기문제 5 - 정답

[페이징 처리용 SQL]

```
select a.고객번호, a.고객명, a.등록일시, a.연락처, a.주소
    ,(select max(접속일시)
        from    고객접속이력
        where   고객번호 = a.고객번호
        and     접속일시 >= trunc(add_months(sysdate, -1))) 최근접속일시
from (
    select rownum as no, a.*
    from (
        select 고객번호, 고객명, 등록일시, 연락처, 주소
        from    고객
        where   고객상태코드 = 'AC'
        order by 등록일시, 고객번호
    ) a
    where rownum <= :page * 20
) a
where no >= (:page-1) * 20 + 1
```

[파일 출력용SQL]

```
select a.고객번호, a.고객명, a.등록일시, a.연락처, a.주소, b.최근접속일시
from    고객 a
    ,(select 고객번호, max(접속일시) 최근접속일시
        from    고객접속이력
        where   접속일시 >= trunc(add_months(sysdate, -1))
        group by 고객번호) b
where   a.고객상태코드 = 'AC'
and     b.고객번호 = a.고객번호
order by a.등록일시, a.고객번호
```

[인덱스 설계]

고객 인덱스 : 고객상태코드 + 등록일시 + 고객번호
고객접속이력 인덱스 : 고객번호 + 접속일시

실기문제 5 - 해설

화면 페이징 처리용 SQL을 정확히 작성해야 한다.

온라인 화면 페이징 처리용 SQL은 최초 응답속도 최적화(first_rows) 목표에 맞게 SQL을 작성해야 한다. 인덱스를 이용해 부분범위처리가 가능하도록 구현해야 한다.

모범답안으로 제시한 SQL의 유일한 단점은 앞 페이지에서 읽은 데이터를 다시 읽어야 하므로 뒤 페이지로 이동할수록 블록 I/O가 늘어난다는 점이다. 하지만 뒤쪽 페이지로 이동하는 경우가 흔치 않다는 요건을 명시 하였으므로 표준적인 페이지 처리 방안으로 가장 적합하다. 실제 대부분 시스템에서 이 방식을 사용하고 있다.

참고로, 앞 페이지에서 읽은 데이터를 다시 읽지 않게 구현하려면 UNION ALL 방식으로 매우 복잡하게 구현해야 만 한다. 실제 구현해 본 독자라면, order by를 명시할 수 없다는 사실을 알 것이다. sort order by 연산이 나타나므로 의도했던 바와 다르게 전체범위 처리가 불가피해지기 때문이다. 결국, order by 절을 생략한 채 index 힌트를 이용해 정렬된 결과집합을 얻게 된다. 향후에 혹시 인덱스 구성이 변경되기라도 하면 정확한 결과집합을 보장할 수 없게 되므로 시스템 운영 과정에 주의가 필요하다.

화면 페이징 처리용 SQL에서 최근접속일시는 맨 바깥쪽 SELECT-LIST에서 스칼라 서브쿼리로 구현해야 한다. 화면에 출력하는 20건에 대해서만 스칼라 서브쿼리를 수행하도록 하기 위함이다.

파일 출력용 SQL을 정확히 작성해야 한다. 전체 데이터 출력용 SQL은 전체 응답속도 최적화(all_rows) 목표에 맞게 SQL을 작성해야 한다.

고객 인덱스를 정확히 설계해야 한다.

파일 출력용 SQL은 인덱스를 사용하면 오히려 비효율적이다. 따라서 인덱스는 화면 페이징 처리용 SQL에 최적화되도록 설계해야 한다.

고객상태코드로 인덱스를 Range Scan하려면 선두 칼럼은 고객상태코드여야 한다. 부분범위처리가 가능하게 하려면, order by절 칼럼인 등록일시, 고객번호를 뒤쪽에 추가하면 된다.

고객접속이력 인덱스를 정확히 설계해야 한다.

'=' 조건인 고객번호를 선두에 두고, 부등호 조건인 접속일지를 뒤쪽에 추가하면 된다.

```
alter session enable parallel dml;

insert /*+ parallel(t 4) */ into 주문배송 t
select /*+ leading(d) use_hash(o) use_hash(c)
           full(o) full(d) index_ffs(c)
           parallel(o 4) parallel(d 4) parallel_index(c 4) */
       o.주문번호, o.주문일자, o.주문상품수, o.주문상태코드, o.주문고객번호, c.고객명
     , d.배송번호, d.배송일자, d.배송상태코드, d.배송업체번호, d.배송기사연락처
from   주문 o, 배송 d, 고객 c
where  o.주문일자 between '20160601' and '20160831'
and    o.주문번호 = d.주문번호
and    d.배송일자 >= '20160601'
and    c.고객번호 = o.주문고객번호
```

실기문제 6 - 해설

다른 트랜잭션에 의한 동시 DML이 없는 야간 배치용 SQL이므로 병렬 DML 활용이 가능하다. 병렬로 Insert하려면 우선 아래와 같이 parallel DML을 활성화해야 한다.

alter session enable parallel dml;

Oracle 11gR2부터는 enable_parallel_dml 힌트도 제공된다.
parallel DML을 활성화한 상태에서 insert 바로 뒤에 parallel 힌트를 추가하면 된다.
3,000만건 정도라면 Direct Path Load 기능만 활용해도 충분히 빠르게 Insert 할 수 있다. Direct Path Load 기능을 사용하려면 insert 바로 뒤에 append 힌트를 추가하면 된다. 참고로, parallel Insert는 따로 append 힌트를 사용하지 않아도 기본적으로 Direct Path Load 방식으로 작동한다.

인덱스를 이용한 NL 조인은 소량 데이터를 조인하는 데 적합하다. 수십만 건 이상 데이터를 조인할 때는 캐시히트율이 좋지 않는 한 결코 빠른 성능을 기대할 수 없다. 3,000만 건에 이르는 데이터를 조인하면서 캐시히트율이 좋기를 기대할 수는 없다. 따라서 주문, 배송을 Full Scan과 해시 조인으로 유도해야 한다.
특히 주문 테이블은 주문일자 기준으로 월단위 Range 파티션된 상태다. 다른 조건절 없이 주문일자(파티션키) 조건만으로 3개월치를 조회하는 데 인덱스를 이용할 하등의 이유가 없다. 예를 들어, 어떤 초등학교에서 1층부터 6층까지 각 층을 한 학년씩 사용한다고 하자. 설문조사를 위해 3학년 학생 전체를 만나고자 할 때, 교무실에 비치된 학적부가 필요할까? 3층 전체를 스캔하는 것이 가장 빠르다.

배송 테이블은 배송일자 기준으로 Range 파티션된 상태인데, 배송일자가 조건절에 없다. 따라서 Full Scan으로 처리한다면 전체 파티션을 읽어야 한다. 3,000만건 조인하기 위해 수십억 건을 읽어야 할 수도 있다. 실행계획 10번 라인 'PARTITION RANGE ALL'을 통해 이 사실을 확인할 수 있다.

이 문제를 어떻게 해결할 수 있을까? 배송은 주문이 완료된 후에 시작된다는 데서 힌트를 얻을 수 있다. 배송일자는 주문일자보다 크고, 주문일자는 '20160601'보다 크다. 따라서 배송일자도 '20160601'보다 크다. 아래 조건절을 추가해 주면 전체 파티션을 읽지 않아도 된다.

and 배송일자 >= '20160601'

설령 이 조건절을 추가하지 않아 전체 파티션을 읽더라도 인덱스를 이용한 NL 조인보다 Full Scan과 해시 조인이 빠르다.

스칼라 서브쿼리는 NL 조인과 같은 방식으로 작동한다. 스칼라 서브쿼리는 입력 값과 결과 값을 PGA에 캐싱한다는 점이 다르다. 따라서 입력 값 종류가 적을 때 실제 조인 횟수를 줄여줌으로써 빠른 성능을 기대할 수 있다. 여기서는 고객 수가 500만 명이라고 명시했다. 스칼라 서브쿼리 캐싱효과가 도움이 되지 않는 상황이다. 따라서 고객에 대한 스칼라 서브쿼리를 일반 조인문으로 변경한 후 해시 조인으로 유도해야 한다.

해시 조인이라고 해서 항상 Full Scan으로 처리해야 하는 것은 아니지만, 고객 테이블에는 조인 외에 다른 조건절이 없으므로 Full Scan을 피할 수 없다.

그리고 고객명과 고객번호만 읽으면 되는 상황이므로 테이블 전체를 스캔할 필요없이 고객_N1 인덱스를 Fast Full Scan 방식으로 처리하면 된다. 인덱스 전체를 스캔하므로 인덱스 칼럼순서 변경은 불필요하다.

온라인 트랜잭션이 없는 야간 배치용 SQL이고, 3,000만건에 이르는 대용량 데이터를 조인해야 하므로 병렬처리를 활용하지 않을 이유가 없다. 주문, 배송 테이블에 parallel 힌트를 사용하면 된다. 고객 테이블은 인덱스만 읽도록 유도했으므로 병렬 처리를 위해 parallel_index 힌트를 사용해야 한다. (최근 버전에서는 테이블이나 인덱스명을 지정하지 않고 아래와 같이 Degree만 지정한 parallel 힌트를 사용할 수 있다.)

빅데이터분석기사

국가기술자격

빅데이터
분석기사

 과학기술정보통신부   통계청

대용량의 데이터 집합으로부터 유용한 정보를 찾고 결과를 예측하기 위해 목적에 따라 분석기술과 방법론을 기반으로 정형/비정형 대용량 데이터를 구축, 탐색, 분석하고 시각화를 수행하는 업무를 수행하는 전문가

데이터아키텍처

국가공인 민간자격 / 등록민간자격

데이터아키텍처 전문가
(국가공인 제2023-03호)

효과적인 데이터아키텍처 구축을 위해 전사아키텍처와 데이터 품질 관리에 대한 지식을 바탕으로 데이터 요건 분석, 데이터 표준화, 데이터 모델링, 데이터베이스 설계와 이용 등의 직무를 수행하는 전문가

데이터아키텍처 준전문가
(등록번호 제2008호-0307호)

효과적인 데이터아키텍처 구축을 위해 전사아키텍처에 대한 지식을 바탕으로 데이터 요건 분석, 데이터 표준화, 데이터 모델링 등의 직무를 수행하는 실무자

SQL

국가공인 민간자격

SQL 전문가
(국가공인 제2022-04호)

데이터를 조작하고 추출하는데 있어서 정확하고 최적의 성능을 발휘하는 SQL을 작성할 수 있고, 이를 토대로 SQL을 내포하는 데이터베이스 프로그램이나 응용 소프트웨어의 성능을 최적화 하거나, 성능 최적화를 지원할 수 있는 데이터베이스 개체(뷰, 인덱스 등)의 설계와 구현 등의 직무를 수행하는 전문가

SQL 개발자
(국가공인 제2022-04호)

데이터베이스와 데이터 모델링에 대한 지식을 바탕으로 응용 소프트웨어를 개발하면서 데이터를 조작하고 추출하는데 있어서 정확하고 최적의 성능을 발휘하는 SQL을 작성할 수 있는 개발자

데이터분석

국가공인 민간자격

데이터분석 전문가
(국가공인 제2022-05호)

데이터 이해와 처리 기술에 대한 기본 지식을 바탕으로 데이터의 분석 기획, 분석, 시각화 등을 수행하고 이를 통해 프로세스 혁신 및 마케팅 전략 결정 등의 과학적 의사결정을 지원하는 직무를 수행하는 전문가

데이터분석 준전문가
(국가공인 제2022-05호)

데이터 이해에 대한 기본 지식을 바탕으로 데이터분석 기획 및 데이터분석 등의 직무를 수행하는 실무자

SQL 자격검정 실전문제

2016년 11월 17일 초판 발행
2024년 7월 31일 개정판(2쇄) 발행

발행처 ｜ 한국데이터산업진흥원
　　　　　우)04513
　　　　　서울특별시 중구 세종대로9길 42 부영빌딩 8층
　　　　　전화) 02-3708-5300　팩스) 02-318-5040
　　　　　www.kdata.or.kr
인　쇄 ｜ 두루행복한세상(1644-0728)
가　격 ｜ 18,000원
ISBN　978-89-88474-91-4